U0833212

本研究获教育部“新世纪优秀人才支持计划”（NCET）、中央民族大学“985工程”“国际汉语教学重点培育学科”项目和中央直属高校科研专项委托重大课题——中央民族大学自主科研项目（MUC2011ZDKT16）资助。

汉语国际传播与国际汉语教学研究丛书　总主编：吴应辉

Series of Chinese Language Globalization & International Chinese Language Teaching Studies

Chief Editor: Wu Yinghui

汉语国际传播研究理论与方法

Theories and Methodologies on Chinese Language Globalization Studies

吴应辉　著

By Wu Yinghui

中央民族大学出版社

China Minzu University Press

图书在版编目（CIP）数据

汉语国际传播研究理论与方法/吴应辉著．—北京：中央民族大学出版社，2013.1

ISBN 978－7－5660－0441－3

Ⅰ.①汉…　Ⅱ.①吴…　Ⅲ.①汉语—国际交流—研究　②汉语—对外汉语教学—教学研究　Ⅳ.①H195

中国版本图书馆 CIP 数据核字（2013）第 132066 号

汉语国际传播研究理论与方法

作　　者　吴应辉
责任编辑　戴佩丽
封面设计　布拉格
出 版 者　中央民族大学出版社
　　　　　北京市海淀区中关村南大街 27 号　邮编：100081
　　　　　电话：68472815（发行部）传真：68932751（发行部）
　　　　　　　　68932218（总编室）　　　68932447（办公室）
发 行 者　全国各地新华书店
印 刷 厂　北京宏伟双华印刷有限公司
开　　本　710×1000（毫米）　1/16　印张：16.25
字　　数　252 千字
版　　次　2013 年 1 月第 1 版　2015 年 5 月第 2 次印刷
书　　号　ISBN 978－7－5660－0441－3
定　　价　45.00 元

版权所有　翻印必究

《汉语国际传播研究理论与方法》序

崔希亮

吴应辉教授的新著《汉语国际传播研究理论与方法》即将付梓，我能先睹为快，感到十分荣幸，也十分快慰。应辉教授近年来在汉语国际传播领域的研究志存高远，用功甚勤。更为难得的是他在行政管理、理论研究和教学实践方面都取得了令人瞩目的成就，在学界产生了广泛的影响。我相信这一部新著的出版会在学界产生更为深远的影响。

汉语国际传播是一个重大课题，也是一个有待于深入研究的课题。随着中国改革开放的窗口不断扩大，中国的社会、经济、政治、文化在世界上的影响力不断增强，来华留学生数量节节攀升，海外孔子学院应运而生。我们都知道，随着全球化时代的到来，国家与国家之间的竞争越来越激烈，这种竞争包括经济实力的竞争、意识形态的竞争、国家政治制度的竞争、军事实力的竞争，也包括文化软实力的竞争，而文化软实力的竞争在很大程度上与语言实力的竞争有关，因为语言是文化的载体。国家的语言实力包括一个国家在国际上的话语权、国家语言安全实力和语言传播能力。在历史上，所有世界强国都很重视自己民族语言的传播，因为语言的传播与知识的传播、思想的传播、科学技术的传播是互为表里的。中国正走在从世界大国到世界强国的发展道路上，汉语的国际传播已经成为现实，它既是国际社会了解中国、与中国交流的需要，也是中国国际化进程中的必然趋势。在进入网络时代以后，世界各国之间在虚拟世界的国界已经不再成为人们交流的樊篱，语言的传播面临着新的形势。如何应对这种新局面，需要学界同仁认真对待。我们做好准备了吗？我们已经做了什么？我们还需要做些什么？“凡事预则立，不预则废”，学术研究就应该走在时间的前面。应辉教授的研究可以说是正逢其时。

汉语国际传播有很多问题值得研究，例如如何借鉴其他国家语言传播的理念和手段问题、汉语国际传播的途径问题、汉语国际传播的体系问题、汉语国际传播的障碍问题、汉语国际传播的“三教”问题、汉语国际传播的政策和策略问题、汉语国际传播研究本身的理论和方法论问题等等。应辉教授在这本书里详细考察了世界语言强国在自己的语言国际传播过程中的历史与现状，借他山之石来攻我们的汉语国际传播之玉。我个人认为这是非常重要的研究。中国对外汉语教学的历史已经有60多年了，这项事业的发展从来就没有离开过对西方的借鉴，“拿来主义”没有什么不好，在发展自己的同时不忘以他人为镜鉴，这是聪明的做法。应辉教授对英语、法语、西班牙语、阿拉伯语、俄语、德语、日语和韩国语的调查分析是非常有实用价值的。当然，应辉教授的目标是建立汉语国际传播的理论体系，这是学术追求，其学术价值更大。

中国的对外汉语教学领域已经取得了非常多的研究成果，这些研究成果涵盖了面向对外汉语教学的本体研究、第二语言教学法的研究、教材的研究、汉语中介语的研究、汉语第二语言习得的研究、汉语第二语言教学的课程与教学模式研究、跨文化比较研究、跨语言比较研究、语言测试研究、语言要素分技能教学研究等等，很多研究成果都是非常微观和深入的，但是在宏观政策、基本理论、战略和策略的研究方面还是比较欠缺的，应辉教授的研究恰好可以弥补这方面的不足，从这个意义上说，他的研究是拓荒之举。

我们的学术传统一方面来自于传统的朴学，一方面来自于西方的实证主义，对于建构理论往往不屑于为之，谈问题者多，谈主义者少。我们的理论都隐藏在对具体问题的讨论之中。这种做法当然无可厚非，但是我想说的是理论建设非常重要，因为没有理论指导的研究有流于盲目的风险。有了理论才可以登高望远。应辉教授在汉语国际传播研究的理论建设方面进行探索的勇气值得肯定。我们有理由相信,在未来的若干年里,汉语国际传播领域会涌现出更多的学者,会有更多的理论思考。

“为学日益,为道日损”,学问越积累越多,道理却越探究越少,因为学无止境,而大道至简。随着学问的增长,我们会发现理论越来越简单,这是在学养的基础上所作出的高度概括。

序文不宜过长,就此打住。

重视汉字教学

——序吴应辉《汉语国际传播研究理论与方法》

李宇明

吴应辉先生长期从事汉语国际教育，是优秀的管理者，也是优秀的研究者。应辉先生在云南师大担任国际语言文化学院院长期间，其学术才干，其组织才能，就已充分显现。后北上入京，任中央民族大学国际教育学院院长，又把事业做得风声水起，誉满京华，溢及京外，溢及境外。

近日，应辉先生的《汉语国际传播研究理论与方法》即将出版。读此大著，我有三点感受。感受之一是著作的学术魅力。作者提出了“柔性传播、殖民殖语、输出性传播”等语言传播的多个新概念，刻画了汉语国际传播研究的十大领域，阐述了国家硬实力等对语言传播的决定性影响，构拟了汉语国际传播体系的三种模型等。许多观点都能让人眼睛一亮。

感受之二，作者的多重身份、特殊的人生观成就了这部著作。是书既有国际视野又有历史深度，既重理论收纳又重实践归纳，非有深厚的理论学养、丰厚的实践积累、长年的管理经验和长期的学术研究，难成此炊。这也透视出应辉先生把职业作事业、把工作事业作科学事业的工作观和人生观。

感受之三，汉语作为第二语言教学是遍布财宝的领域。这一领域的许多问题，都有学术价值，值得做学术思考，或是值得在新视野下做新的学术思考。比如汉字教学在汉语国际教育中的地位，见仁见智，或认为重要，或认为可以汉语拼音代替。不同观点，前台是不同的教学实践，后台是不同的理论背景。我从“重视阅读”的角度，则看出汉字教学的重要性。

语言学习的目标是“以言行事”，即通过语言获取信息（听，读）和表达信息（说，写），因此，语言教学需要培养学生“听说读写”（今天也许还要加上“译”）的全面运用语言的能力。但是对于高级语言学习者来说，阅读是语言能力提高的带动力量。语言教学必须重视阅读。

阅读材料有外文译写的，有汉语拼音转写的，也有在一定汉字数量内改写的。这些材料也有用，但必然是过渡性的，阅读原生态的汉语读物，才是努力目标。大量事实表明，国际学生能否提高汉语水平，能否坚持把汉语学下去，要看他们能否掌握汉字。不能掌握汉字的学生最终会放弃汉语。

汉字教学可以分为认字教学和写字教学，就阅读而言，认字也许更应重视。在现实汉语生活中，身处键盘时代的人们，写字的机会越来越少，认字能力比写字能力已逐渐重要起来。

所谓的“汉语难学”，其实主要是汉字难学。汉字难学中写字尤难。通过键盘进行汉字教学，可以利用汉语拼音或偏旁部首等重点教认字。键盘输入还可以弥补写字能力之不足，因为打字就能产生书面语，帮助表达信息。所以，研究键盘识字教学技术，开发软件，或许会成为汉语第二语言教学的新的兴奋点，成为克服“汉字难学、汉语难学”的曙光。

汉语第二语言教学要重视阅读教学，故而要重视汉字教学，特别是认字教学。在语言信息技术高度发展的今天，要特别重视利用电脑进行识字教学。我对汉语第二语言教学有着浓厚的兴趣，也常常客串此间，但对此领域一无实践二无研究，上述关于汉字教学的观点，只能算是业外野说。其价值也许“在诗外”，主要是说这一领域的确是座学术宝山，俯身有宝；身在宝山，勤便有获。

加强汉语国际传播理论的研究

——《汉语国际传播研究理论与方法》序

张西平

国强，语言强，国盛，语言盛，千古之真理。中国经济高速发展，中国快速的崛起所带给汉语传播事业的最大变化就是：汉语传播事业的主战场已经从中国国内转移到世界，也就是说以往的来华留学生的对外汉语教育在规模上已经退居二线，由于孔子学院的快速发展，整个汉语传播事业发生了翻天覆地的变化，在世界范围内展开的汉语国际教育，已经成为今日汉语传播事业的主体。

在汉语传播大发展，汉语传播事业从国内事业转变为国际性事业的大趋势下，汉语国际传播的研究显得明显滞后。绝大多数研究者仍习惯于传统的对外汉语教育的研究思路，精力集中在国内对外汉语教学的课堂教学、教材编写、辞典编撰这些传统的研究领域上，而对汉语国际传播大势下所产生的一系列新的问题缺乏敏感与深入研究。

在汉语走向世界时，我们面临着一个丰富多彩的文化世界，每个国家都有着自己独特的外语政策。了解各国的语言政策，特别是各国的汉语政策是我们做好汉语向外部世界传播工作的基础。在这个意义上国别语言政策的研究，特别是各国汉语政策的研究是我们绕不过的一个问题。从社会语言学的观点来看，描写语言学只研究语言本体、语言自身的结构，而社会语言学则反其道而行之，“它的研究对象不仅仅是语言，而是兼顾言语，提倡联系语言本体之外的社会因素研究语言，研究在社会生活中实际的语言是如何运用的”。语言政策（Language Policy）是对语言和政治关系的研究，“语言政策的形成必须考虑到语言对个体、族群、民族、社会及国家的意义,其中也涉及到认同的概念”。它是社会语言学研究的一个部分。一般的语言政策研究大都是探讨在一个多民族国家中,如何处理好国家统一的语言和各民族语言的关系,使语言的规划更加合理。但实际上在多个国家之间也存在着语言政策的研究,最明显的例子就是欧盟,在一个庞大的政治、经济联合体中如何处理各个民族国家间的语言问题。而今日在汉语快速向世界发展之时,汉语与世界各国语言间的关系问题、各个国家之间的关系问题也十分重要。如何处理推广语言和接受语言之间的关系,这绝不是语言学本身能够解决的。

此时,我读到了吴应辉教授的《汉语国际传播理论与方法》,心中的喜悦油然而生。他在书中提出的汉语国际传播的十个方面具有重要的学术价值,这十个方面是:“一是汉语国际推广战略研究,包括对中国汉语国际推广的总体战略、国别战略研究;二是汉语国际传播国别问题研究包括国别教育体制、国别语言政策、国别文化与汉语国际传播等相关问题以及国别汉语教学需求研究;三是汉语国际传播体制、机制与科学发展研究;四是汉语教学的本土化问题研究;五是汉语国际传播与国家软实力建设研究;六是汉语国际传播典型个案研究;七是汉语国际传播的有关标准研究;八是汉语国际传播的项目评估体系研究;九是现代教育技术与汉语国际传播研究;十是汉语国际传播史的研究。”这实际上勾勒出了未来汉语国际传播的主要研究领域和问题。由此,我们看到,汉语国际传播,国际汉语教育已经不再是仅仅拘泥在应用语言学的范围,它已经成为在跨国别、跨文化、跨语言、跨学科的崭新研究领域。

实际上由于孔子学院的快速发展,汉语国际传播已经成为国家文化软实力增强的重要标志,孔子学院已经成为中国文化在世界的一张名片。汉语国际传播已经成为国家文化战略的一个重要组成部分。汉语国际传播所面临的问题是崭新的,对它的思考已经不能仅仅从知识和学术的角度来思考，而应放在中国文化复兴，中国三十年快速崛起所引起的整个世界格局的变化的大背景下来考虑。汉语走向世界，这是东方文化重新回到世界舞台的中心的一次壮丽的日出，这是中国这个具有超大国土面积、超长文化历史、超多人口的巨型国家重新屹立于世界民族之林的一次文化预演。今日语言之强盛，预示着一个伟大民族与国家全面强盛的时刻即将到来。

理论是灰色的，而生命之树长青。歌德的这句名言再次说明，实践生活总是走在理论研究的前面。君不见，遍及五洲的孔子学院如燎原之火，在不到五年的时间已经遍及全球；君不见，世界各国的汉语教育方兴未艾，如火如荼，汉语已经成为世界各国学生最热门的学习语言。打开自己的书房，让它吹进五洲的风，扩展已有的学术领域，到跨文化研究的新天地建功立业！重建学术的新理论、新方法！时代要求我们必须以全球化的新视野重新定位汉语国际传播事业，必须从中华民族伟大复兴的宏大事业来重新思考今日的汉语国际传播事业！这是新一代学者的崭新使命。

汉语国际传播与国际汉语教学研究丛书总序

吴应辉

目前来华学习汉语人数不到全球学习汉语人数的1%，而在中国境外学习汉语的人数达99%以上。国际汉语教学已成为学术界关注的一个热点，然而从目前出版和发表的有关论著来看，研究对外汉语教学的很多，但研究国际汉语教学的很少。汉语国际传播及国际汉语教学的实践已经超前于理论，或者说我们的汉语国际传播及国际汉语教学理论滞后于实践。作为国际汉语教学的从业者，大家都应肩负起历史使命，对汉语国际传播及国际汉语教学进行研究，深入探讨相关的理论和实践问题。

中央民族大学在20世纪50年代就开始了对越南学生的汉语教学，成为当时中国最早接收外国留学生的八所院校之一，但在对外汉语教学学科建设方面起步较晚。近年来，中央民族大学国际教育学院调整了学科建设方向，将研究力量集中于汉语国际传播和国际汉语教学。在学校的大力支持下，我们的国际汉语教学学科建设已经取得初步成果。我们在全国高校中率先在语言学及应用语言学专业博士研究生培养中设立汉语国际传播研究方向；我们是全国第一个明确把“国际汉语教学”列为重点培育学科加以建设的汉语教学机构；我们创新性地设计并组织实施了“汉语国际教育硕士”的“1+2+X”培养模式；我院绝大部分专职教师和20多位中外博士生都把研究方向集中到了国际汉语教学及其重要组成部分汉语国际传播上，研究领域包括泰国、马来西亚、缅甸、韩国、美国、越南等国家的汉语传播问题，内容涵盖国际汉语教学宏观和微观层次的诸多问题;我们已承担了包括两项国家社科基金课题、教育部新世纪优秀人才支持计划项目和教育部人文社会科学项目在内的多项汉语国际传播纵向和横向课题;我们正在进行国际汉语教学案例库和汉语国际传播数据库建设……

我们才刚刚起步,我们愿不断努力,与兄弟院校一起在汉语国际传播和国际汉语教学领域拓荒、播种,并愿意与国内外同行分享我们的收获。我们将以全球化的视野、国际化的思维和创新务实的行动,努力开展汉语国际传播和国际汉语教学研究,推动国际汉语教学学科建设,为汉语和中华文化走向世界尽一份绵薄之力。

经过中央民族大学国际教育学院两年多的策划和研究,汉语国际传播与国际汉语教学研究丛书陆续开始出版了。希望这套丛书能从各个侧面对国际汉语教学学科的形成和建设起到支撑作用,能为国际汉语教学的专家学者带来另一种清新的学术空气,给青年学者和博士、硕士研究生选择未来的研究领域提供新的视野,并为汉语国际传播有关机构提供决策参考。这套丛书虽为中央民族大学国际教育学院策划,但我们的作者并不限于本院师生,我们热忱欢迎国内外有志于汉语国际传播和国际汉语教学研究的专家学者加盟我们的队伍,我们愿意将符合丛书主题的学术成果列入丛书出版。

鉴于广大读者甚至很多业内学者和学生对汉语国际传播与国际汉语教学的认识尚不够深入,谨以本人在《语言文字应用》2010 年第 3 期上发表的论文“国际汉语教学学科建设及汉语国际传播研究探讨”作为代序,对汉语国际传播与国际汉语教学做一些学术探讨,以增进学界对国际汉语教学学科的认识。

国际汉语教学学科建设及汉语国际传播研究探讨[①]

（代序）

随着汉语快速走向世界，对外汉语教学时代正在转型为国际汉语教学时代，传统的对外汉语教学正在转型为国际汉语教学，因此，有必要努力建立与之相适应的国际汉语教学学科。国际汉语教学学科应该包括传统的对外汉语教学和汉语国际传播两大部分。汉语国际传播是指建立在世界各国对汉语需求的基础之上，汉语遵循语言传播规律，从中国走向世界的语言传播现象。汉语国际传播研究是国际汉语教学研究的重要组成部分。鉴于此前很少有人讨论过相关问题，本文将探讨建立国际汉语教学学科的必要性，国际汉语教学与传统的对外汉语教学、汉语国际传播研究的关系，对外汉语教学向国际汉语教学的转型，国际汉语教学研究的理论基础和研究内容，国际汉语教学的学科建设，当前汉语国际传播研究的领域等问题，以期抛砖引玉，并希望有更多的同行参与到国际汉语教学及汉语国际传播的研究中来，不仅可以推动转型后的国际汉语教学学科建设，而且通过汉语国际传播研究可以为汉语国际推广工作提供更多的智力支持和决策参考。

---

① 吴应辉：国际汉语教学学科建设及汉语国际传播研究探讨，《语言文字应用》2010年第3期，作者对文章进行了部分删节和小的改动。本文获“新世纪优秀人才支持计划资助”（Supported by Program for New Century Excellent Talents in University，“NCET”）。

一、国际汉语教学时代已经到来

随着中国综合国力的迅速增强，尤其是经过金融危机的洗礼，中国与世界发达国家的经济实力对比发生了很大的改变，差距正日益缩小。不久前，世界银行副行长兼首席经济学家林毅夫甚至指出，到2020年中国可能成为世界第一大经济体。① 中国国际地位的快速上升，使世界各国人民了解中国的需要快速增强，汉语热正在世界各地悄然兴起，汉语国际传播的新时代已经到来。国家汉办主任、孔子学院总部总干事许琳说，世界学习汉语的人数也远超中方预期。据介绍，目前全世界有109个国家、3000多所高等学校开设了汉语课程。特别是中小学开设汉语课的热情越来越高。世界各国学习汉语的人数，很多国家以50%甚至翻番的速度增长。全世界现在学习汉语的人数已经超过了4000万。② 世界范围的汉语需求增长迅速，从2004年到2009年，应世界各国有关机构的要求，国家汉办派出汉语教学志愿者达6000多人。仅2008年一年，国家汉办就派出汉语教学志愿者1700多人，分布在46个国家。2008年全国共派出汉语教师2000余人，分布在105个国家。截止2008年底，应世界各地有关机构的请求，全球已建立孔子学院249所，孔子课堂56个。③ 周边国家的汉语热尤为突出，“日本有200万人在学习汉语。韩国学习汉语的人数超过100万，现有的142所大学全部开设了汉语课程。韩国教育部计划在全国中

---

① 中国新闻网3月22日：http：//www. chinanews. com. cn/cj/gncj/news/2009/03-19/1608221. shtml

② 新华网：世界“汉语热”远超预期，学习人数已超4000万。2009-03-13。http：//news. xinhuanet. com/edu/2009-03/13/content_ 11002421. htm

③ 以上数字引自前教育部部长周济“在2008年孔子学院大会上的工作报告”。

小学普遍开设汉语课。印尼目前有1000所中学正式开设汉语课”。[①]“泰国作为汉语热的新兴国家，开设汉语课的中小学已达千所以上，学习汉语的人数10年间增长了20多倍，2007年泰国学习汉语的中小学生超过20万人（206134人）。泰国接收中国汉语教学志愿者人数列各国之首”[②]，2008年接收了870名来自中国的汉语教学志愿者，2009年仅新派志愿者就达800人[③]，加上留任的志愿者，在泰国的汉语教学志愿者人数已达上千人。泰国孔子学院建设也卓有成效，一个只有6000万人口的国家建立了11所孔子学院和孔子课堂。在泰国，学习汉语已经成为一种时尚，泰国汉语传播速度在当今汉语国际传播中是一个奇迹。在美国、欧洲，汉语教学的发展势头也非常好，美国大学理事会的调查结果显示，全美有2400多所中小学有意向在近几年开设汉语课，[④] 美国出于国家安全的考虑，投入巨资开展“关键语言”（Critical Languages）教学，而汉语就是六种关键语言之一。在英国、法国、德国、俄罗斯等国家，开设汉语课的学校也在快速增加。这些事实说明，国际汉语教学的时代已经到来。

二、国际汉语教学时代需要有与之相适应的国际汉语教学学科

对外汉语教学正快速向国际汉语教学转变，对外汉语教学学

---

① 中国网：孔子学院影响力独特：4000万洋人学习汉语，2007－03－20。http://www.china.com.cn/international/txt/2007－03/20/content_ 7987819.htm

② 吴应辉、杨吉春：泰国汉语快速传播模式研究，《世界汉语教学》2008年第4期。

③ 国家汉办志愿者中心提供数据。

④ 新华网：国外学中文成时尚，美2400学校愿开中文课，2006－07－06。http://news.xinhuanet.com/edu/2006－07/06/content_ 4800553.htm

科也应该与时俱进，转型为国际汉语教学学科。自20世纪80年代对外汉语教学学科建立以来，我国对外汉语教学学科取得了快速发展，已形成一套自己的理论体系、研究方法，推出了大批研究成果，建立起了本科、硕士和博士三个层次完整的人才培养体系，为中国的对外汉语教学事业做出了应有的贡献。2003年国家汉办推出的“汉语桥工程”① 开始实施，对外汉语教学开始向国际汉语教学转型。2004年，“国务院批准了国家对外汉语教学领导小组制定的对外汉语教学事业2003年至2007年发展规划——《汉语桥工程》，明确提出了‘集成、创新、跨越’作为对外汉语教学和汉语国际推广工作的发展战略，也就是：集成一切资源要素，采取创新的举措，实现对外汉语教学事业的跨越式发展”。② 2005年7月在北京举办的首届世界汉语大会实为汉语国际推广的首次动员大会，来自五大洲66个国家的300多位代表出席了这次大会。此次大会之后，汉语国际推广工作进入了高速发展阶段。

“六大转变”的推出，进一步加快了从对外汉语教学向国际汉语教学的转型。2006年，对外汉语教学向国际汉语教学的转变得到国家汉办等有关部门在政策层面的推动，“针对我国多年来对外汉语教学的主战场在国内，以来华留学生为主要教学对象的传统汉语教学模式不适应国外对汉语的需求状况，提出了转变观念和工作重点，实施六大转变：一是发展战略从对外汉语教学向全方位的汉语国际推广转变；二是工作重心从将外国人‘请进来’学汉语向汉语加快‘走出去’转变；三是推广理念从专业汉语教学向大众化、普及型、应用型转变；四是推广机制从教育系统内推

① 汉语桥工程主要包括孔子学院，中美网络语言教学、教材、音像和多媒体制作，国内外汉语教师队伍建设，对外汉语教学基地建设，汉语水平考试，世界汉语大会和“汉语桥比赛”，“汉语桥”基金与援助国外中文图书馆和基本建设九个方面的内容。

② 章新胜：加强汉语的国际传播，促进多样文化的共同发展，《求是》2005年第16期。

进向系统内外、政府民间、国内国外共同推进转变；五是推广模式从政府行政主导为主向政府推动的市场运作转变；六是教学方法从纸制教材面授为主向充分利用现代信息技术、多媒体网络教学为主转变。六个转变实际包含了三个层面：体制和机制，对象和教学类型，教材和教法。换言之，从过去的‘请进来’、对有一定学历的成年人进行面对面教学，发展到‘走出去’、对社会上各式各样的人进行多种方式的教学，需要全方位的改进和改革”。[1]这一政策的推出，更加快了传统的对外汉语教学向国际汉语教学的转型。

目前的汉语教学除了我国国内的对外汉语教学之外，还有100多个国家都在开展汉语教学。据教育部公布的数据，2008年共有来自189个国家和地区的22万多（223499）名各类来华留学人员[2]，与世界各国学习汉语人数相比，仅占不足1%（0.56%，按全世界4000万人学汉语的数字计算）。我国2008年派出的汉语教学志愿者和汉语教师达3000多人，但他们只占世界各国汉语教师中的极小的一部分。这些数据已经充分说明，汉语教学的主体不在国内而在国外。国际汉语教学时代已经到来。因此，我们有必要在传统的对外汉语教学学科的基础上扩充改造，形成与汉语国际传播形势相适应、更有利于学科发展的国际汉语教学学科。对外汉语教学的内涵是“对外国人的汉语教学”，隐含着“老师是中国人，中国老师教外国学生”之意。但进入国际汉语教学时代，当千千万万的外国人就在自己的国度学习汉语的时候，教授他们汉语的老师可能绝大多数都是本国人，对外汉语教学这一名称在中国以外的其他国家就显得不太合适。作为一个学科，其内涵已

---

① 许琳：汉语国际推广的形势和任务，《世界汉语教学》2007年第2期。

② 教育部2009年第6次新闻发布会：介绍2008年中国教育对外开放总体情况及出国留学、来华留学事业发展情况。见教育部网站：http：//www.moe.gov.cn/edoas/website18/02/info1237941653766102.htm

发生了巨大变化，甚至已变化到原有的学科名称不能涵盖的程度，因此，非常有必要用“国际汉语教学”替代“对外汉语教学”。这样，国际汉语教学学科就能很好地涵盖国际汉语教学时代的学科内涵发展需要。尽管形式上对外汉语教学这一名称的使用仍然居主导地位，但现实中对外汉语教学学科已进入了国际汉语教学学科时代。从这个意义上讲，国际汉语教学这一能够充分反映此变化的新的学科名称替代“对外汉语教学”这一传统学科名称实属必然。

此外，现实中，“国际汉语教学”这一术语已在汉语教学界广泛使用，如由世界汉语教学学会定期召开的学术会议的名称确定为“第×届国际汉语教学讨论会”，由美国中文教师协会与中国大学联合定期举办的学术会议的名称确定为“第×届国际汉语教学学术研讨会”，国家汉办 2009 年 4 月与北京语言大学合作建立了“国际汉语教学研究基地”，其中使用的都是“国际汉语教学”，北京外国语大学出版的学术辑刊叫“国际汉语教学动态与研究”(2009 年开始更名为“国际汉语教育”)，国家汉办制定的一套汉语课程大纲叫“国际汉语教学通用课程大纲”，其他使用较多的还有“国际汉语教学创新奖”、“国际汉语教学资源展”、“国际汉语教学图书展”等。总之，“国际汉语教学”这一术语在没有任何人刻意把它作为学科名称推出的情况下，在现实中已被无声无息地广为接受了。

当然，也有专家认为，应该使用“国际汉语教育”、“汉语外语教学”、“汉语作为外语教学”、“汉语作为第二语言教学”等名称，但笔者认为，“教育”有既教书又育人之意，隐含道德说教之嫌，中国教育特色太明显，毕竟这一学科名称是要涵盖全球汉语教学的，主要任务是“教书”，“育人”之功能宜弱化为佳。而“汉语外语教学”实为“汉语作为外语教学”的缩写，在人们对“汉语作为外语教学”和“汉语作为第二语言教学”两个术语争论不休的今天，“汉语作为外语教学”强调的是汉语在非汉语环境中作为外语的教学，也就是汉语在中国以外的其他国家自己的语言环境下的汉语教学，而“汉语作为第二语言教学”这一术语的内涵存在两种主要争议，一种意见认为，主要指在汉语环境下对外国人或母语不是汉语的其他人的汉语教学，其中也包括对母语非汉语的少数民族的汉语教学，如在中国对外国人进行的汉语教学或对母语为某种民族语言的少数民族的汉语教学；另一种意见认为，“第二语言是根据习得先后顺序来定义的。因此，对那些汉语为非母语者，无论是在美国还是在中国学习汉语，按照时间顺序，汉语都是他的第二语言，只是学习的环境不同。在中国，汉语是在“第二语言环境”（second language context）习得的，在美国，汉语是在“外语环境”（foreign language context）习得的。换句话话说，第二语言与习得环境无关”。[①] 由此可见，汉语作为第二语言教学不仅存在其内涵方面的争议，而且还存在把“对中国国内少数民族的汉语教学”包括进去的情况，将其作为国际汉语教学时代的反映国际汉语教学现实的学科名称显然不太恰当。综上所述，“国际汉语教育”、“汉语外语教学”、“汉语作为外语教学”、“汉语作为第二语言教学”等名称均存在明显的不足，相比之下，“国际汉语教学”这一名称既能反映汉语走向世界的现实，又能充分反映学科的内涵，而且不带任何道德说教之嫌，显得比较中性，兼顾到了各个方面，作为一个学科名称，应该是最佳选择。当然，也有意见认为，这个学科名称国际接轨程度不够，主要理由是，以英语为例，就没有“国际英语教学”之说。但是，中国应该有自己的创新，中国人应该有勇气创造出一个响亮的学科名称“国际汉语教学”，难说“国际汉语教学”这一名称使用后，世界各国

① 王建勤：汉语国际传播标准的学术竞争力与战略规划，《云南师范大学学报》（对外汉语教学与研究版）2010 年第 1 期。

会效仿创造出“国际××语教学”等一批学科名称。

三、汉语国际传播研究是国际汉语教学学科的两大组成部分之一

（1）汉语国际推广、汉语国际传播、国际汉语教学的区别与联系

汉语国际推广、汉语国际传播和国际汉语教学是一组既有联系又有区别的概念。三个概念的共同点是，都与汉语走向世界有关。汉语国际推广主要是作为一项事业的名称来使用，反映汉语的母语国中国努力把自己国家的语言汉语推广到世界的主动行为。这一术语曾一度被官方广泛使用，它能充分反映有关机构要把汉语推向世界的主动性、积极性和美好愿望，但会带来“文化侵略”之嫌的负面效应。本人注意到，此术语在正式重要场合，尤其是国际性重大活动中的正式讲话或报告很少使用。汉语国际传播是一个较为中性的学术术语，它能反映汉语走向世界的时代特征，同时也能涵盖与其相关研究领域当前和未来相当长一个时期的学科内涵，同时能为学科发展拓展更广阔的学术空间，是学术界普遍公认并广泛使用的一个国际汉语教学分支学科的学术术语。教育部副部长、国家语委主任郝平2009年5月指出，“当前，要优先发展当代社会急需的分支学科，如语言规划学、语言教学、计算机语言学、法律语言学、播音语言学、汉语国际传播等等。”① 汉语国际传播被国家语委主任列入当前应该优先发展的分支学科，说明发展这个分支学科的必要性和紧迫性。国际汉语教学则是反

① 郝平：大力促进应用语言学发展，为国家的繁荣昌盛作贡献，中国语言文字网：http：//www. china - language. gov. cn/

映全球汉语教学与研究的学科名称，在学科目录中至少应该列为二级学科，是汉语国际传播的上位学科，汉语国际传播是其分支学科，也是国际汉语教学最重要的组成部分。

(2) 国际汉语教学与对外汉语教学的关系

国际汉语教学应包括传统的对外汉语教学和汉语国际传播两大部分。之所以把对外汉语教学列为国际汉语教学的两大部分之一，是因为对外汉语教学不论过去、现在还是未来，都是汉语走向世界的重要途径，只不过开展汉语教学的地域不在国外而在国内，开展汉语教学的语言环境是目的语环境而已。国际汉语教学和传统的对外汉语教学的关系是：对外汉语教学是国际汉语教学的前身和重要组成部分，国际汉语教学是对外汉语教学的继承和发展，它拓宽了对外汉语教学的研究视野，使对外汉语教学的交叉性特征更加明显，研究方法更加多样化。国际汉语教学和对外汉语教学是同一个学科，是一脉相承的，但国际汉语教学具有更强的多学科交叉性。之所以使用“国际汉语教学”这个名称，是因为它更能反映汉语国际传播的现实、当前和未来相当长一个时期的学科内涵，同时能为学科发展拓展更广阔的学术空间，总之，更有利于学科的持续健康发展。

从学科归属的角度说，对外汉语教学和国际汉语教学都应该属于语言学及应用语言学，都是一个以汉语言文字教学为基础、关涉到其他许多学科的交叉性学科；对外汉语教学作为国际汉语教学的前身和重要组成部分，经过20多年的努力，已经建立起了一套初具规模的理论体系，这些理论体系也是国际汉语教学的重要支撑，但国际汉语教学除传统的对外汉语教学理论体系部分外，汉语国际传播方面的理论体系尚处于草创阶段。也有观点认为，对外汉语教学应该属于教育学科，但笔者认为，该学科的基础、主干课程和教学内容均属于语言学，教育学相关内容仅为其中的很小部分，所以，还是应该归入语言学及应用语言学。

从理论基础来看，传统的对外汉语教学以语言学、教育学、心理学、文化学等学科理论为基础，但国际汉语教学除以上学科外，由于汉语国际传播还涉及到外交、项目管理、国别文化等方方面面，因此其理论基础还应该包括管理学、文化人类学、传播学、外交学、社会学、历史学、地理学、统计学、计算机科学与技术等。

从研究内容来看，国际汉语教学比对外汉语教学更宽、更广。传统的对外汉语教学，主要研究中国的汉语教师对到中国来学习汉语的外国留学生的汉语教学相关的各种问题，主要侧重于“汉语语言学、汉语习得理论、汉语教学理论和研究方法学等基础理论和总体设计、教材编写、课堂教学、测试评估、教学管理和教师培养等应用研究”。①但国际汉语教学则不仅要研究上述问题，还要研究汉语国际传播相关的各种问题，如世界各国的汉语需求，本土化教材研发，国别化汉语教师的培养，国别化教学理论与方法，孔子学院管理机制、办学模式、布局、评估体系及个案，汉语教学志愿者项目和外派汉语教师项目相关的标准、程序、大纲、教材、管理机制、文化适应等问题，国别语言政策与汉语传播、国别文化与汉语传播、国别政治经济与汉语传播、地缘政治与汉语传播、国际关系与汉语传播、汉语国际传播史等研究领域。由此可见，国际汉语教学的研究内容主要包括两个部分，一是传统的对外汉语教学的研究内容；二是汉语国际传播相关的各种问题。

国际汉语教学主要包括中国国内的对外汉语教学和主要研究汉语走向世界相关问题的汉语国际传播两大组成部分，而国别汉语教学是汉语国际传播的一部分。

国际汉语教学学科建设应该主要抓好以下几个方面：一是学

---

① 刘珣：对外汉语教育学引论，北京语言大学出版社，2001 年 1 月第 1 版第 396 页。

科理论建设，二是学科队伍建设，三是学科人才培养。学科理论建设是最为重要的方面，在继续重视汉语教学研究的同时，要特别重视汉语国际传播理论体系建设和汉语国际传播实践研究，它是国际汉语教学不可或缺的研究领域，可以说，没有汉语国际传播研究，国际汉语教学学科就不完整。因此，开展汉语国际传播研究是国际汉语教学学科建设的需要。目前发表汉语国际传播研究成果的期刊寥寥无几，我们应该努力创办新的专业期刊，或在更多的学术期刊上开辟汉语国际传播研究专栏，以推动这一领域的研究。此外，学科队伍建设是学科建设的另一重要方面。目前研究对外汉语教学的队伍已初具规模，但研究汉语国际传播方面的学者却屈指可数，因此，有必要吸引更多的业内人士参与到汉语国际传播研究的工作中来，力争五到十年内形成一支汉语国际传播研究队伍。人才培养对于一个基础薄弱的学科来说十分重要，除继续加大力度培养对外汉语教学硕士、博士研究生和汉语国际教育专业硕士以外，有必要在硕士和博士层次开设汉语国际传播研究方向，以培养高层次汉语国际传播方面的教学、研究和管理人才，确保国际汉语教学学科后继有人，并能持续健康稳步发展。

四、汉语国际传播研究的主要领域

实践需要理论指导，目前汉语国际传播研究严重滞后于汉语国际推广实践①。汉语国际传播对于国际汉语教学工作者来说，既是艰巨而光荣的任务，也是难得的机遇。既然时代呼唤理论，我们就有责任、有义务研究汉语国际传播相关的各种问题，让汉语

① 吴应辉：加强研究，指导实践，让汉语又好又快地走向世界——汉语国际传播笔谈前言，《云南师范大学学报》（对外汉语教学与研究版）2007 年第 5 期。

又好又快地走向世界。可以预言，未来很长一个时期内，世界范围的汉语学习需求将持续快速增长并拉动汉语持续快速走向世界。汉语国际传播实践亟须汉语国际传播研究的支撑，汉语国际传播研究将具有广阔的空间。鉴于汉语国际传播蓬勃发展的形势，笔者认为汉语国际传播研究的主要领域应该包括以下几个方面：

一是汉语国际推广战略研究，包括对中国汉语国际推广的总体战略、国别战略、孔子学院布局战略等方面的研究，同时还应包括各国关于自己国家汉语推广战略的研究。汉语国际推广的总体战略应该成为国家战略的重要组成部分，尤其要配合国家的整体外交战略和国际经贸战略，最好有一定的超前性，因此，汉语国际推广战略研究对汉语国际推广实践具有重要指导意义。

二是汉语国际传播国别问题研究，包括国别教育体制、国别语言政策、国别文化与汉语国际传播等相关问题以及国别汉语教学需求研究。汉语国际传播的成功程度，主要体现在汉语进入国民教育体系的程度，因此，我们应该加强汉语国际传播与不同国家教育体制相关问题的研究，努力促成汉语教学进入所在国的国民教育体系。汉语国际传播必须与所在国的语言政策和当地文化相协调。我们应该把所在国语言政策和文化研究透彻，才能做到知己知彼，顺利传播。各国汉语需求的调查研究对于制定汉语国际传播战略十分重要，我们应该加强各国汉语教学需求的调查研究，定性与定量相结合，为制定长期战略提供科学依据。

三是汉语国际传播体制、机制与科学发展研究。汉语国际传播是新生事物，其管理体制与这项事业的整体可持续发展密切相关，项目的运行机制也直接关系到具体项目的可持续发展，如孔子学院及孔子课堂的发展问题研究，汉语教学志愿者项目、公派汉语教师项目的管理机制研究等，因此，有必要及时研究体制和运行机制面临的新情况和新问题。

四是汉语教学的本土化问题研究。在各国汉语教学中，本土化教材、教师、教学法相关问题的研究制约着日常汉语教学的各个方面。国别语言和文化的不同决定了对汉语教材、教师和教学法的不同要求。随着不同国家汉语需求的增长，本土化汉语教材、教师、相关教学法及教学模式等领域的研究必将成为汉语国际传播研究的重要领域。

五是汉语国际传播与国家软实力建设研究。语言传播对提升国家软实力会起到积极作用，但是，通过什么途径、影响力如何测定等都是十分值得探讨的问题。这一领域的量化研究成果对争取国家对汉语国际传播事业的投入将产生积极作用。

六是汉语国际传播典型个案研究。汉语在世界各国的传播模式各具特色，传播效果有所不同，及时总结不同个案的经验与教训，对其他国家和地区的汉语传播有借鉴意义。

七是汉语国际传播的有关标准研究。标准对一个国家或地区的汉语传播来说十分重要，没有标准，无所适从，要制定标准，就必须科学规范。因此，有必要开展适合不同国家和地区的各种汉语教学相关标准研究，如汉语教师标准、不同阶段的汉语课程标准和汉语能力标准、汉语教学大纲、汉语水平测试等方面的研究。

八是汉语国际传播的项目评估体系研究。项目评估有利于确保项目效益，汉语国际传播项目众多，有必要研发相应的指标体系，用于有关项目的评估，以确保汉语国际传播项目的效益。如孔子学院评估指标体系，志愿者及公派汉语教师的离任考评指标体系等。

九是现代教育技术与汉语国际传播研究。汉语国际传播必须与现代教育技术紧密结合，汉语和中华文化教学的多媒体化已非常普及，中国汉语教学技术产品的本土化、网络汉语教学、广播汉语教学、电视汉语教学等相关课题非常有研究和应用价值，对汉语国际传播将产生巨大的推动作用。

十是汉语国际传播史的研究。据张西平教授的观点，汉语和汉字在域外的传播始于商末周初①，对几千年的汉语国际传播史的研究既具有很好的学术价值，同时将为我们揭开一幅汉语走向世界的历史画卷，将激励更多的汉语教学工作者投身到汉语国际传播事业，并增强其自豪感和使命感。

结 语

汉语走向世界既是中国发展的必然结果，同时也是中国和世界的共同需要。在汉语教学的主要场所已经从中国国内转到世界各地的今天，建立国际汉语教学学科已显得非常迫切。然而，长期以来，由于汉语教学主要在国内开展，人们的研究主要集中在对外汉语教学领域，甚至相当一部分研究属于汉语本体研究，与目前国际汉语教学需求和汉语国际传播形势存在较大差距。在对外汉语教学时代快速转型为国际汉语教学时代的今天，我们的学科需要与时俱进，更多地研究世界各地与汉语教学相关的各种问题，“国际汉语教学”这一名称既能反映汉语走向世界的时代特征，又能涵盖当前和未来相当长一个时期的学科内涵，同时还能为学科发展拓展更广阔的学术空间，且学术界已普遍习惯并广泛使用。我们应该顺应时代的要求，使用“国际汉语教学”这一新的学科名称替代“对外汉语教学”这一传统的学科名称。全面启动国际汉语教学学科建设，加强汉语国际传播研究，推动汉语又好又快地走向世界。

① 张西平：在世界范围内书写中国学术与文化，《世界主要国家语言推广政策概览》，外语教学与研究出版社2008年8月版。

前 言

当今汉语国际传播事业伴随着中国国力的提升而兴起，然而，相关理论研究却远远滞后于实践。作为一个汉语国际传播研究的积极倡导者，我深感有责任进行一些理论探索，为汉语国际传播研究理论体系构建和研究方法提炼做一些拓荒工作。

2008 年我申请的汉语国际传播研究课题“泰国汉语快速传播模式及其对汉语国际传播的启示研究”有幸获得国家社科基金资助，成为国家社科基金资助的第一个汉语国际传播研究课题；同年我获得中央民族大学博士研究生指导教师资格，并决定在语言学及应用语言学二级学科博士点之下设“汉语国际传播”研究方向培养博士生；2009 年，我又以“汉语国际传播研究理论体系构建”为研究选题顺利入选“教育部新世纪优秀人才支持计划”。不论在课题研究中还是在博士生培养过程中，我都深感迫切需要汉语国际传播研究理论体系和研究方法。于是，在没有太多前人研究的基础上，我开始撰写《汉语国际传播研究理论与方法》的讲义。在给四届博士生讲授的过程中不断丰富、修改和提炼，终于形成了今天这部仍然不够成熟的书稿。虽然仍不成熟，但我深感汉语国际传播研究领域亟须理论和方法，于是，我鼓起勇气将这部书稿交给中央民族大学出版社，作为我策划并担任总主编的《汉语国际传播与国际汉语教学研究丛书》中的一部原创性著作出版。希望能对有志于汉语国际传播研究的学者和学生有所裨益。

本书共分八章，主要包括理论体系构建和研究方法两个组成部分。第一至五章为理论体系部分，其中的绪论部分探讨了汉语国际传播的学科定位，建构了一系列语言国际传播概念，提出了语言国际传播研究的对象、任务和理论基础；第二章到第五章分别探讨了语言国际传播相关理论，世界主要语言国际传播途径，汉语国际传播体系，汉语国际传播项目策划、实施与管理，以及项目评估相关的理论和实践问题；第六章至第八章为研究方法探讨部分，分别在方法论和方法两个层次上就汉语国际传播研究方法论，汉语国际传播研究的选题、课题申报和研究方法制定的方法论问题以及汉语国际传播研究的具体方法进行了讨论。尤其在第七章，通过对三份国家社科基金全真课题申报书的点评，提出了课题申报的一些选题思路和课题撰写策略。在汉语国际传播研究方法方面，主要提出了全球视野比较法、宏观系统分析法、基于数据库的定量与定性结合法等研究方法。这些方法已在20多位博士生开展的汉语国际传播课题研究中得到应用，并在已毕业的10位博士生的博士论文中得到了展示。

本书只是作者对汉语国际传播研究理论与方法的一个初步探索，缺点和不足肯定不少，敬请各位专家学者指正。

吴应辉

2012年10月

目 录

第一章　绪　论

第一节　汉语国际传播研究的学科定位[①]

一、“国际汉语教学”应该成为替代“对外汉语教学”的新的学科名称

（一）国际汉语教学时代已经到来

随着中国综合国力的迅速增强，尤其是经过金融危机的洗礼，中国与世界发达国家的经济实力对比发生了很大的改变，差距正日益缩小。世界银行副行长兼首席经济学家林毅夫甚至指出，到2020年中国可能成为世界第一大经济体。[②]中国学者王振华指出，中国的经济总量会在2018年前取代美国，成为世界第一大经济体。到2030年，亚洲的GDP会占世界总量的53%，而美国和欧洲只占33%。[③] 中国国际地位的快速上升，使世界各国人民了解中国的需要快速增强。汉语热正在世界各地悄然兴起，汉语国际传播的新时代已经到来。不仅开设汉语课的高校迅速增加，而且许多国家中小学开设汉语课的热情越来越高，汉语学习者的低龄化趋势日

① 本节在吴应辉的“国际汉语教学学科建设与汉语国际传播研究探讨”（《语言文字应用》2010年第4期）的基础上增删部分内容写成。

② 林毅夫：中国可能在2020年成全世界最大的经济体，中国新闻网2009年3月22日：http：//www. chinanews. com. cn/cj/gncj/news/2009/03－19/1608221. shtml

③ 王振华：中国有望2018年前成世界第一大经济体，中国新闻网2009年7月24日：http：//www. chinanews. com. cn/cj/cj－gncj/news/2009/07－24/1789833. shtml

益明显。全世界学习汉语的人数已经超过了4000万。[①] 世界范围的汉语需求增长迅速，周边国家的汉语热尤为突出，“日本有200万人在学习汉语。韩国学习汉语的人数超过100万，现有的142所大学全部开设了汉语课程。韩国教育部计划在全国中小学普遍开设汉语课。印尼目前有1000所中学正式开设汉语课。”[②] “泰国作为汉语热的新兴国家，……学习汉语的人数10年增长20多倍，泰国接收中国汉语教学志愿者人数列各国之首”[③]，目前每年接收来自中国的汉语教学志愿者人数超过1200人[④]。泰国孔子学院建设也卓有成效，一个只有6000万人口的国家建立了12所孔子学院和11个孔子课堂。在泰国，学习汉语已经成为一种时尚，泰国汉语传播状况在当今汉语国际传播中是一个奇迹。在美国、欧洲，汉语教学的发展势头良好，美国大学理事会的调查结果显示，全美有2400多所中小学有意向在近几年开设汉语课，[⑤] 美国出于国家安全的考虑，投入巨资开展“关键语言”（Critical Languages）教学，而汉语就是关键语言之一[⑥]（阿拉伯语、汉语、俄语、印地语、波斯语等）。在英国、法国、德国、俄罗斯等国家，开设汉语

---

① 许琳：世界“汉语热”远超预期，学习人数已超4000万。新华网：2009年03月13日：http://news.xinhuanet.com/edu/2009-03/13/content_11002421.htm

② 宗焕平：孔子学院影响力独特：4000万洋人学习汉语。中国网2007年3月20日：http://www.china.com.cn/international/txt/2007-03/20/content_7987819.htm

③ 吴应辉、杨吉春：泰国汉语快速传播模式研究，《世界汉语教学》2008年第4期。

④ 国家汉办志愿者中心提供信息。

⑤ 原春林：国外学中文成时尚，美2400学校愿开中文课。新华网2006年7月6日：http://news.xinhuanet.com/edu/2006-07/06/content_4800553.htm

⑥ Dina Powell & Barry Lowenkron：National Security Language Initiative，http://www.actfl.org/i4a/pages/index.cfm?pageid=4249. 关键语言包括阿拉伯语、汉语、俄语、印地语、波斯语等其他语言。关键语言随美国国家安全战略需要而调整，因而不同时期的关键语言有所不同。（原文：The NSLI will dramatically increase the number of Americans learning critical need foreign languages such as Arabic, Chinese, Russian, Hindi, Farsi, and others through new and expanded programs from kindergarten through university and into the workforce.）

课的学校也在快速增加。这些事实说明，国际汉语教学的时代已经到来。

（二）国际汉语教学时代需要建立与之相适应的国际汉语教学学科

对外汉语教学和海外汉语教学存在着很大的差异，主要体现在六个不同的方面：环境文化不同，学生情况不同，教师角色不同，教育体制不同，目的需求不同，教材教法不同。

过去一直居于主导地位的中国国内的对外汉语教学正快速向海外汉语教学和中国国内对外汉语教学并存，且海外汉语教学逐渐成为主体的方向转变。因此，传统的对外汉语教学学科也应该与时俱进，转型为同时包括中国国内对外汉语教学和海外汉语教学的国际汉语教学学科。自20世纪80年代对外汉语教学学科建立以来，中国对外汉语教学学科取得了快速发展，已形成一套自己的理论体系、研究方法，推出了大批研究成果，建立起了本科、硕士和博士三个层次完整的人才培养体系，为中国的对外汉语教学事业做出了应有的贡献。然而，从2003年开始，国家汉办推出的“汉语桥工程”①，2005年7月在北京举办的首届世界汉语大会，以及2006年推出的“六大转变”促使对外汉语教学向国际汉语教学快速转型。

目前的汉语教学除了中国国内的对外汉语教学之外，还有100多个国家都在开展汉语教学。据教育部公布的数据，2011年，全年在华学习的外国留学人员总数首次突破29万人，共有来自194个国家和地区的292611名各类来华留学人员②，与世界各国学习

① 汉语桥工程主要包括孔子学院，中美网络语言教学、教材、音像和多媒体制作，国内外汉语教师队伍建设，对外汉语教学基地建设，汉语水平考试，世界汉语大会和“汉语桥比赛”，“汉语桥”基金与援助国外中文图书馆和基本建设九个方面的内容。

② 教育部：2011年全国来华留学生数据统计，见教育部网站2012年2月28日：http：//www.moe.edu.cn/publicfiles/business/htmlfiles/moe/s5987/201202/131117.html

汉语人数相比，仅占不足1%（0.725%，按全世界4000万人学汉语的数字计算）。中国近年来派出的国际汉语教师志愿者和汉语教师只占世界各国汉语教师中极小的一部分。这些情况已经充分说明，汉语教学的主体不在国内而在国外。以海外汉语教学为主体的“国际汉语教学”时代已经到来。因此，我们有必要在传统的对外汉语教学学科的基础上扩充改造，形成与汉语国际传播形势相适应、更有利于学科发展的“国际汉语教学”学科。对外汉语教学的内涵是“对外国人的汉语教学”，隐含着“老师是中国人，中国老师教外国学生”之意。但进入“国际汉语教学”时代，当千千万万的外国人就在自己的国度学习汉语的时候，教授他们汉语的老师可能绝大多数都是本国人，对外汉语教学这一名称在中国以外的其他国家就显得不太合适。作为一个学科，其内涵已发生了巨大变化，甚至已变化到原有的学科名称不能涵盖的程度，因此，非常有必要用“国际汉语教学”替代“对外汉语教学”。这样，“国际汉语教学”学科就能很好地涵盖国际汉语教学时代的学科内涵发展需要。尽管形式上“对外汉语教学”这一名称的使用仍然居主导地位，但现实中对外汉语教学学科已进入了“国际汉语教学”学科时代。从这个意义上讲，“国际汉语教学”这一能够充分反映此变化的新的学科名称替代“对外汉语教学”这一传统学科名称实属必然。

此外，现实中，“国际汉语教学”这一术语已在汉语教学界广泛使用，如由世界汉语教学学会定期召开的学术会议的名称确定为“第×届国际汉语教学讨论会”，由美国高校与中国高校联合定期举办的学术会议的名称确定为“第×届国际汉语教学学术研讨会”，国家汉办最近确定建立的十个“国际汉语教学研究基地”中使用的也是“国际汉语教学”，北京外国语大学出版的学术刊物命名为“国际汉语教育”（曾名“国际汉语教学动态与研究”），国家汉办制定的一套汉语课程大纲叫“国际汉语教学通用课程大纲”，其它使用较多的还有“国际汉语教学创新奖”，“国际汉语教学资源展”等。特别值得一提的是，2010 年开始中国三所高校不约而同地推出了三份专门研究国际汉语教学的学术辑刊，即中央民族大学国际教育学院推出的《汉语国际传播研究》，中山大学推出的《国际汉语》和厦门大学推出的《国际汉语学报》，而且三份学刊均不再使用“对外汉语”这一术语，而是使用“国际汉语”或“汉语国际××”，这更能强调国际汉语教学的学科内涵。这种现象绝非巧合，而是反映了汉语教学学科发展的最新潮流。总之，“国际汉语教学”这一术语在没有任何人刻意把它作为学科名称推出的情况下，在现实中已被无声无息地广为接受了。

当然，也有专家认为，应该使用“国际汉语教育”、“汉语外语教学”、“汉语作为外语教学”、“汉语作为第二语言教学”等名称，但笔者认为，“教育”有既教书又育人之意，隐含道德说教之嫌，中国教育特色太明显，毕竟这一学科名称是要涵盖全球汉语教学的，主要任务是“教书”,“育人”之功能宜弱化为佳。而“汉语外语教学”实为“汉语作为外语教学”的缩写，在人们对“汉语作为外语教学”和“汉语作为第二语言教学”两个术语争论不休的今天，不论前者还是后者，均带着浓郁的“洋味”，一看便知乃“舶来品”，而非地道的汉语表达。且汉语作为第二语言教学也包括对母语为非汉语的少数民族的汉语教学，如对母语为某种民族语言的少数民族的汉语教学，如对维吾尔族学生、藏族学生、蒙古族学生的汉语教学。由此可见，“国际汉语教育”、“汉语外语教学”、“汉语作为外语教学”、“汉语作为第二语言教学”等名称均存在明显的不足，相比之下，“国际汉语教学”这一名称乃最佳选择。当然，也有意见认为，这个学科名称与国际接轨程度不够，主要理由是，以英语为例，就没有“国际英语教学”之说。但是，中国应该有自己的创新，中国人应该有勇气创造出一个响亮的学科名称“国际汉语教学”，难说“国际汉语教学”这一名称使用后，世界各国会效仿创造出“国际泰语教学”、“国际马来语教学”、“国际韩国语教学”等一批类似的学科名称。

（三）国际汉语教学与对外汉语教学的联系和区别

国际汉语教学和传统的对外汉语教学的关系是：对外汉语教学是国际汉语教学的前身和重要组成部分，国际汉语教学是对外汉语教学的继承和发展，它拓宽了对外汉语教学的研究视野，使对外汉语教学的交叉性特征更加明显，研究方法更加多样化。国际汉语教学和对外汉语教学是一脉相承的同一个学科，但国际汉语教学具有更丰富的内涵。但由于“对外汉语教学”事实上已不能很好地适应汉语国际传播实践的需要，因此，应该使用更能反映全球汉语教学实践的“国际汉语教学”这一术语作为新的三级学科名称替换目前使用的“对外汉语教学”。国际汉语教学既包括非目的语环境下的汉语教学（汉语作为外语教学或汉语作为第二语言教学），如美国汉语教学、泰国汉语教学、缅甸汉语教学等，还包括海外华人的汉语作为母语教学——华文教学，如马来西亚的华文教学、新加坡的华文教学等，同时国际汉语教学还包括目的语环境下对外国人开展的汉语教学，即在中国开展的面向外国学生的汉语教学——对外汉语教学。作为一个研究领域，国际汉语教学研究基于实践和理论研究的需要，不仅要开展汉语教学问题的研究，还要开展汉语国际传播相关问题的研究，如国别汉语教学相关标准、本土化教材、教师及教学法、与汉语教学相关的跨文化交际、汉语国际传播项目的经营管理等等。之所以使用“国际汉语教学”这个名称，是因为它更能反映全球汉语教学的现实、当前和未来相当长一个时期的学科内涵，同时能为学科发展拓展更广阔的学术空间。总之，更有利于学科的长期可持续健康发展。

（四）“汉语国际传播”是国际汉语教学的重要组成部分

国际汉语教学的研究内容主要包括两个部分，一是传统的对外汉语教学的研究内容；二是汉语国际传播相关的各种问题。传统的对外汉语教学侧重于“教学”及与其紧密相关领域的研究，但在汉语快速向世界传播的今天，除了教学之外，尚有许多与“推广”或“传播”相关的亟需研究的领域。国际汉语教学的研究领域比传统意义上的对外汉语教学更宽、更广。传统的对外汉语教学，主要研究中国的汉语教师对到中国来学习汉语的外国留学生所开展的汉语教学相关的各种问题，主要侧重于“汉语语言学、汉语习得理论、汉语教学理论和研究方法学等基础理论和总体设计、教材编写、课堂教学、测试评估、教学管理和教师培养等应用研究。”[①] 但汉语国际传播的研究领域则包括两大部分，一是与上述对外汉语教学涉及的各种问题类似的海外汉语教学相关的微观问题，二是与汉语走向世界相关的各种宏观和中观问题，如语言传播或推广项目管理，国别语言政策及教育体制，本土化教材、教师、教学模式，世界各国汉语需求调查研究，语言传播标准研制，有关国家政治、经济、文化、外交等方面对汉语教学的影响等新兴研究领域。因此，汉语国际传播既关注教学，又关注管理，在不放松微观问题的同时，更关注宏观问题，力图以全球化视野和国际化思维审视与汉语走向世界相关的各种问题。

二、国际汉语教学及汉语国际传播学科地位亟待提升

汉语国际传播是指建立在世界各国对汉语需求的基础之上，汉语走向世界的语言传播现象。汉语国际传播研究汉语走向世界相关的各种理论和实践问题，是国际汉语教学的重要组成部分之一。因此，其学科定位应根据国际汉语教学的学科定位而定。

国际汉语教学的学科定位可根据两套学科目录系统进行两种

① 刘珣：《对外汉语教育学引论》，北京语言大学出版社，2001 年 1 月第 1 版第 396 页。

定位。一种是根据国务院学位委员会《授予博士、硕士学位和培养研究生的学科、专业目录》（1997 年颁布）[①] 定位，其学科门类应为文学，一级学科应为“中国语言文学”，二级学科应为“语言学及应用语言学”；另一种是根据 1992 年公布的“中华人民共和国国家标准学科分类与代码表（GB/T13745 - 92）（Classification and code disciplines）[②]”定位，其一级学科应为“语言学”（代码 740），二级学科应为“应用语言学”（代码为 740. 35），三级学科应为“语言教学”（代码为 740. 3510）。

从以上两个标准中我们不难看出，传统的语言教学学科并不包含语言传播问题的研究，我们根本不能在两个体系中找到“国际汉语教学”及“汉语国际传播”的学科定位。究其原因，主要是因为两个标准均为上个世纪 90 年代所制定，鉴于当时汉语教学学科发展的局限，不可能将“国际汉语教学”列入学科目录。然而，令人欣慰的是，2007 年，根据国际汉语师资培养的需要，经国务院学位委员会批准，“汉语国际教育硕士”专业学位正式设立，到 2012 年，全国已有 82 所高校设立“汉语国际教育硕士”专业学位培养国际汉语教师；2011 年教育部发布的新的本科专业目录中，传统的“对外汉语”专业已由新的专业名称“汉语国际教育”所取代；“汉语国际教育博士”专业学位的设立也正在积极推进中，有望近期正式设立。这些进步表明，“国际汉语教学”的学科地位正在快速提升。鉴于汉语快速走向世界的现实需要和学科发展应与现实紧密结合并服务现实的客观需要，传统的在“语言学及应用语言学”二级学科下设立“对外汉语教学”研究方向（相当于三级学科）的做法已经不能适应汉语教学从“对外汉语教学”向“国际汉语教学”发展的新形势，因此，有必要在中国语

① 中华人民共和国教育部网站：http：//www. moe. gov. cn/edoas/website18/46/info12846. htm

② 国家技术监督局 1992 - 11 - 01 批准，1993 - 07 - 01 实施。

言文学一级学科之下独立设置与“语言学及应用语言学”并列的二级学科“国际汉语教学”，而“汉语国际传播”则列为“国际汉语教学”这个二级学科下的一个三级学科，也可直接提升为与“语言学及应用语言学”并列的二级学科。这是对语言教学学科发展与时俱进的创新性拓展。

国际汉语教学与汉语国际传播究竟谁包含谁是一个非常值得探讨的问题。认为前者包含后者，主要基于狭义的汉语国际传播认知，认为其源于汉语教学学科并最终服务于汉语教学的认识；认为后者包含前者，主要基于广义的汉语国际传播认知，认为汉语国际传播包括汉语走向世界相关的各种理论与实践问题，汉语教学只是汉语国际传播的组成部分之一。如果前者包含后者，其学科归属比较简单，那就是语言学。但如果后者包含前者，则会引起汉语国际传播究竟属于语言学还是传播学之争。笔者认为，从目前学科发展的现实出发，把汉语国际传播归入国际汉语教学学科较有利于学科发展，不会引起学科归属之争，使之有明确的学科依托；反之，则容易引起疏远老学科语言学而又相当长一段时间内很难融入新学科传播学的尴尬境地。但从学科的长远发展方面看，把国际汉语教学归入汉语国际传播更符合学科发展趋势，也会更有利于学科空间的拓展，甚至更有利于汉语国际传播学科地位的不断提升。

国际汉语教学及汉语国际传播具有很强的学科交叉性，与教育学、传播学、文化学、外交学、经济学、管理学、人类学、社会学等学科密切相关，但学科的基础、主干课程和教学内容主要基于语言学，其他涉及的学科仅为其中的一小部分，因此，国际汉语教学及汉语国际传播的首选归属还是应该归入“语言学”，但由于该学科从事的主要是语言教学，与教育学关系密切，因此，归入“教育学”学科也有一定道理。美国等国高校的第二语言教学专业设在教育学院而非语言学院，便是对“国际汉语教学”可归入“教育学”学科观点的一个案例支撑。

第二节 汉语国际传播研究的对象、理论基础与国际汉语教学学科建设

一、汉语国际传播研究的对象

汉语国际传播研究应紧密结合汉语国际推广实践，学术性与应用性并重，并应具有前瞻性，其研究对象可大致归纳为以下十个方面：

一是汉语国际传播方略研究，包括中国对汉语国际传播的总体方略、国别方略、孔子学院布局方略等方面的研究，同时还应包括各国关于本国汉语传播方略的研究。汉语国际传播的总体方略应该成为国家战略的重要组成部分，尤其要配合国家的整体外交战略和国际经贸战略，应有超前性，因此，汉语国际传播方略研究对汉语国际传播实践具有重要指导意义。如“孔子学院可持续发展战略研究”。

二是汉语国际传播国别问题研究，包括国别教育体制、国别语言政策、国别文化与汉语国际传播的相关问题以及国别汉语教学需求研究。汉语国际传播的成功程度，主要体现在汉语进入国民教育体系的程度，因此，我们应该加强汉语国际传播与不同国家教育体制相关问题的研究，努力促成汉语教学进入所在国的国民教育体系。汉语国际传播必须与所在国的语言政策和当地文化相协调。我们应该把所在国语言政策和文化研究透彻，才能做到知己知彼，顺利传播。各国汉语需求的调查研究对于制定汉语国际传播方略十分重要，我们应该加强各国汉语教学需求的调查研究，定性与定量相结合，为制定长期方略提供科学依据。如“世界主要国家语言推广政策研究”，“缅甸汉语传播体系研究”等。

三是汉语国际传播体制、机制与发展问题研究。汉语国际传播是新生事物，其管理体制与这项事业的整体可持续发展密切相关，项目的运行机制也直接关系到具体项目的可持续发展，如“孔子学院及孔子课堂的发展问题研究”，“汉语教学志愿者项目、公派汉语教师项目的管理机制研究”等，因此，有必要及时研究体制和运行机制面临的新情况和新问题。

四是汉语教学的本土化问题研究。在各国汉语教学中，本土化教材、教师、教学法相关问题的研究制约着日常汉语教学的各个方面。国别语言和文化的不同决定了对汉语教材、教师和教学法的不同要求。随着不同国家汉语需求的增长，本土化汉语教材、教师及相关教学法的研究必将成为汉语国际传播研究的重要领域。如“本土化汉语教材理论探讨”等。

五是汉语国际传播与国家软实力建设研究。语言传播对提升国家软实力会起到积极作用，但是，通过什么途径、影响力如何测定等都是十分值得探讨的问题。这一领域的量化研究成果对争取国家对汉语国际传播事业的投入将产生积极作用。如“泰国汉语教学与中泰贸易相关性研究”等。

六是汉语国际传播典型个案研究。汉语在世界各国的传播模式各具特色，传播效果有所不同，及时总结不同个案的经验与教训，对其他国家和地区的汉语传播具有借鉴意义。如“泰国汉语快速传播模式研究”，“美国中文旗舰项目研究”等。

七是汉语国际传播的有关标准研究。标准对一个国家或地区的汉语传播来说十分重要，没有标准，无所适从，要制定标准，就必须科学规范。因此，有必要开展适合不同国家和地区的各种汉语教学相关标准研究，如汉语教师标准、不同阶段的汉语课程标准和汉语能力标准、汉语教学大纲、汉语水平测试等方面的研究。如“泰国汉语教师标准研究”，“泰国汉语课程标准研究”、“泰国汉语能力标准研究”等。

八是汉语国际传播的项目评估体系研究。项目评估有利于确保项目效益，汉语国际传播项目众多，有必要研发相应的指标体系，用于有关项目的评估，以确保汉语国际传播项目的效益。如孔子学院评估指标体系，志愿者及公派汉语教师的离任考评指标体系等。如“孔子学院评估指标体系研究”，“志愿者履职考评指标体系研究”等。

九是现代教育技术与汉语国际传播研究。汉语国际传播必须与现代教育技术紧密结合，汉语和中华文化教学的多媒体化已非常普及，中国汉语教学技术产品的本土化、网络汉语教学、广播汉语教学、电视汉语教学等相关课题非常有研究和应用价值，对汉语国际传播将产生巨大的推动作用。如“长城汉语的国别适应性研究”，“新乘风汉语网络教学发展状况研究”等。

十是汉语国际传播史的研究。“汉语和汉字在域外的传播始于商末周初”①，可见汉语国际传播历史之久远。开展对几千年的汉语国际传播史的研究既具有很好的学术价值，同时将为我们揭开一幅汉语走向世界的历史画卷，将激发更多的汉语教学工作者投身到汉语国际传播事业中来，并增强他们的自豪感和使命感。如“汉字文化圈形成过程研究”，“马来西亚华文教学史研究”、“印度尼西亚华文教学史研究”等。

二、汉语国际传播研究的理论基础

鉴于汉语国际传播的语言学学科定位以及多学科交叉的特点，其理论基础既包括传统的对外汉语教学的语言学、教育学、心理学、文化学等学科理论基础，同时，由于汉语国际传播还涉及到国际关系、项目管理、国别文化等许多方面，因此其理论基础还

① 张西平：在世界范围内书写中国学术与文化，《世界主要国家语言推广政策概览》外语教学与研究出版社 2008 年 8 月版。

应该包括管理学、文化人类学、传播学、外交学、社会学、历史学、地理学、统计学、计算机科学与技术等学科理论。

同样基于汉语国际传播的语言学学科定位以及多学科交叉特点，其研究方法依然是以语言学研究方法为基础，但又吸收其所涉及的教育学、心理学、文化学、管理学、人类学、传播学、外交学、社会学、历史学、地理学、统计学、计算机科学与技术等学科的研究方法。关于汉语国际传播研究方法，系统论方法、全球视野比较法、宏观系统分析法、定量与定性结合法、田野调查法、文献研究法等可能较为实用，但不排斥任何其他有效的研究方法。

三、国际汉语教学学科建设面临的任务

国际汉语教学学科建设应该主要抓好以下几个方面：一是学科理论建设，二是学科队伍建设，三是学科层次提升和学科人才培养。

学科理论建设是最为重要的方面，在继续重视汉语教学研究的同时，要特别重视汉语国际传播理论体系建设和汉语国际传播实践研究，它是国际汉语教学不可或缺的研究领域，可以说，只有对外汉语教学的研究而没有汉语国际传播研究，国际汉语教学学科就不完整。因此，开展汉语国际传播研究是国际汉语教学学科建设的需要。目前发表汉语国际传播研究成果的期刊寥寥无几，我们应该努力创办新的专业期刊，或在更多的学术期刊上开辟汉语国际传播研究专栏，以推动这一领域的研究。令人欣慰的是，2010 年开始三份与汉语国际传播紧密相关的学术刊物相继创刊，《汉语国际传播研究》（商务印书馆出版，中央民族大学国际教育学院主办）、《国际汉语》（中山大学出版社出版，中山大学海外教育学院主办）和《国际汉语学报》（学林出版社出版，厦门大学海外教育学院主办）加上原有的《国际汉语教育》（外语教学与研究出版社出版），为汉语国际传播研究学术论文的发表搭建了良好的

平台。

学科队伍建设是学科建设的另一重要方面。目前研究对外汉语教学的队伍已初具规模，但研究汉语国际传播方面的学者却屈指可数，因此，有必要吸引更多的业内人士参与到汉语国际传播研究的工作中来，力争五到十年内形成一支汉语国际传播研究队伍。

学科层次的提升和人才培养对于国际汉语教学学科建设具有牵引作用。从上文学科定位的讨论中我们可以看到，国际汉语教学在上述两种学科分类目录中都只能列入三级学科，这与目前蓬勃发展的国际汉语教学事业极不相称。把国际汉语教学从三级学科提升到二级学科既是当前和未来国际汉语教学实践的需要，也是汉语教学学科建设的迫切需要。基于目前中国已设立“汉语国际教育硕士”专业学位的良好基础，如能延伸设立“汉语国际教育博士”专业学位点，对国际汉语教学学科建设及汉语国际传播事业的快速健康发展都将发挥积极作用。

人才培养方面，除继续加大力度培养对外汉语教学硕士、博士研究生和汉语国际教育专业硕士以外，有必要在硕士和博士层次开设“汉语国际传播”研究方向，以培养高层次汉语国际传播方面的教学、研究和管理人才。应该积极创造条件在“中国语言文学”一级学科之下独立设置“国际汉语教学”二级学科博士点，在专业学位系列设立“汉语国际教育博士”专业学位点，加大力度培养国际汉语教学亟需的教学和管理人才，确保国际汉语教学学科后继有人，实现长期可持续发展。

第三节 汉语国际传播研究与汉语国际推广事业

一、从对外汉语教学向汉语国际推广的转型

2003 年国家汉办推出的“汉语桥工程”开始实施，对外汉语

教学开始向国际汉语教学转型。2004 年，“国务院批准了国家对外汉语教学领导小组制定的对外汉语教学事业 2003 年至 2007 年发展规划——《汉语桥工程》，明确提出了‘集成、创新、跨越’作为对外汉语教学和汉语国际推广工作的发展战略，也就是：集成一切资源要素，采取创新的举措，实现对外汉语教学事业的跨越式发展。”① 汉语桥工程主要包括孔子学院，中美网络语言教学，教材、音像和多媒体制作，国内外汉语教师队伍建设，对外汉语教学基地建设，汉语水平考试，世界汉语大会和“汉语桥比赛”，“汉语桥”基金与援助国外中文图书馆和基本建设九个方面的内容。2005 年 7 月在北京举办的首届世界汉语大会实为汉语国际推广的首次动员大会，来自五大洲 66 个国家的 300 多位代表出席了这次大会。此次大会之后，汉语国际推广工作进入了高速发展阶段。

“六大转变”的推出，进一步加快了从对外汉语教学向国际汉语教学的转型。2006 年，对外汉语教学向汉语国际推广的转变得到国家汉办等有关部门在政策层面的推动，“针对我国多年来对外汉语教学的主战场在国内，以来华留学生为主要教学对象的传统汉语教学模式不适应国外对汉语的需求状况，提出了转变观念和工作重点，实施六大转变：一是发展战略从对外汉语教学向全方位的汉语国际推广转变；二是工作重心从将外国人‘请进来’学汉语向汉语加快‘走出去’转变；三是推广理念从专业汉语教学向大众化、普及型、应用型转变；四是推广机制从教育系统内推进向系统内外、政府民间、国内国外共同推进转变；五是推广模式从政府行政主导为主向政府推动的市场运作转变；六是教学方法从纸制教材面授为主向充分利用现代信息技术、多媒体网络教

① 章新胜：加强汉语的国际传播，促进多样文化的共同发展，《求是》2005 年第 16 期。

学为主转变。六个转变实际包含了三个层面：体制和机制，对象和教学类型，教材和教法。换言之，从过去的‘请进来’、对有一定学历的成年人进行面对面教学，发展到‘走出去’、对社会上各式各样的人进行多种方式的教学，需要全方位的改进和改革。”① 这一政策的推出，更加快了传统的对外汉语教学向汉语国际推广的转型。从传统的对外汉语教学向汉语国际推广的转型比人们预期的要快得多，经过短短几年的时间，全球迅速掀起了“汉语热”，作为汉语国际推广骨干项目的孔子学院、汉语教师志愿者项目、公派汉语教师项目等方面均取得了很快的发展。此外，在汉语国际推广教学资源建设方面，国家汉办投资开发了一批适应汉语国际传播新形势的教材，如《汉语900句》、《长城汉语》、《新乘风汉语》、美国AP中文教材《加油》等；国际汉语教师师资队伍建设方面，2007年国务院学位委员会正式批准设立“汉语国际教育硕士”专业学位，第一批24所院校2007年正式开始招生（2006年12所院校试点招生）。2009年又新增了39所院校，2010年又新增了19所，使汉语国际教育硕士培养单位增至82所；在网络汉语教学资源平台建设方面，网络孔子学院建设已初具雏形，为第一线教师提供教学资源，各国的汉语教师都能够很便捷地从网络孔子学院获取汉语教学的资源支持。过去几年中，许多国家出现了“汉语热”，泰国、美国、韩国、新加坡等国家推动汉语教学的政策和实践直接或间接地推动了汉语在这些国家或地区的快速传播。

二、汉语国际传播既是中国的需要，也是世界的需要

汉语走向世界是中国国力提高的必然结果。自1978年中国改革开放以来，中国经济实现了30年持续快速增长，经济总量已跃

---

① 许琳：汉语国际推广的形势和任务，《世界汉语教学》2007年第2期。

居世界第二位，排名仅次于美国。中国社会快速进步，人民生活水平快速提高。随着中国综合国力的快速增强，国际地位的快速提升，国际影响力的扩大，汉语作为中华文化的重要组成部分，其国际影响力也随之快速提升，汉语走向世界将是必然趋势。

汉语国际传播既是中国的需要，也是世界的需要。之所以说是中国的需要，是因为语言传播可以提升国家软实力。语言是沟通交流的工具，汉语的国际传播有助于增进人们对中国的了解，消除对中国的误会；有助于中国与世界各国构建和谐、友好的国际关系；有助于促进中国与世界各国的经济文化交流。同时，世界各国鼓励国民学习汉语也是加强本国与中国经济合作交流的需要，任何想为本国在全球化经济背景下争取更多利益的国家都不会忽略与中国这个世界第二大经济体的经济合作交流。因此，学习汉语也是各国维护其国际经济合作利益的需要。对于个人来说，在经济全球化日益加深的今天，国际化人才的作用日益凸显，世界各国要与中国合作需要大批通晓中国语言，了解中华文化的国际化人才，学好汉语可以助推个人的人生事业。汉语走向世界也是世界了解中国的需要。博大精深的中华文明不仅深深影响了汉字文化圈的国家，对世界文明也产生了重要的推动作用，吸引着越来越多世界各国的人们探索其真谛。在“中国制造”渗透到世界每一个角落的今天，想要了解中华文化的群体已经扩展到了普通百姓，而了解中华文化最好的工具就是汉语。

三、汉语国际传播研究是汉语国际传播实践的迫切需要

汉语国际传播事业发展很快，没有多少前人的经验可以借鉴，很多工作都是“摸着石头过河”。然而，实践需要理论指导，目前

汉语国际传播研究严重滞后于汉语国际传播实践①，开展汉语国际传播研究具有现实的迫切性。汉语国际传播对于国际汉语教学工作者来说，既是艰巨而光荣的任务，也是难得的机遇。既然时代呼唤理论，我们就有责任、有义务研究与汉语国际传播相关的各种理论和实践问题，为汉语国际传播事业服务，让汉语又好又快地走向世界。可以预言，未来很长一个时期内，世界范围的汉语学习需求将持续快速增长并拉动汉语快速走向世界。汉语国际传播实践亟需汉语国际传播研究支撑，而汉语国际传播研究如能植根于汉语国际传播实践，其未来将具有广阔的发展空间，其成果将对汉语国际传播事业产生重要的参考价值。

四、汉语国际传播研究是健全国际汉语教学学科的需要

如前文所述，国际汉语教学的两大组成部分之一是汉语国际传播研究，但汉语国际传播研究才刚刚起步，研究队伍还未成型，研究成果还十分薄弱。我们应该以只争朝夕的精神，尽快创建汉语国际传播理论体系，并积极开展汉语国际传播各领域的研究，以大批高质量的学术成果充实国际汉语教学学科。汉语国际推广是一项事业，汉语国际传播研究是一个学术领域。学术性与应用性兼顾的汉语国际传播研究必将促进汉语国际传播事业的蓬勃发展，同时也将为国际汉语教学自身的学科建设争取到更加广阔的发展空间。

① 吴应辉：加强研究，指导实践，让汉语又好又快地走向世界——汉语国际传播笔谈前言，《云南师范大学学报》（对外汉语教学与研究版）2007 年第 5 期。

第二章　语言国际传播相关理论探讨

理论体系的构建有赖于概念界定和术语规范先行，本章将分五节从汉语国际传播的概念界定和术语规范开始，进而探讨汉语国际传播理念、基本原则、语言国际传播与软实力建设的关系和语言国际传播的可持续发展问题。

第一节　语言国际传播规律探讨

一、几组语言传播概念

（一）语言传播与语言国际传播

语言传播是指一种语言在非母语区被学习和使用的现象。语言传播主要属于语言学而非传播学范畴，这是因为人们通常所说的传播学指的是研究广播、电影、电视、网络等传播媒体的学科，而语言传播研究的主要问题虽与媒体有一定关系，但研究的主要对象不是传播媒体，而是跟语言从母语区向非母语区传播紧密相关的语言教学、语言政策、语言标准、语言师资、语言教材，以及相关的政治、经济和文化等问题，因此，语言传播主要属于语言学而非传播学。语言传播可从不同的角度进行分类。从国家角度看，可分为国内传播和国际传播；从民族的角度看，可分为族内传播和族际传播；从空间角度看，可分为区域性传播和全球性传播等；从时间上看，又可分为共时传播和历时传播。因此，考察角度不同，语言传播的分类也就不同。反过来说，可以根据研究的需要把语言传播进行不同的分类。

语言国际传播是指一国或多国共用语言从母语国向其他国家传播、在其他国家被学习和使用的现象。研究语言国际传播现象往往以国家为单位进行考察，但有时根据研究的需要，也将区域作为研究单位进行考察，如西亚和北非阿拉伯地区的汉语传播问题，南美西班牙语地区的汉语传播问题等所涉及的单位就超越了国家，成了包括若干国家的区域。语言国际传播往往与国际政治、经济、文化、外交等因素紧密相关。因此，语言国际传播不仅仅是语言的问题，研究语言国际传播还必须充分重视与其相关的国际政治、经济、文化、外交等问题。

（二）自发传播与组织传播

自发传播与组织传播，是从传播是否是有目的、有计划、有组织地开展的角度提出的一组语言传播概念。自发传播是指语言接受群体根据自己的需要而非受到外来影响，学习和使用某种外来语言从而导致一种新语言在当地学习和使用的情况；而组织传播则是指某种组织机构，如政府、非政府组织等根据特定的目的，有组织、有计划地将一种语言教授给原本不使用该语言的群体使用的语言传播活动。如由于对英语的需要，某一国家的人们积极学习这种语言，使这种语言在这个国家被广泛学习和使用，这种传播就属于自发传播；又如，出于对中国发展的乐观预期，泰国教育部编制中小学汉语教学五年规划，积极推进中小学汉语教学，使泰国开设汉语课的学校快速增加，汉语在泰国的快速传播就属于组织传播。

（三）主动传播与被动传播

主动传播与被动传播，是就传播中的实施者与接受者而言的，所谓传播实施者与接受者一般指群体、组织、国家，而非个人。在语言传播中，传播的实施者主动实施的传播或接受者主动接受的传播都叫主动传播。如过去几十年，中国教育主管部门要求全国中小学普遍开设英语课，就是一种主动传播英语现象。反之，被动实施的传播或被动接受的传播都叫被动传播，如第二次世界大战期间，日本在其占领的国家或地区强行推行日语，日语在这些国家或地区的传播对于该国、该地区来说就是被动传播，而对于日本来说则属于主动传播。在语言传播中，对于传入国家或地区来说，主动传播的效果往往好于被动传播。因此，在语言传播实践中，要努力把“被动”变“主动”，“主动传播”与“被动传播”的有机结合才能使语言传播效果最优化。

（四）输出性传播与输入性传播

输出性传播与输入性传播，是根据语言传播的方向来区分的，输出性传播是指将一种语言从某一群体或地域传播到别的群体或地域的传播现象；而输入性传播则是指某种外来语言被某一群体学习和使用的语言传播现象。

（五）语言输出方与语言输入方

语言输出方与语言输入方，是一组不言而喻的概念，它们能区分语言传播现象中的传播方向，并明确区分语言传播过程中的各方。

（六）语言价值与语言传播价值

语言价值与语言传播价值，是区分语言本身价值和语言是否具有传播价值的两个概念。语言的价值是基于语言的交际功能和文化传承功能而言的，即任何一种语言，不论是口头语言还是书面语言，都具有供特定群体交际沟通并传承其传统文化的功能，这就是语言价值。语言是否有价值决定人们是否使用该语言，语言价值包括交际价值、经济价值、文化传承价值、学术价值等。而语言传播价值则是指语言传播是否能给语言输出方或输入方，或双方带来有用性的功能，语言传播价值决定语言是否具有传播的可能性。语言传播价值高，传播的可能性大，反之则传播的可能性小。

（七）刚性传播与柔性传播

刚性传播与柔性传播，是就语言传播的方式提出的一组概念，刚性传播是指强制性传播，如侵略者在殖民地强制推广宗主国的语言；柔性传播是指语言输出方与输入方都在自愿的基础上，以双方都乐于接受的方式进行的传播。在刚性传播中，输入方往往是被迫的，输出方和输入方往往是不平等的；在柔性传播中，输出、输入双方通常是平等自愿的，语言传播活动往往是在友好合作中进行的，很多情况下是输入方主动要求学习使用某种语言的。

二、语言国际传播规律探讨

（一）语言国际传播必备要素

任何语言都具有国际传播的可能性，但可能性变成现实性，需要同时具备以下要素：

1. 语言传播需求

语言传播需求可分为输入需求和输出需求两种。一种语言要实现国际传播，首要条件是语言输入方必须具有学习使用这种语言的需求，即输入需求。基于语言需求的传播往往是顺利、快速、高效的，我们可以把这类传播叫做输入性传播。近些年来泰国、韩国、美国等国家的汉语传播当属此类。在输入需求不明显或没有输入需求的情况下，往往也会有语言输出方输出语言的需求，由输出性需求带来的传播叫输出性传播。输出性传播多为刚性传播，往往需要以强大的实力作基础，入侵者对被占领国家或地区的语言输出多属此类。输出性传播碰到的阻力往往很大，要使输出性传播顺利推进，应该设法引导甚至创造输入方的语言学习与使用需求。和平时期也有输出性传播，这种传播往往以柔性传播方式进行。往往以提供语言教材、教师、援建语言教育培训机构等教育合作交流或教育援助形式实施。输出性传播对于输出方来说往往有一定的目的性，如为未来的经济文化合作交流做一些语言准备，为扩大本国的影响力，或为促进两国外交关系表示友好等，但也不一定都是功利的，一些输出性传播也可能纯粹是为了增进人类文化交流，促进多元和谐世界建设而开展的。输出性传播对于输入方来说，也不一定就是坏事，输出性语言传播在一个地区的成功也往往会给输入方带来提高与输出方经济文化等领域合作交流的能力，从而为输入方带来意想不到的利益。

2. 语言国际传播价值

任何语言都具有价值，但并非所有语言都具有传播价值。语言传播需求决定语言传播价值。也就是说，只有存在语言传播需求时，语言传播价值才会产生。这种传播需求可以是输入性需求，也可以是输出性需求，但更多的情况是输入性需求和输出性需求同时并存的。语言传播价值如果产生在国与国之间，这种传播价值就叫做语言国际传播价值。只有语言国际传播价值的存在，语言国际传播实践才有可能发生。语言国际传播价值的存在提供了语言国际传播实践的可能性，但这种可能性要变成现实性还需要具备其他条件。

3. 积极的语言传播态度和措施

语言传播态度和措施是决定语言传播的又一重要因素。语言传播态度可分为个体语言传播态度和群体语言传播态度，个体是群体的组成部分，因此，个体对语言传播的态度应予重视。有的西方人，尤其是母语为英语的西方人与母语是东方语言的东方人结婚后一起生活了一辈子，但都不会说东方国家语言，这就是很典型的对自己母语的自信与不愿意学习东方语言态度的充分表现。群体语言传播态度和措施往往对语言传播产生重要影响，如果这种群体语言态度和措施上升为国家态度和国家方略，它对语言传播将产生重大影响。一种具有国际传播价值的语言如果没有输出方和输入方对语言传播的积极态度，这种语言的国际传播将大打折扣。至少要有一方持积极的语言传播态度，这种语言的国际传播才有可能实现。

4. 语言传播物质基础

以上几个条件是语言国际传播的软条件，语言传播的物质基础是语言国际传播的硬条件。有人说，没有面包，爱情会饿死的！而我们可以说，没有物质基础作保障，语言国际传播也只能是水中月，镜中花。当今语言国际传播需要教材、教师、教学场所、甚至现代化技术设施，强大的教学资源平台，这些物质基础是语言国际传播的重要支撑。物质基础的好坏往往在很大程度上影响语言传播的规模和质量。因此，必须多渠道筹集资金，尽可能建立深厚坚实的汉语国际传播物质基础。

（二）语言国际传播的动力源泉探讨

世界数千种语言中，能够在国际上广泛传播的不多。为什么有的语言能传播，有的不能传播？有的语言传播得十分广泛，但有的却传播得十分有限？语言传播状况之所以千差万别，必有其内在原因，这种内在原因便是语言传播的动力源泉的差异。那么，语言传播的动力源泉又是什么呢？

语言传播的需求决定论：语言国际传播的动力源泉何在？存在于语言本身还是语言之外？如前文所述，语言具有价值，但不一定具有传播价值，只有具有传播价值的语言才能传播，只有具有国际传播价值的语言才能在国际传播。而语言的传播价值及国际传播价值不是语言本身，而是社会因素决定的，也就是说，语言传播的动力源泉不在语言本身，而在语言之外的社会。是社会需求创造了语言传播价值。是不同国家对语言的需求创造了语言国际传播需求。因此，需求才是语言传播的动力源泉。如果没有语言需求，任何语言传播，包括国内传播和国际传播都不可能发生。这种需求可以是输入方的，也可以是输出方的，因为不论是输入需求还是输出需求都是语言传播的动力源泉，如果两者兼备，那就是语言传播的最佳动力组合。这就是语言传播的“需求决定论”。

语言传播势头的强弱主要是由语言需求的强弱决定的。那么，语言需求的强弱又是由什么因素决定的呢？

语言传播需求的强弱往往跟输入语言的强弱紧密相关。历史上，大国的崛起必然带来语言的国际传播。中国历史上十分繁荣的唐宋等封建王朝曾经使汉语传播到东北亚、东南亚、中亚等地区。李宇明曾写道，“理论上语言是一律平等的，现实中语言是有强有弱的。语言的强弱与语言所属国家或民族的强弱盛衰呈正相关。古罗马帝国的强盛，造就了拉丁语在古代欧洲的‘超级语言’地位；法兰西的崛起，使法语在17世纪成为欧洲外交用语。现今不可一世的英语，1600年前后还只是一个不起眼的小语种，是老牌的大英帝国和新兴的美利坚合众国，给了英语在第一次世界大战结束时同法语一决雌雄的资格。二战之后，美国成为军事强国和技术盟主，英语超越法语成为世界外交、贸易、科技、教育的第一大语言，时至今日，几乎成了‘世界通语’。”①这段话论述了语言强弱与国力强弱的正相关关系。也就是说，强国语言往往强势，具有较强的向外传播性；弱国的语言往往弱势，具有较弱的向外传播性。在语言国际传播现实中，弱国的语言传播多表现为输入性传播，由于国际交往的需要，往往需要其他语言，尤其是强势语言或通用语言的输入，而强国出于政治、经济、文化、外交、安全等需要，也往往支持学习使用别国语言，包括弱小国家语言，形成多种多样的输入性语言传播。

除国力的强弱对语言国际传播产生决定性影响之外，一个国家的文化，如时尚、影视等因素也往往不同程度地影响语言国际传播。此外，语言传播的程度往往反映一个国家国际交往的程度。语言国际传播丰富多彩说明这个国家国际交往广泛，语言国际传

① 李宇明：强国的语言与语言强国，《光明日报》2004年7月28日。

播范围狭小，说明这个国家国际交往有限。

第二节　语言国际传播理念探讨

一、语言国际传播有助于保持人类文化多样性

语言是人类重要的文化遗产，同时也是文化的载体，许多非物质文化遗产就是通过语言这一载体才得以保留下来，世代相传的。根据联合国教科文组织2003年10月17日通过的《保护非物质文化遗产公约》的规定，非物质文化遗产包括“作为非物质文化遗产媒介的语言”，[①] 因此，语言属于非物质文化遗产范畴。“文化多样性是交流、革新和创作的源泉，对人类来讲就像生物多样性对维持生物平衡那样必不可少”。[②] “语言是文化的有机组成部分，又是文化的载体，世界文明的多样性在很大程度上表现为世界语言的多样性。有专家测算，今天人类语言种类的消亡速度是哺乳动物濒临灭绝速度的两倍，是鸟类濒临灭绝速度的四倍。据估计，目前世界尚存的五六千种语言，在21世纪将有一半消亡，200年后，80%的语言将不复存在。语言多样性就像生物多样性一样至关重要。一种语言的消亡，其后果决不亚于一个物种的灭绝。语言消亡了，通过该语言代代相传的文化、知识就会消失。人类多样性文化的生存、延续和发展依赖于语言的多样性”。[③] 因此，语言国际传播有助于文化遗产，尤其是非物质文化遗产的保护和传承，有助于在世界不同的地方保持人类文化的多样性。

---

① 联合国教科文组织：《保护非物质文化遗产公约》第2条第2款，文化部网站：http：//www. ccnt. gov. cn/xxfb/zcfg/flfg/200802/t20080227_ 51929. html

② 联合国教科文组织：《世界文化多样性宣言》，2000年1月1日发布。

③ 章新胜：加强汉语的国际传播，促进多样文化的共同发展，《求是》2005年第16期。

二、文化多样性有助于维护多元民主政治和多元世界格局

文化的多样性不仅对维护文化生态平衡至关重要，而且是文化多元化政策的基础和推动文化多元化政策制订的重要动力源泉。试想，如果没有了文化的多样性，多元文化政策岂不成了空中楼阁！所谓“皮之不存，毛将焉附”是也。而多元文化政策是多元民主政治的重要组成部分和推动多元民主政治制度形成的重要力量。联合国教科文组织发布的《世界文化多样性宣言》中明确指出，“文化多元化是与文化多样性这一客观现实相应的一套政策。文化多元化与民主制度密不可分。”① 站在全球角度来看，世界文化的多样性有利于形成人类能够普遍认同的多元文化政策，而多元文化政策将有利于推动多元世界格局的形成。因此，作为文化多样性重要组成部分的语言多样性也将有助于维护多元民主政治和多元世界格局。

三、语言国际传播对国际经济贸易合作具有重要推动作用

经济全球化已经成为不可逆转的趋势，各国之间的经济贸易已经成为日常经济生活中的重要组成部分。语言作为国际经济贸易的媒介语言，在经济全球化时代显得日益重要。尽管英语在目前国际经济贸易中处于绝对主导地位，但在非英语国家之间，如果能使用其中一国语言作为媒介语，至少会对双方中的一方带来极大的方便。语言国际传播的广泛开展必然为双语甚至多语人才的培养提供广阔空间。而双语或多语人才的大量涌现，又将直接或间接地创造出更多的国际经济贸易机会。语言传播对国际经济贸易增长的贡献率至今尚无令人信服的数据或模型，但可以肯定，双语或多语人才的拥有数量肯定与国际经济贸易量成正相关关系。因此，语言国际传播对推动国际经济贸易合作具有重要推动作用。

---

① 联合国教科文组织：《世界文化多样性宣言》，2001 年 11 月 2 日联合国教育、科学及文化组织大会第三十一届会议通过。http：//www. un. org/chinese/hr/issue/docs/62. PDF

四、语言国际传播有助于促进人类相互理解，构建和谐世界

在人类发展史上，冲突、战争一直伴随着人类的发展，给人类的发展和进步带来了巨大的灾难。发生冲突和战争的根源多种多样，经济利益之争、政治利益之争、意识形态冲突、文明冲突等往往成为冲突甚至战争的根源。这里只就通过语言国际传播减少不同文明间的误解，促进世界和平问题做一些初步探讨。美国学者亨廷顿关于文明冲突的理论阐述了不同文明之间发生冲突的原因。他认为，世界文明由西方文明（基督教）、中华文明（儒教）、印度文明（印度教）、日本文明、伊斯兰文明、斯拉夫文明（东正教）、拉丁美洲文明和非洲文明组成。每种文明都有自己的独特性，而非普世的。正是由于文明之间的独特性，才会有不同文明之间的冲突，这种冲突也正是造成世界不稳定的罪魁祸首。① 亨廷顿的文明冲突理论虽有其片面性，但他确实看到了不同文明之间由于不能很好地沟通交流而导致误解甚至冲突和战争的事实。语言是人们沟通交流的工具，语言国际传播有助于属于不同文明的人们之间更好地理解其他文明，客观地介绍其他文明，防止某种文明或某些文明被妖魔化，从而消除误解，减少冲突，避免战争，最终达到促进人类相互理解，构建和谐世界的美好目的。

第三节　语言国际传播的基本原则

一、语言国际传播中的国际观

语言国际传播由于发生在国家之间，所以不仅仅是语言问题，有时还会上升到国际关系问题。语言国际传播问题处理得好，促

① （美）亨廷顿著，周琪等译：《文明的冲突与世界秩序的重建》（修订版），新华出版社 2010 年 1 月版。

进国家之间的合作交流，处理不好，常常会导致矛盾，影响交流合作，甚至损害两国关系。有鉴于此，语言国际传播工作者应该树立以下国际观，并应用于语言国际传播工作中。

（一）全球观

随着现代交通、信息技术的日新月异，世界正相对“变小”，“地球村”一词正是这一变化给人们留下的心理印象的生动写照。全球化浪潮已经席卷到每个国家的每个角落，也影响到了人们工作、生活的方方面面。金融危机发生在美国，但影响了整个世界！有人说，美国打喷嚏，世界就感冒！这就是全球化的真实写照。语言国际传播作为全球化浪潮的一个组成部分，必将打上深深的全球化烙印。全球化的事业必须有全球化的视野，要做好语言国际传播工作，尤其是宏观决策、整体布局、战略规划等工作，必须树立全球观。

（二）和谐世界观

和谐世界观是胡锦涛2005年9月15日在联合国成立60周年首脑会议的全体会议上正式提出的。[①] 主要包括政治、经济、文化、安全、环保五个方面的内涵：“政治上相互尊重、平等协商，共同推进国际关系民主化；经济上相互合作、优势互补，共同推动经济全球化朝着均衡、普惠、共赢方向发展；文化上相互借鉴、求同存异，尊重世界多样性，共同促进人类文明繁荣进步；安全上相互信任、加强合作，坚持用和平方式而不是战争手段解决国际争端，共同维护世界和平稳定；环保上相互帮助、协力推进，共同呵护人类赖以生存的地球家园。”[②] 和谐世界观“具有现实性、

① 2005年9月15日，在联合国成立60周年首脑会议的全体会议上，胡锦涛主席发表了《努力建设持久和平、共同繁荣的和谐世界》的讲话，正式向国际社会提出了和谐世界的理念与构建和谐世界的诉求。

② 胡锦涛在党的十七大的报告，2007年10月24日，人民网：http://politics.people.com.cn/GB/8198/6429198.html

科学性与进步性，并以此为遏制战争、维护世界和平和构建世界新秩序指出了一条新路”。[①] 和谐世界观对于语言国际传播同样具有指导意义，语言国际传播工作者应该铭记：语言传播的最终目的是为了构建人类共同拥有的和谐世界，而不仅仅是本国利益。

（三）国家平等观

语言国际传播发生在国家之间，树立国家平等观念十分重要。在国际交往中，国家不分大小，一律平等，是国际社会公认的准则。语言输出方树立这一观念极为重要，要避免以大压小，恃强凌弱，否则将事与愿违。另一方面，语言输入方，尤其是弱国、小国，也要抛弃国家自卑感，既要正确认识本国国情，又不能以强掩虚，处处执意强求形式上的平等，应该一切从国家发展的实际需要出发，支持本国人民学习使用别国语言。

（四）多元文化观

多元文化观是人们审视、对待文化的一种理念或态度。它主要包含如下含义：第一，各种文化都是平等的；第二，我们应该努力维护人类文化的多样性；第三，应该鼓励各种文化间的平等交流，相互取长补短。

联合国教科文组织2001年发布的《世界文化多样性宣言》中写道：“文化多样性是交流、革新和创作的源泉，对人类来讲就像生物多样性对维持生物平衡那样必不可少。”文化多样性是人类的共同遗产，是人类社会进步的基础，是文化创新和发展的源泉。“经济全球化的进程越是加速，越要重视和促进文化多样性”。[②]

“人类文明的多样性，是人类社会的基本特征和人类文化存有的基本形态。当今世界拥有60亿人口，200多个国家和地区，

---

① 李宝俊、李志永：和谐世界观与霸权稳定论——一项比较分析，《教学与研究》2008年第6期。

② 联合国教科文组织：世界文化多样性宣言，www. un. org/chinese/hr/issue/docs/62. PDF

2500多个民族，五六千种语言。各个国家和地区，无论是历史传统、文化背景、宗教信仰，还是社会制度、价值观念和发展阶段，都存在着种种差异，整个人类文明也因此而交相辉映、多姿多彩。承认、尊重和有意识地保持世界文明的多样性，是维护世界和平与发展的保障，是人类社会不断进步的标志，尊重和推动不同文明的借鉴、融合与发展是全人类的共同责任。……语言是文化的有机组成部分，又是文化的载体，世界文明的多样性在很大程度上表现为世界语言的多样性”。①

语言国际传播可能丰富传入地区语言的多样性，但也有可能与当地原有语言形成竞争，对当地弱势语言形成威胁，甚至取而代之。现在讲英语、西班牙语、葡萄牙语的许多地区原有的语言便是在上述语言传入后逐渐消失的。因此，在语言国际传播中，应该把语言国际传播提高到事关人类文化多样性的高度来认识，始终坚持多元文化观，高度重视对弱势语言的保护。

（五）语言平等观

全球现存语言6000多种，语言国际传播应该建立在全世界各国语言平等的观念之上。我们应该把文化相对论的观念引入语言传播，提出“语言相对论”概念，即任何一种语言对于表达和传承本民族文化来说都有其独特优势，我们不能用其他标准来衡量其优劣。应该鼓励各种语言之间的平等传播和交流。“我们追求全人类语言文化的‘共存、共生、共荣’，以为世界各民族文化打开相互展示之窗和相互借鉴之门”。②费孝通先生提出的“各美其美，美人之美，美美与共，天下大同”③ 的观念在语言国际传播中应该

① 章新胜：加强汉语的国际传播，促进多样文化的共同发展，《求是》2005年第16期。

② 章新胜：加强汉语的国际传播，促进多样文化的共同发展，《求是》2005年第16期。

③ 费孝通：“人文价值再思考”196页，“东方文明和二十一世纪和平”第6－7页，《费孝通文集》第十四集，群言出版社，1999年10月出版。

得到充分体现。

在语言文化国际传播中，应尽量避免两种极端：一种是妄自菲薄，极端自卑，崇洋媚外；另一种是夜郎自大，闭关排外，甚至极端仇视其他语言文化。同时我们也要特别注意，作为语言文化输出国也不能妄自尊大，蔑视其他语言文化，热衷于推销自己的“文明”，否则将欲速则不达，甚至事与愿违，适得其反。

二、语言国际传播基本原则

语言国际传播古已有之，传播手段多种多样，传播形式五花八门，没有任何约束，也没有任何规范。理论层面也未见任何探讨，但随着语言国际传播的日益频繁，探讨语言国际传播的基本原则十分必要。我们认为，任何语言国际传播都应该遵循以下基本原则：

（一）促进和平与发展原则

和平与发展不仅是当今世界的两大主题，也应该是人类发展的永恒主题。任何形式的语言国际传播都应该遵循这一原则，促进世界和平和人类发展。任何违背这一原则的语言国际传播都应该受到限制甚至制止。

（二）维护世界文化多样性原则

“世界文化的多样性是人类的共同遗产，文化在不同的时代和不同的地方具有各种不同的表现形式。这种多样性的具体表现是构成人类的各群体和各社会的特性所具有的独特性和多样化。文化多样性是交流、革新和创作的源泉，对人类来讲就像生物多样性对维持生物平衡那样必不可少。从这个意义上讲，文化多样性是人类的共同遗产，应当从当代人和子孙后代的利益考虑予以承认和肯定”。[①] 此外，文化多样性可以促进文化多元化政策的制定，而文化多元化又可以促进民主制度的建立和完善。因此，汉语国际传播在促进语言传播的同时，要充分注意弱势语言的保护，努力维护世界文化的多样性。

（三）平等互惠，友谊第一原则

输出和输入双方的密切配合对于传播的顺利进行十分重要，而输入方的态度在很大程度上影响着传播效果，任何居高临下、以势压人、以援逼人的不尊重输入方的做法都将损害语言国际传播事业，因此，在语言国际传播中必须充分尊重输入方，以确保良好的传播效果。

语言国际传播应建立在互惠基础之上。语言传播必定与传播的一方，或双方的经济、文化、科技、军事等利益密切相关。因此语言国际传播应在平等原则的基础上，坚持互惠的观念，通过语言传播促进双方其他领域的合作交流，而通过多种合作交流又刺激产生新的更大的语言传播需求，从而建立起语言可持续传播的良性循环机制。

语言国际传播正如其他文化的国际交流一样，其宗旨是增进不同国家人民之间的理解和友谊，追求一定的利益是合理的，但应该时刻不忘友谊第一的原则。

（四）满足需求原则

需求是语言传播中的关键因素，没有需求的传播是徒劳无效的。在语言国际传播中，要以需求为导向，不能无视需求强加于人。因此，在语言国际传播中，需求的调查研究显得十分重要。没有需求的传播必然导致人力物力等资源的浪费，一切传播活动都必须建立在需求的基础之上。需求可以创造和培育出来，在其

---

① 联合国教科文组织：世界文化多样性宣言，www. un. org/chinese/hr/issue/docs/62. PDF

出现之前，可以做一些先导性工作以培育语言传播需求。

（五）科学发展原则

科学发展观是坚持以人为本，全面、协调、可持续的发展观。“第一要义是发展，核心是以人为本，基本要求是全面协调可持续，根本方法是统筹兼顾”。[①] 科学发展观对于语言国际传播同样具有普遍指导意义。在语言国际传播的实践中，要正确认识和处理当前发展和长远发展的关系，局部和全局的关系，发展的平衡和不平衡的关系，政府和市场的关系。以人为本，全面、协调、可持续的发展观应该在语言国际传播实践中得到很好的落实。只有坚持科学发展观，语言国际传播才能科学发展。

第四节 语言国际传播与国家软实力建设

一、硬实力与软实力

硬实力和软实力是描述一个国家综合实力的两个概念。“软实力”（soft power）概念来自美国哈佛大学学者约瑟夫·奈 1990 年出版的著作《注定领导：美国实力的变化本质》[②]，书中提出了与硬实力相对的软实力的概念，他本人对“软实力”相关理论不断修正，在已发表的论文或出版的著作中表述不完全一致，因而，不同的中国学者对其介绍时有一定差异，并常常结合自己的思想对“软实力”理论进行创新和发展。

约瑟夫·奈认为，“一个国家的综合国力既包括由经济、科技、军事实力等表现出来的‘硬实力’，也包括以文化、意识形态

① 胡锦涛在党的十七大上的报告，新华网：http：//news. xinhuanet. com/newscenter/2007 - 10/24/content_ 6938568. htm 2007 年 10 月 24 日来源：新华社。

② JOSEPH S. NYE，JR. ：Bound to Lead：The Changing Nature of American Power（New York：Basic Books）.

等吸引力体现出来的‘软实力’。软实力是利用非强迫手段让人们服从你的意志、做你想让他们做的事的特殊力量。”①

约瑟夫·奈还指出，“软实力是指能够影响他国意愿的无形的精神力，包括政治制度的吸引力、价值观的感召力、文化的感染力、外交的说服力、国际信誉以及领导人与国民形象的魅力。软实力是一种可以转化为同化性的权力，具有使他国心甘情愿去做自己希望它做的事情的力量。”②

软实力的概念在被介绍到中国之后，被人文、社会科学许多领域学者广为接受，纷纷应用于自己的研究领域，且频频见诸媒体。“软实力”一词甚至写入胡锦涛总书记所做的《中国共产党第十七次全国代表大会报告》，提出“要提高国家文化软实力”③ 更是引发了“软实力”相关问题的大量研究。然而，“中国的学者大多并未对中国软权力的内涵、特征和界限给出明确的说明，而仅仅从各自不同的知识背景、学术视角和价值取向出发对其做出解释”④。“软实力”概念一直处于不断演绎和优化界定的过程中。笔者根据约瑟夫·奈的理论阐述并参考了中国部分学者的有关研究成果后，结合这一概念的发展情况及汉语表达习惯，将软实力和硬实力界定为：

硬实力主要指经济、军事、科技实力，而软实力则主要指经济、军事、科技实力以外的其他实力，主要包括文化、价值观、意识形态、政治制度、外交、国际信誉、国家领导及国民形象等方面的影响力。两者之间有明显的区别。硬实力是国家实力中有形的物质要素，一般可以量化和测量。如经济总量、科技创新发

① 武铁传：论软实力与硬实力的辩证关系及意义，《理论导刊》2009 年第 5 期。

② 章一平：软实力的内涵和外延，《现代国际关系》2006 年第 11 期。

③ 胡锦涛在党的十七大上的报告，新华网：http：//news. xinhuanet. com/newscenter/2007 – 10/24/content_ 6938568. htm 2007 年 10 月 24 日来源：新华社。

④ 周琪、李枏：约瑟夫·奈的软权力理论及其启示，《世界经济与政治》2010 年第 4 期。

明数量和贡献率、军队装备、核武器数量等，均可以量化；软实力是在国家实力中无形的、能够影响他国意愿的精神力，一般很难量化和测量。① 归纳起来，硬实力和软实力的主要区别是：硬实力是有形的，可以量化的，而软实力则是无形的，不可以量化的。硬实力和软实力共同构成国家综合实力。

二、语言国际传播对国家软实力和硬实力的提升作用

语言国际传播与国家软实力和硬实力存在紧密相关性，主要表现在以下几个方面：

（一）语言国际传播直接形成国家软实力

语言传播是文化传播的基础。语言是文化的载体，而文化影响力是国家软实力的重要组成部分。要深入了解一种文化，应该首先掌握承载这种文化的语言，因而，语言又是打开文化宝库大门的钥匙。从这个意义上说，语言传播是文化传播的基础。语言国际传播的好坏与文化国际传播的效果存在着正相关性。同时，语言不仅是文化的载体和开启文化宝库的钥匙，语言还是文化的重要组成部分，因而语言传播本身就是文化传播的重要组成部分。从这个意义上说，语言国际传播作为文化国际传播的重要组成部分，直接形成了国家软实力。

（二）语言国际传播还能促进国家软实力其他要素的国际影响力

在软实力诸要素中，除了文化这一与语言紧密相关的要素外，还包括价值观、意识形态、政治制度、外交、国际信誉、国家领导及国民形象等影响国家形象的各种因素。一种语言国际传播的广度和深度往往影响人们对语言输出国上述要素的理解程度。而

① 参阅武铁传：论软实力与硬实力的辩证关系及意义，《理论导刊》2009 年第 5 期。

理解程度与认可程度一般也呈正相关关系，即理解越深，认可程度越高，误会越少；理解越少，认可程度越低，误会越多。从这个意义上讲，语言的国际传播有助于消除其他国家人们对语言输出国软实力诸要素的误解，从而有助于提高上述诸要素的影响力。

（三）语言国际传播可以为国家硬实力的提升产生间接促进作用

语言国际传播可以培养大批能够不同程度地使用输出国语言、了解输出国文化的人才，从而为语言输出国和输入国之间的经济合作交流做好人才准备。一门外语的学习使用者往往是与该语言输出国开展经济贸易的亲身实践者和积极推动者。语言国际传播面越广，程度越深，培养的潜在国际经济贸易从业者越多，一旦条件成熟，他们将成为与该语言输出国开展经济贸易的骨干力量，从而推动两国经济贸易。因此，语言国际传播可以为国家硬实力提升产生间接促进作用。

（四）军事、安全等领域的语言国际传播可能是一把双刃剑

上文对语言国际传播的积极作用作了肯定。但我们同时也需要指出，语言国际传播如同任何其他事物一样，也都是一分为二的，有时也会给语言文化输出国带来消极甚至负面作用。如军事、安全领域的语言国际传播对于国家软实力的影响需要区分说明。同盟国之间的语言国际传播有利于国家之间的军事、安全合作交流，因而对国家硬实力的提升产生积极作用。如北大西洋公约组织各国之间的语言传播便是如此。而非同盟国家之间的语言国际传播则可能成为双刃剑，国家之间关系友好，则语言国际传播可能对提升双方军事合作交流产生积极作用，也就是说有利于提升军事硬实力。国家之间关系恶劣或处于敌对状态，则语言国际传播对双方军事秘密的保守形成威胁，因而会对军事硬实力产生负面影响。

第五节 语言国际传播的可持续发展问题

语言国际传播是一项长期的事业，不可能一蹴而就，毕其功于一役。谋划语言国际传播千万不能搞短期行为，一定要立足当前，着眼未来，谋划长期可持续发展的有效途径。虽然各国国情千差万别，语言国际传播途径各异，但以下策略是语言国际传播普遍适用的。

一、优先顶层设计

“顶层设计即针对一国语言传播实践，用系统论的方法，自高端开始的总体构想和战略设计，注重传播规划与当地汉语需求的紧密结合，强调定位上的准确、传播结构上的优化、功能上的协调和教学资源上的整合。它不仅需要从系统和全局的高度出发，对一国语言传播的结构、功能、层次、标准进行统筹考虑和明确界定，而且十分注重从目标、措施到结果的过程控制，是铺展在意图与实践之间的‘蓝图’，通过语言传播实践使之得以实现”。①

语言国际传播发生在国家之间，国家政府扮演着最为重要的角色。输入方是内因，输入方国家政府态度及其相关政策和措施往往决定语言传播的大方向，输出方是外因，输出战略及有关措施可以通过输入方促进或阻碍其语言在输入国的传播。因此，在语言国际传播中，要特别重视输出国和输入国在国家政府层面的宏观决策和顶层设计。所谓顶层设计，是指在国家层面上对本国语言的输出传播或别国语言的输入传播相关的政策措施、体制机

---

① 央青：泰国汉语快速传播模式对其他国家顶层设计的启示，《西南民族大学学报》（人文社会科学版）2011 年第 2 期。

制、战略规划、财政安排、项目策划、传播渠道、标准制定、资源建设等进行决策和规定。语言国际传播中的顶层设计具有明确政策、规范标准、编制预算、组织实施、检查监督、褒奖惩罚等功能，对语言国际传播具有决定性作用。因此，语言国际传播中要特别重视顶层设计。

二、建立传播体系

建立语言传播体系是就一个国家而言的，既包括语言输出国也包括语言输入国，指在一个国家建立起语言国际传播相关的组织管理和教学体系。一般应该包括国家层次的决策指挥机构和辐射全国的管理和教学机构。从输出国方面看，应设立本国语言输出的国家决策指挥机构，负责统一规划、指挥、协调与语言国际传播相关的各种重要事项。同时根据需要建立国内和国外两个传播体系。国内体系为语言输出提供后援，如教师、教材、相关研究支撑等。这种机构最好以非政府组织或基金会的形式出现，以避免文化侵略之嫌。英国文化协会、法语联盟等均属此类。对于语言输入国来说，传播体系是否健全直接影响一种语言在该国的传播效果，因此，如果一个国家认为某种外国语对本国发展十分重要，就应尽量建立起一个能充分满足需要的高效的语言传播体系。

三、培育生存能力

语言国际传播通常被视为国家和民族的事业，因而往往会得到国家一定的经费投入。经费投入的多少又往往受到国家重视程度的影响和国家财力状况的制约。语言国际传播对于一个国家来说，并非关系到国计民生的重要部门，因而，国家投入往往不会很多，通常满足不了实际需要，这就对语言传播机构提出了自力更生为主，依靠政府为辅，主要靠自己谋求生存的要求。因此，语言国际传播机构应树立国际教育产业理念，主动融入市场经济，不断加强经营管理，努力提高教学质量，塑造良好品牌，培育自身“造血”机能，逐渐形成自我生存能力。

四、重视“三教”问题

在语言国际传播中，教师、教材、教学法方面存在的问题通常被称为“三教”问题。教师、教材、教学法是影响教学质量的重要因素，其中教师因素最为重要，因为如果有了好的教师，教材、教学法等问题都可以迎刃而解。与此相反，如果没有好教师，再好的教材也不能充分发挥作用，好的教学理念与方法也不能很好地实施。因此，在语言国际传播中，要特别重视师资队伍建设，在师资队伍建设中，要学历教育和非学历培训并重，知识与技能并重，教学能力和跨文化交流能力并重，知识获取能力和资源获取能力并重，动口能力与动手能力尤其是应用现代教育技术能力并重。语言国际传播中的教材问题主要体现在本土化方面，也就是说，语言国际传播中，如何编写出适合某个国家或地区使用的教材是语言国际传播中的又一挑战。语言教材的本土化包含以下主要方面：一是充分注意到目的语和母语的异同，并在教材中体现；二是生词和重要语言点的注释应该使用学习者的母语；三是教材中呈现的文化内容不能与学习者国家或民族文化出现冲突，在大量呈现目的语所属国文化的同时，也应在教材中适当呈现学习者国家或民族的文化内容，以体现对学习者国家或民族文化的尊重，同时可以更好地激发学习者的学习积极性。有了好教师和好教材之后，教学法也是一个非常值得探讨的问题。教学理念决定教学模式，而教学法则是体现教学模式的核心。教学法主要指语言教学课堂中使用的具体方法或方法组合，是基于课堂教学而言的。教学模式则是指一定教学理念指导下的课堂教学法或教学法组合与学生管理、后勤服务等有关方面的有机组合体。简而言之，教学模式是系统化和理论化的教学法和管理模式的有机组合体。教学理念则是某种教学模式及教学法的总的指导思想。

五、重视资源平台建设

教学资源平台建设对于一个国家的语言国际传播来说十分重要。但是，语言教学资源平台建设投资大、建设周期长、学科跨度大、技术含量高，具有集成性与创新性强等特点，一个教学单位往往难以胜任。因此，最好在国家层面集中财力并整合各有关方面的专家资源进行建设。然而，如果有实力雄厚的公司愿意投资建设，实行商业运作，也不失为一种很好的尝试。资源平台可以是公益性免费提供服务的，也可以是有偿服务的。建设大型语言国际传播资源平台虽然投资大，但内容丰富、覆盖面广、客户众多、使用率高。因此，往往比分散建设众多小型资源平台更经济和便捷。大型国家级的教学资源平台也并不排斥单个教学单位为满足各自需要的小型教学资源平台建设。大型教学资源平台解决面上的共性需求问题，而单个教学资源平台解决点上的个性需求问题。

六、搭建科研支撑体系

任何实践都需要理论指导，盲目的实践可能侥幸成功，也可能遭遇挫折或失败。语言国际传播实践也不例外，为使之顺利开展，需要进行相关问题的深入研究。不仅要进行语言国际传播相关理论研究，还需要进行大量应用性研究，比如目的语习得规律研究、国别语言政策与语言需求调查研究、国别文化与跨文化交流研究、国别教学模式与教学法研究、语言对比研究、语言传播项目研究等。磨刀不误砍柴工，在语言国际传播中，应该舍得投入，开展相关问题的科学研究。广泛深入的研究将为语言国际传播研究搭建起科学的支撑体系。

七、相关各方紧密合作

语言国际传播不仅涉及至少两个国家，而且往往需要多方参与，如基金会、学校、公司等，在一些国家，甚至政府部门也积极参与，成为组织者和推动者。相关各方合作状况常常影响到语言传播的成败。不论国家之间还是语言传播相关机构之间都需要友好合作，只有相关各方紧密合作，语言国际传播才能顺利进行。因此，在语言国际传播中，必须牢固树立合作意识，并落实在语言国际传播实践中。

八、建立良好的运营机制

语言国际传播机构必须建立良好的运营机制，培育多渠道筹资能力，尤其是面向市场的筹资能力。要赢得市场，必须以良好的质量品牌和优质服务为基础，以符合市场规律的运营机制来经营。试想，如果所有的语言国际传播机构都能做到收支平衡，甚至有所结余，语言国际传播的可持续发展也就实现了。

第三章 世界部分语言国际传播途径研究①

第一节 英语国际传播途径

一、英语已经成为超级国际语言

目前，全世界使用英语的人口已超过20亿，其中以英语为母语者4亿多，以英语作为第二语言者约16亿。在全球224个国家和地区中，以英语为母语或官方语言的国家达44个②。此外，还

---

① 本章根据吴应辉“国家硬实力是语言国际传播的决定性因素”（《汉语国际传播研究》第1辑，商务印书馆2011年7月第1版）扩充写成。

② 这些国家是：英国 United Kingdom，爱尔兰（爱尔兰盖尔语）Ireland（with Irish Gaelic），美国 United States，加拿大（法语）Canada（with French），澳大利亚 Australia，新西兰（毛利语）New Zealand（with Maori），巴哈马 Bahamas，巴多斯 Barbados，圭亚那 Guyana，牙买加 Jamaica，哥特立尼达和多巴哥 Trinidad and Tobago，圣基茨和尼维斯 Saint Kitts and Nevis 共12个英语作为母语的国家和如下英语作为官方语言的国家（有的国家有英语与其他语言同为官方语言）：安提瓜和巴布达 Antigua and Barbuda，巴哈马 Bahamas，伯利兹 Belize，博茨瓦纳 Botswana，喀麦隆（英语与法语）Cameroon（with French），多米尼加 Dominica，斐济 Fiji，冈比亚 Gambia，加纳 Ghana，格林纳达 Grenada，印度（印度语）India（with Hindi），肯尼亚（斯瓦希里语）Kenya（with Swahili），莱索托（塞索托语）Lesotho（with Sesotho），利比里亚 Liberia，马拉维（奇切瓦语）Malawi（with Chichewa），毛里求斯 Mauritius，密克罗尼西亚 Micronesia，纳米比亚 Namibia，尼日利亚 Nigeria，巴基斯坦（英语与乌尔都语）Pakistan（with Urdu），巴布亚新几内亚（英语与莫图土语）Papua New Guinea（with Motu），菲律宾（英语与他加禄语）Philippines（with Tagalog），圣卢西亚 Saint Lucia，圣文森特和格林纳丁斯 Saint Vincent and the Grenadines，塞拉利昂 Sierra Leone，新加坡（英语、马来语和汉语）Singapore（with Malay and Chinese），所罗门 Solomon Islands，南非（英语、南非荷兰语）South Africa（with Afrikaans），坦桑尼亚（英语与斯瓦希里语）Tanzania（with Swahili），乌干达 Uganda，瓦努阿图 Vanuatu，赞比亚 Zambia 和津巴布韦 Zimbabwe。

有几十个国家和地区把英语作为重要交流语言使用，其他绝大多数国家几乎都把英语作为首选外语学习。英语作为联合国的六种工作语言之一，其使用频率远远高于其它几种语言。“全世界计算机信息有80%以英语作储存媒介；70%以上的邮件是用英文写或用英文写地址的；科技出版物70%以上用英语发表；……广播节目中，有60%是用英语播放的；欧洲几乎近一半的商业交易通过英语完成；绝大部分的国际会议是以英语为第一通用语言召开。”①

英语的使用国家之多，人口之众，国际经济文化交流对其依赖性之强，是其它任何语言都无法相比的，英语实际上已经成为超级国际语言，甚至语霸，你想不用它都难。那么，一个原本国土面积只有244820平方公里（世界国家和地区第79名）的小国，其语言是如何得以在全世界广为传播而成为超级国际语言呢？

二、英国殖民殖语，使英语传遍世界，落地生根

从17世纪初英国向北美移民②开始到20世纪初的300多年中，英国依靠强大的经济和海军实力不断向海外扩张殖民，在世界各地建立殖民地，使自己从一个小小的岛国变成一个名副其实的“日不落帝国”。

英国的海外殖民过程也是英语的“殖语”过程，下面这个《原英国殖民地国家目前官方语言和通用语言对照表》充分说明了英国海外殖民扩张对英语国际传播的直接影响：③

① 盘群：英语的国际化研究，山东大学硕士论文20081015。

② 1607年，英国弗吉尼亚公司成功输送100多人到北美弗吉尼亚的詹姆斯敦定居，建立了英国在北美的第一个定居点，此后，英国向北美的移民浪潮便开始了。

③ 参阅成勇：英语国际化历程初探，山东大学硕士论文20080401。

《原英国殖民地国家目前官方语言和通用语言对照表》

编号	美洲国家	英国殖民时间①	当前官方语言②	当前通用语言
1	美国	1607－1776	英语	英语
2	加拿大	1763－1926	英语和法语	
3	圣基茨和尼维斯	1623－1983	英语	英语
4	巴巴多斯	1624－1966	英语	
5	圣文森特和格林纳丁斯	1627－1979	英语	
6	安提瓜和巴布达	1667－1981	英语	英语
7	伯利兹	1638－1981	英语	西班牙语和克里奥尔语
8	巴哈马	1717－1973	英语	
9	牙买加	1670－1962	英语	
10	格林纳达	1783－1974	英语	
11	多米尼克	1763－1978	英语	
12	特立尼达和多巴哥	1814－1962	英语	英语
13	圭亚那	1814－1966	英语	
	非洲国家	英国殖民时间	当前官方语言	当前通用语言
14	加纳	1844－1957	英语	
15	肯尼亚	1920－1963	斯瓦希里语和英语	
16	尼日利亚	1861－1960	英语	
17	冈比亚	1873－1964	英语	
18	南非	1806－1961	英语和南非荷兰语等11种语言	英语和南非荷兰语
19	赞比亚	1911－1964	英语	
20	塞拉利昂	1896－1961	英语	英语、克里奥尔语
21	毛里求斯	1814－1968	英语	英语、法语、克里奥尔语

① 英国殖民时间主要参考李树藩、王德林《最新各国概况》（1997版）有关国家历史部分。

② 官方语言的界定主要遵循两个原则：一是国家法律规定的，二是即使没有法律规定，但已作为一个国家政府通用语言使用的。

续表

编号	美洲国家	英国殖民时间	当前官方语言	当前通用语言
22	塞舌尔	1609－1756，1794－1976	克里奥尔语	英语和法语
23	索马里	1887－1960	索马里语和阿拉伯语	英语和意大利语
24	莱索托	1868－1966	英语	塞苏陀语
25	博茨瓦纳	1885－1966	英语	茨瓦纳语和英语
26	津巴布韦	1890－1979	英语	绍纳语和恩德贝莱语
27	乌干达	1890－1967	英语、斯瓦希里语	
28	苏丹	1877－1956	阿拉伯语	英语
29	马拉维	1891－1964	英语和奇契瓦语	
30	埃及	1882－1922	阿拉伯语	英语和法语（社会上层）
31	喀麦隆	1919－1961	法语和英语	
32	斯威士兰	1890－1968	英语	斯瓦蒂语
33	坦桑尼亚	1920－1961	斯瓦希里语和英语	
34	利比亚	1940－1951	阿拉伯语	英语和意大利语
	亚洲国家	**英国殖民时间**	**当前官方语言**	**当前通用语言**
35	印度	1757－1950	印地语和英语	
36	巴基斯坦	1757－1947	乌尔都语、英语	
37	孟加拉国	18世纪后半叶（英属印度的一个省）	孟加拉语	英语
38	尼泊尔	1846－1923	尼泊尔语	多种语言在不同地区使用
39	缅甸	1885－1948	缅语	英语，北部汉语
40	新加坡	1824－1963	马来语、英语、华语、泰米尔语	英语
41	马来西亚	1786－1957	马来语	英语和华语
42	文莱	1888－1984	马来语	华语和英语
43	马尔代夫	1887－1934	迪维希语	英语
44	斯里兰卡	1795－1948	僧伽罗语	英语

续表

编号	美洲国家	英国殖民时间	当前官方语言	当前通用语言
45	中国香港	1842－1997	英语（97年7月1日前）、汉语	
46	巴林	1870－1971	阿拉伯语	英语
47	塞浦路斯	1925－1960		希腊语、土耳其语、英语
48	巴勒斯坦	1922－1947		阿拉伯语、希伯来语
49	约旦	1921－1946	阿拉伯语	英语
50	阿拉伯联合酋长国	1820－1971	阿拉伯语	英语
51	科威特	1899－1961	阿拉伯语	英语、印地语、乌尔都语、波斯语
	大洋洲国家	**英国殖民时间**	**当前官方语言**	**当前通用语言**
52	澳大利亚	1788－1931	英语	
53	瓦努阿图	1906－1980	英语、法语	比斯拉马语
54	斐济	1874	英语、印地语、斐济语	英语
55	所罗门群岛	1893－1978	英语	
56	新西兰	1840－1947	英语	
57	汤加	1900－1970	英语	英语、汤加语
58	瑙鲁	1798年起断断续续为英国殖民地，1968年独立	瑙鲁语和英语	
	欧洲国家	**英国殖民时间**	**当前官方语言**	**当前通用语言**
59	马耳他	1814－1964	马耳他语和英语	

从上表中我们可以发现，在曾经成为英国殖民地的59个国家或地区中，有44个国家把英语定为官方语言或官方语言之一，约占74.58%，其余的15个国家虽然没有将英语列为官方语言，但在社会生活中英语已经成为通用语言或通用语言之一，这部分国家约占25.43%。没有一个殖民地国家不使用英语，也就是说，凡

是曾经成为英国殖民地的国家，现在英语即使不是官方语言，也已成为通用语言。可以说，英国海外扩张殖民，对英语的国际传播起到了至关重要的作用。可以设想，如果没有英国的海外扩张殖民，英语不可能像今天这样被全世界广泛使用。总之，英国在“殖民”的过程中同时也起到了“殖语”的作用，从而达到了英语传遍世界、落地生根的效果。

三、英语国家实力铸就英语的国际语言霸主地位

语言国际传播靠什么？靠国家的实力！也就是说，一个国家只有具备足够的实力，其语言才能走出国门，走向世界。语言国际传播的广度和深度是由一个国家国力的强弱决定的。这种观点可以总结为“实力决定论”。再往深一步说，语言国际传播靠的主要是国家的硬实力。尽管国家软实力也在一定程度上促进语言国际传播，但硬实力是决定性因素，一个国家如果没有足够的硬实力作支撑，其语言要走出国门，走向世界是不可能的。过去300多年中，英语之所以能够传遍世界，靠的就是大英帝国当年雄厚的经济实力和强大的海军。可以说，英国在英语国际传播第一阶段起到了决定性作用。

然而，两次世界大战之后，全球范围的反殖民浪潮一浪高过一浪，许多英国殖民地纷纷独立，建立了自己的独立国家。而且，一些国家的民族主义情绪还十分严重，严重威胁到了英语在一些国家和地区的继续存在。这时，另一种实力巩固并推动了英语国际传播向着更广更深的方向发展，这就是美国、加拿大、澳大利亚等原英国殖民地上建立起来的国家和原宗主国英国形成的英语国家群在经济、军事、文化、科技等领域的强大综合实力。

第二次世界大战后，尽管英国的实力受到了很大的削弱，但美国、加拿大、澳大利亚等英语国家的综合实力迅速上升，加上英国这一老牌资本主义强国余威尚在，使英语对世界各国的吸引

力迅速增强。经过约半个世纪的发展，以英国、美国、加拿大、澳大利亚四国为主的英语国家以绝对的实力铸就了英语的国际语言霸主地位。过去30年中，英、美、加、澳四国GDP在世界各国GDP中的排名充分展示了英语国家的经济实力：

美、英、加、澳四国过去近50年GDP排名

年度＼国别GDP情况	美国		英国		加拿大		澳大利亚①	
	排名	总量：亿美元	排名	总量：亿美元	排名	总量：亿美元	排名	总量：亿美元
1970②	1	10255	5	1236	7	851	8	429
1980③	1	27956	5	5367	8	2689		
1990④	1	58033	6	9946	7	5827		3058
2000⑤	1	98247	4	14409	9	7242		4051
2010⑥	1	146241.84	6	22585.65	9	15636.64	13	12197.22

从上述统计表很容易看出，在过去40年中，美国成了世界上经济实力遥遥领先于其他国家的超级经济强国，英国稳居前六位，加拿大位于前10位，澳大利亚也基本上处于前十几位。

军事方面，美国的军事实力是世界公认遥遥领先于其他国家的，其军事基地遍布世界各地，其航空母舰遍布世界各大洋，其高科技军事装备武装了各兵种，总之，美国是名副其实的军事超级大国。除美国之外，英国也具有较强的军事实力，长期保持在全球各国前五位。

科技方面，美国、英国、加拿大的许多科技成果处于世界领

① 澳大利亚1990和2000GDP数据来源为百度文库：http：//wenku. baidu. com/view/aeb1b50d844769eae009ed61. html

② 中华网：http：//club. china. com/data/thread/1011/2715/49/33/5_ 1. html

③ 中华网：http：//club. china. com/data/thread/1011/2715/49/33/5_ 1. html

④ 中华网：http：//club. china. com/data/thread/1011/2715/49/33/5_ 1. html

⑤ 中华网：http：//club. china. com/data/thread/1011/2715/49/33/5_ 1. html

⑥ 百度文库：http：//wenku. baidu. com/view/3209b8fa941ea76e58fa04f7. html

先水平，以诺贝尔奖（1901—2007年物理、化学、生理学和医学、经济学）获奖者人数为观察点，美、英、加、澳四国获诺贝尔奖的人数达364人，占全部获奖人数582人的62.54%。[①]

教育方面，2009年世界排名前100位的大学中，美国学校有44所，英国学校有14所，加拿大学校有5所，澳大利亚学校有8所，四个国家的大学就占了71所。[②] 此外，世界排名100位以内的大学中，除上述四国的71所大学使用英语授课之外，其他国家或地区的一些大学，如香港大学、香港中文大学、新加坡国立大学、南洋理工大学等高校的主要授课语言也是英语。

综上所述，在过去半个多世纪中，以美国、英国、加拿大、澳大利亚为主的英语国家凭借其经济、军事、科技、教育等方面的硬实力不仅巩固了英语原有的地位，而且极大地提升了英语的国际影响力。英语国家的实力铸就了英语的超级国际语言地位，英语国家实力使英语成为国际语言霸主。

四、英语国家语言文化机构及基金会推动英语国际传播

语言国际传播的决定性因素在于国家实力，但语言国际传播的态度和措施往往影响传播速度的快慢。因此，实力是基础，态度和措施是重要的影响因素。英语国际传播如此成功，除实力之外，国家积极的语言国际传播态度和语言文化国际传播机构及基金会发挥了积极作用。

第二次世界大战后，原英国的殖民地纷纷独立，但英国政府向国外传播英语和英国文化的积极态度没有改变。只不过传播的方式从原来的依靠武力进行“殖民殖语”改以“文化交流”、“援

① 天涯社区：http：//www.tianya.cn/publicforum/content/worldlook/1/188228.shtml

② 天道教育：http：//www.tiandaoedu.com/ranking/usnews/8045.html？1248850912

助”等更为温和、间接和隐蔽的方式来推广。[①]为把殖民时期和后殖民时期语言文化国际传播的不同途径区别开，我们可以把以和平、友好、合作、交流、商业开发等形式开展的语言国际传播模式称为语言文化国际传播的“现代模式”。在这一模式下，通常以提供资金及设备援助、基金、捐赠、师资、教材、技术等具体形式开展语言文化国际传播。而此前主要以殖民扩张为主要途径的语言文化国际传播模式可称为“殖民殖语模式”。

英国政府对英语国际传播的政策支持主要体现在对两个报告的批准和落实方面。对两个报告的批准是指对《海外情报服务机构调查独立委员会报告》[②] 和1956年“海外英语教学指导委员会”向英国政府提交的一份报告的批准。《海外情报服务机构调查独立委员会报告》亦称《德罗赫达报告》[③]，是以德罗赫达为主席的海外情报服务机构调查独立委员会对英国驻外使馆、英国广播公司以及英国文化协会的海外英语推广情况进行调查后，于1954年向英国政府提交的一份专题报告。该报告获得英国政府批准后对英语国际传播产生了以下几个方面重要影响：第一，明确了英国海外宣传的目的，即配合英国外交、维护并加强英联邦内部各国及与英国的关系、促进英国国际贸易、保护英国海外投资；第二，明确达到上述目的的关键是扩大英语的使用范围（英国文化协会此后的工作重点转向亚洲）；第三，从战略的高度肯定了英国海外文化宣传及英国文化协会所做工作对维护英国海外利益的重要意义；第四，报告给英国文化协会的生存带来了转机，报告获批准后，英国文化协会得到了英国政府的资金投入，使英国文化协会

① 张西平、柳若梅：研究国外语言推广政策，做好汉语的对外传播，《语言文字应用》2006年第1期。

② 该报告的英文名称是：Report of the Independent Committee of Enquiry into the Overseas Information Service

③ 因该独立委员会主席的名字Drogheda而得名。

得以组织实施大量英语和英国文化国际传播活动。另一个重要报告是由海外英语教学指导委员会[①]提交的，这份报告获英国政府批准后对英语国际传播的影响主要有几点：一是提出了把英语在大多数非英语国家推广为第一外语的努力方向；二是明确英国要为其他国家培训英语教师，要开设面向本国和外国英语教师的培训课程；三是要加强英国广播公司（BBC）的有关工作和影响范围；四是为大规模开展英语国际推广争取到了稳定的政府经费投入。[②]

美国政府也有专门机构“英语项目办公室”（The Office of English Language Program）[③] 负责英语的国际传播。该办公室隶属于美国国务院（United States Department of the State）。英语项目办公室主要承担三个项目的组织实施工作，它们是两国中心项目（Binational Centers）、美国使馆主办的英语教学项目（U. S. Embassy English Teaching Programs）和隶属美国使馆的英语教学项目（U. S. Embassy Affiliated English Teaching Programs）。海外两国中心项目主要包括文化、教育、信息交流、英语教学等；美国使馆主办的英语教学项目是指由美国使馆直接开办的英语教学项目；隶属美国使馆的英语教学项目主要是经美国使馆认定，并接受美国国务院资助的项目。英语项目办公室在管理机制方面一般不直接管理项目，而是招募项目管理人员组织项目的实施并加以管理。英语项目办公室一般也不直接向国外派遣英语教师或专家，而是通过民间机构，如“和平队”（Peace Corps）、“非母语学生英语教师协会”（Teachers of English to Speakers of Other Languages）、“全球教”（World Teach）等组织实施。其实，作为美国政

---

① 该委员会成员由外交部、苏格兰、联邦关系部、殖民地事务部、贸易委员会、教育部、大学拨款委员会、英国文化协会等组成，英文名称为 Committee on the Teaching of English Overseas.

② 本段主要参考张西平、柳若梅主编《世界主要国家语言推广政策概览》“英国”部分（武波著）写成，外语教学与研究出版社，2008 年 8 月第 1 版。

③ “英语项目办公室”的前身是“英语项目处”（English Language Division），隶属于美国新闻署（U. S. Information Agency），1999 年 10 月 1 日正式并入国务院。

府的英语国际传播领导机构，英语项目办公室开展的英语国际传播工作是十分有限的，如英语项目办公室平均每年派遣到世界各国帮助开展英语教学的英语专家只有 75 名，这与世界的需求和美国的国力都很不相称。[①] 但我们不能说美国政府没有眼光，这一现象的背后必有其道理。这种做法至少既可以淡化政府色彩又可以节约政府开支。

在过去半个多世纪的时间里，英国和美国等主要英语国家主要通过语言传播的“现代模式”向世界传播英语。一些官方机构、半官方机构及民间基金会在推动英语走向世界，以及提高英语的国际影响力方面发挥了积极作用。下述机构和基金会做了大量英语国际传播工作。

英国文化协会（British Council）成功地使英语教学成为一个产业。英国文化协会是英国促进文化教育和国际关系的重要组织，成立于 1934 年。作为一个在英国注册的非营利性组织，在全球 109 个国家的 223 个城市设有办事处，雇有 7500 名员工。[②] 英国文化协会通常通过英国大使馆文化教育处和英国总领事馆文化教育处开展工作。英国文化协会在北京、上海、广州和重庆设有办事机构。英国文化协会开展的活动十分丰富，但推动英语国际传播、推广雅思考试、吸引各国学生赴英国留学是协会的重要工作内容。以 2008 年 1 - 8 月底英国文化协会网站公布的专题活动报道情况看，共有 36 条专题活动报道，其中与英语教学、考试、赴英国留学相关的专题报道就达 20 项，约占全部报道条目的 56% 。[③]

相对于美国政府在英语国际传播中所做的有限努力，美国的许多民间机构却做了大量卓有成效的工作。一些实力雄厚的基金

---

① 本段主要参考张西平、柳若梅主编《世界主要国家语言推广政策概览》“美国”部分（顾均著）写成，外语教学与研究出版社，2008 年 8 月第 1 版。

② 英国文化协会官方网站：http：//www. britishcouncil. org/zh/china - about - us - who - we - are. htm

③ 英国文化协会官方网站：http：//www. britishcouncil. org/zh/china - aboutus - mediaroom. htm

会为英语国际传播提供了大量资金，一些非政府组织则做了大量组织实施的工作。“卡内基国际和平基金会”（Carnegie Endowment for International Peace）、福特基金会、洛克菲勒基金会等一些基金会都慷慨解囊，支持英语及美国文化的国际传播。

美国的托福考试和英国、澳大利亚联合开发的雅思考试已成为全球英语学习者检测自己英语水平的权威考试，并据此谋求进入英、美、澳、加等英语国家高校学习的机会。托福和雅思两大英语水平考试不仅使两项考试本身发展成为语言产业，而且客观上也推动了英语的国际传播。

英国和美国高校开发的非母语学生英语教学（TESOL）项目为英语国际传播培养了大批合格师资。此外，英国广播公司（BBC）和美国之音（VOA）为全球想学标准英语的人提供了“空中免费教师”；英国和美国出版公司推出了大批优秀英语教材，不仅获取了丰厚的利润，也为英语国际传播做出了重要贡献。

综上所述，英语国际传播途径可大致概括为：殖民时期，英国“殖民殖语”使英语在世界各地落地生根；第二次世界大战之后，美、英、加、澳等英语国家在经济、科技、军事等领域的硬实力巩固并提升了英语的国际影响力，使英语成为超级国际语言。国家综合实力与语言国际传播呈正相关关系，但国家硬实力是语言国际传播的决定性因素。同时，我们也需要指出，语言传播态度和措施可以减缓或加快传播速度。

第二节　法语国际传播途径

一、法语的国际地位

法语是世界重要语言之一。目前，“以法语作为母语或第二语言的人口总计1.8亿，约占世界总人口的3.2%，在被调查的语言中排第9位。另外，以法语作为外语进行学习的人口约有8250万。”[①] 17到19世纪是法语影响力的鼎盛时期。当时法文是国际条约使用的唯一文字，法语几乎是整个欧洲上流社会最时髦的交流语言。法国的海外殖民扩张还使法语随着海外殖民从法国传到了世界40多个国家或地区。目前以法语作为官方语言的国家有29个。[②] 此外，法语还是联合国（UN）及下属国际组织，欧盟（EU）及下属机构，国际奥委会（IOC），法语国家国际组织（FIO），世贸组织（WTO），国际红十字会（IRC），北约组织（NATO），国际足联（FIFA）等国际组织的官方语言。[③] 从19世纪末以来，由于美国、英国、加拿大、澳大利亚等英语国家的崛起，英语在世界各地的强势传播对法语的国际地位造成了冲击，使法语的国际影响力呈下降趋势。“甚至在法语的传统领地，比如联合国，法语的地位也有所动摇。从1992年到1998年，联合国代表大会上用英语发言的国家从74个增加到95个，而同一时期用法语发言的国家数却从31个下降到25个；无论在纽约还是日内瓦，联合国的原始文件越来越多地使用英文写成；在联合国的维和行动中，法语早已让位给英文。”[④] 也许正是法语历史上的“尊贵”与现实中的“平凡”给法国人带来的危机感和使命感，使法国政

① 引自张西平、柳若梅主编《世界主要国家语言推广政策概览》“法国”部分（戴冬梅著）98页，外语教学与研究出版社，2008年8月第1版。

② 本部分参阅：张西平、柳若梅主编《世界主要国家语言推广政策概览》“法国”部分（戴冬梅著），外语教学与研究出版社，2008年8月第1版。通用法语的国家和地区有14个。这些国家或地区是突尼斯、摩洛哥、阿尔及利亚、毛里塔尼亚、毛里求斯、安道尔、留尼汪、马提尼克、瓜德罗普、法属圭亚那、法属波利尼西亚、新喀里多尼亚、瓦利斯和富图纳、圣皮埃尔和密克隆。

③ 参阅百度百科“法语”条目：http://baike.baidu.com/view/35595.htm#4

④ 转引自张西平、柳若梅主编《世界主要国家语言推广政策概览》“法国”部分（戴冬梅著）101页，外语教学与研究出版社，2008年8月第1版。原文引自：伊夫·塔维尔涅 YVES TAVERNIERE：《（法国）国民议会财政经济委员会关于法语国家与地区推广法语的手段和机构的情况报告》），法国国民议会网站：www.assemblee-nationale.fr/rap-info/i2592.asp

府和民间都非常积极地向世界传播法语。

二、当代法语的国际传播途径[①]

法语之所以能在当今世界29个国家被确定为官方语言，在14个国家作为通用语使用，其实现途径与英语走过的道路别无二致，也主要是依靠历史上的“殖民殖语”途径实现的。然而，殖民体系解体后，当代法语国际传播主要通过“现代模式”进行传播。当代法语的国际传播途径可概括为：国家高度重视，政府认真实施，民间广泛参与，推广卓有成效。

首先，法语国际传播受到历届政府的高度重视。总统、总理均把法语国际传播当作重要职责之一，在重要的国际场合，如在两年一度的法语国家和地区首脑会议上，法国总统会阐述法国在法语传播方面的政策措施；总理会将法语推广作为自己的重要本职工作，做好法语推广的有关协调工作，并直接领导负责法语使用、规划、推广等职能的法语语言高等委员会的工作；外交部、文化部、教育部等把法语国际传播工作作为重要的工作任务组织实施。国家高度重视还体现在财政投入方面，“在法国，由外交部国际合作与发展司负责在海外传播法国文化和语言，国际合作与发展司2003年在语言文化传播方面的预算为20.31亿欧元。”[②]法国政府对法语国际传播的重视还体现在机构落实方面。在国家层面有“法语语言高等委员会”负责研究制定法语的使用、规划、推广等政策；外交部作为法语国际传播的主要负责部门，设立了专门负责法语事务的国务秘书，并设有国际合作与发展司主要负责法语及法国文化的国际传播工作。外交部下属的使领馆还设立

---

① 本部分主要参阅张西平、柳若梅主编《世界主要国家语言推广政策概览》“法国”部分（戴冬梅著）写成，外语教学与研究出版社，2008年8月第1版。

② 张西平、柳若梅：研究国外语言的推广政策，做好汉语的国际传播，《语言文字应用》2006年第1期。

了文化处、文化中心或法国文化学院。此外，文化部、教育部也都有相关机构参与法语国际传播相关工作。

其次，法国特别注意法语国际传播的“游戏规则”的制定。主要表现在：第一，在有关国际组织和重要国际场合特别强调文化多样性，并把语言多样性纳入文化多样性范畴。法国积极推动联合国教科文组织将这一理念变成国际性文件或公约，如联合国教科文组织2001年在巴黎通过了《世界文化多样性宣言》，2005年又通过了《保护文化多样性公约》；第二，利用法国在欧盟中的重要地位影响欧盟，促成欧盟制定有利于在欧盟推广法语的一系列政策，如规定高中学生必须选修的外语从一门增加至两门，以使法语在欧盟中学作为外语选修的机会大为提升，以及在欧盟各成员国推广双语教学的“欧洲学校”等；第三，努力使法语被确定为多个国际组织的官方语言或工作语言，如联合国、欧盟、国际奥林匹克委员会、国际劳工组织、万国邮政联盟、联合国教科文组织等。

再次，法国的官方和民间机构共同形成了法语国际传播网。法国驻外使领馆文化处、法国文化中心或法国文化学院，是法语国际传播的官方机构，所需经费主要由政府投入。法国文化中心又分为两部分，第二次世界大战前建立的隶属于法国教育部，二战以后建立的第二代法国文化中心则隶属于法国外交部。目前法国在90个国家和地区建立了159个文化中心、相当于文化中心的26个研究机构和4所法外合作文化机构。[①] 法国文化中心的活动主要有三类：教授法语、组织文化活动和向所在国公众提供各种各样的资料信息。

法语联盟（Alliance francaise）为民间非营利办学机构，成立

① 张西平、柳若梅主编《世界主要国家语言推广政策概览》“法国”部分（戴冬梅著），外语教学与研究出版社，2008年8月第1版。

于1883年，为法语国际传播的百年名校，到2008年，在136个国家开办了1040个分支机构，2007至2008年，招生人数达461377人。[①] 2007年，成立了法语联盟基金会。法语联盟的三大宗旨是：一是在法国及全世界为社会各界提供法语课程；二是全方位推广法国文化和法语国家文化；三是提倡文化多样性并关注所有文化。[②] 法语联盟的生存立足自力更生，同时积极争取政府投入，其收入主要来源于办学收入、企业赞助和政府投入。政府投入往往用于支持新设立的分支机构和生存困难的分支机构，其资助额往往只占10%—20%左右，经营状况良好的分支机构一般不资助。据统计，受到外交部资助的法语联盟分支机构仅为200多个，约占五分之一。除经费形式的支持外，法语联盟还常常得到由法国外交部支付工资派来支持教学的法语教师。其实，法语联盟虽为民间机构，但总统担任名誉校长，大使往往担任所驻国家分支机构名誉校长，法语联盟总部校长也往往由退休的外交官担任，加之经常性得到法国外交部的财力和人力支持，因此，它与官方保持着密切联系，甚至有向“半官方”方向发展的趋势。

此外，遍布世界各地受法国海外教育局直接领导的海外法国学校、与法国海外教育局签署协议的学校和受海外教育局资助的学校共400多所，也是法语国际传播的重要组成部分。

综上所述，法国历史上的“殖民殖语”使法语成为一门重要的世界流通语言，造就了法语历史上的“尊贵”与“辉煌”。然而，由于17世纪以来英国在世界各地的殖民扩张，以及第二次世

---

① 数据引自法语联盟基金会官方网站（英文版）：http：//www. fondation - alliancefr. org/spip. php？ rubrique10&lang = en

② Alliance francaise has 3 goals：

▶Offer courses in French, in France and in the world, to all sections of society.

▶Promote French culture and cultures of French - speaking countries better and in all dimensions.

▶Encourage cultural diversity and bring into focus all cultures.

界大战以来基于美、英、加、澳等英语国家综合实力支撑下的英语强势国际传播，法语的国际影响力明显下降，使法国上下对法语的国际地位产生了危机感，从而增强了法语国际传播的紧迫感。法国朝野对法语国际传播认识的高度，对促进有利于法语国际传播游戏规则的制定，对法语国际传播的组织落实情况，法语联盟在法语国际传播方面的做法等方面，对于其它语言的国际传播都有许多值得借鉴的地方。

第三节　西、阿、俄、德、日、韩几种语言的国际传播途径

一、西班牙语的海外传播靠的是硬实力

西班牙语的国际传播靠的是海上实力。西班牙语是重要的国际语言。全世界有近4亿人讲西班牙语，人数仅次于汉语、印地语和英语，居第四位。西班牙语也是联合国六种工作语言之一。全世界有22个国家把西班牙语作为官方语言或通用语言使用。这些国家是欧洲的西班牙、非洲的赤道几内亚和拉丁美洲的20个国家：阿根廷、墨西哥、玻利维亚、智利、委内瑞拉、哥伦比亚、哥斯达黎加、古巴、厄瓜多尔、乌拉圭、萨尔瓦多、危地马拉、洪都拉斯、尼加拉瓜、巴拿马、巴拉圭、秘鲁、多米尼加、伯利兹、特立尼达和多巴哥。此外，在亚洲的菲律宾、欧洲的安道尔、美国的新墨西哥州、德克萨斯、亚利桑纳、加利福尼亚等地区，西班牙语也是重要的通行语言。

西班牙语国际传播的特点如下①：

1. 依托于强大的海上实力。西班牙语之所以能传播到如此多的地区和国家，成为国际语言主要也是凭借历史上西班牙的国家硬实力。15、16 世纪，西班牙成为当时的海上强国，主要在欧洲、美洲、非洲、亚洲建立了许多殖民地。几百年的殖民统治使西班牙语成为重要的国际语言。

17 世纪以后，西班牙的硬实力相对于其他国家逐渐下降，西班牙语的国际传播也基本停留在原有基础上，甚至个别地区还有所萎缩，如原墨西哥北部的部分地区成为美国领土，原来单一的西班牙语区变成了英语、西班牙语双语区。进入 21 世纪后，随着墨西哥、巴西等拉丁美洲国家实力的快速增长，世界范围学习西班牙语的人数也出现了逐渐增加的趋势。这一情况也从一个侧面反映了国家硬实力对语言国际传播的决定性作用。

2. 政府重视。20 世纪 80 年代末和 90 年代初，西班牙政府就在外交部先后成立了西班牙国际合作署和塞万提斯学院，负责对外宣传和语言推广工作。西班牙政府对西班牙语国际推广工作给予了大量的财政支持。以 2006 年为例，塞万提斯学院的经费为 6861 万欧元，其中国家拨款占 89%。

3. 有专门机构负责西班牙语国际推广。西班牙国际合作署主要负责向各国提供援助，其中包括向各国学者、学生，特别是拉丁美洲的学生提供奖学金，资助他们到西班牙大学从事包括语言在内的各项研究工作和短期学习；同时，该机构还负责向海外派遣西班牙语教师，资助出版西班牙语教材，向从事西班牙语教学的国外教学单位提供资金和图书资料。塞万提斯学院 1991 年成立，其基本任务是在全世界推动西班牙语的教学、研究和使用，同时

① 本部分参阅：张西平、柳若梅主编《世界主要国家语言推广政策概览》"西班牙"部分（刘建著），外语教学与研究出版社，2008 年 8 月第 1 版。

向世界传播西班牙文化。塞万提斯学院总部设在马德里，并在38个国家建立了海外分院和塞万提斯课堂，2001年还建立了网络塞万提斯学院。塞万提斯学院及其海外分支机构主要开展三个方面的工作：（1）制定对外西班牙语教学大纲，开展语言培训和教师培训，向国外派遣西班牙语教师，开展西班牙语作为外语的语言测试（DELE考试）；（2）组织开展与西班牙语教学相关的学术活动，如国际西班牙语大会；（3）开展形式多样的文化推广。

4. 西班牙还在一些国内大学培养西班牙语教学硕士和博士，对提高西班牙语国际传播的师资队伍建设发挥了积极作用。

二、阿拉伯语的广泛传播靠的主要是硬实力和阿拉伯——伊斯兰文化

阿拉伯语是西亚、北非22个国家的官方语言，也是重要的国际语言之一。这些国家包括：叙利亚、约旦、伊拉克、沙特阿拉伯、黎巴嫩、埃及、也门（今阿拉伯也门共和国）、阿尔及利亚、巴林、科威特、利比亚、摩洛哥、卡塔尔、苏丹、突尼斯、也门民主人民共和国、阿拉伯联合酋长国、阿曼、索马里、毛里塔尼亚、吉布提、巴勒斯坦解放组织。以阿拉伯语为母语的人口达两亿多，阿拉伯语还是联合国的工作语言之一。

阿拉伯语从一种国家语言转变成一种区域化的国际语言，也是基于国家硬实力基础之上不断向外传播而成为今天的国际语言的。公元6世纪穆罕默德（570—632）统一阿拉伯半岛后，建立了统一的阿拉伯帝国（中国史书称为“大食”）。“四大哈里发①

① 632年穆罕默德逝世后，他的最初四个继任者：阿布·伯克尔（632～634在位）、欧麦尔·伊本·哈塔卜（634～644在位）、奥斯曼·伊本·阿凡（644～656在位）和阿里·伊本·阿比·塔利卜（656～661在位）。

(632—661）和倭马亚王朝[①]（661—750）时期，阿拉伯统治者先后发动了两次大规模的侵略战争。阿拉伯人以疾风扫落叶之势，并吞西亚，席卷埃及，横扫北非，囊括西班牙，进兵药杀水[②]，饮马印度河，建立了一个横跨欧、亚、非三洲的大帝国。”[③] 为巩固对所征服地区的统治，“第二任哈里发欧麦尔就提出了‘信教、纳人丁税、战斗’的政策，即欢迎皈依伊斯兰教，信教者可享受与阿拉伯穆斯林同等待遇；要保留原信的一神教者，就得纳税；既不信教，又不纳税者，只能与其战斗，杀之无罪。这项政策为历代哈里发沿用，对推行阿拉伯化、传播伊斯兰教和巩固阿拉伯人的统治起到了积极和重要的作用。”[④]“大批阿拉伯移民定居在被征服土地上，与当地人杂居、通婚，日渐融合，对巩固阿拉伯的统治与传播伊斯兰教和阿拉伯语有利，对发展阿拉伯伊斯兰文化发挥了积极的作用。”[⑤]

伴随着对外扩张和阿拉伯帝国的强盛，包括阿拉伯语在内的阿拉伯——伊斯兰文化随着有组织、持续不断的阿拉伯军事移民和民间整体迁徙迅速传播到了被征服地区，阿拉伯语落地生根，逐渐成为这些地区的共同语。今天阿拉伯语使用国家的分布格局基本上是那个时期形成的。需要特别指出的是，阿拉伯——伊斯兰文化在阿拉伯语向外传播过程中发挥了重要作用，但这种作用也是以阿拉伯帝国形成前后相当长一个时期中强大的硬实力作为

---

① 倭马亚王朝（阿拉伯语：أمويون，或译为伍麦叶王朝、奥美亚王朝）阿拉伯帝国的第一个世袭王朝。在伊斯兰教最初的四位哈里发（即所谓“纯洁的哈里发”或“正统哈里发”）的执政结束之后，由阿拉伯帝国的叙利亚总督穆阿维叶（即后来的哈里发穆阿维叶一世）建立。从661年至750年，该王朝是穆斯林世界的统治王朝。

② 古地名，为现在流经中亚的吉尔吉斯斯坦、塔吉克斯坦、乌兹别克斯坦和哈萨克斯坦，最后注入咸海的锡尔河。

③ 郭应德：《阿拉伯史纲》绪论（第3页），经济日报出版社1997年3月第2版。

④ 国少华：阿拉伯语传播原因探析，《阿拉伯世界》2003年第2期56页。

⑤ 国少华：阿拉伯语传播原因探析，《阿拉伯世界》2003年第2期56页。

支撑的。

三、俄语的对外传播主要靠前苏联时期强大的经济、军事和科技硬实力

俄语是世界重要的国际语言之一，也是联合国六种工作语言之一。全世界约有2.4亿人讲俄语，主要集中在以俄罗斯为主的独联体地区。除俄罗斯以外，还有前苏联的14个加盟共和国都讲俄语。这些国家虽然都独立了，但仍然把俄语作为官方语言之一或作为通用语言使用。这些国家是白俄罗斯、乌克兰、哈萨克、乌兹别克、吉尔吉斯、塔吉克、土库曼、阿塞拜疆、亚美尼亚、格鲁吉亚、摩尔多瓦、立陶宛、拉脱维亚、爱沙尼亚。此外，20世纪，俄语在波兰、保加利亚、捷克、斯洛伐克、匈牙利、罗马尼亚和阿尔巴尼亚等华沙条约组织成员国的学校广为教授，许多人都能使用俄语进行交流。在芬兰等波罗的海沿岸国家，绝大多数人都能使用俄语交流。在一些亚洲国家如老挝、越南、柬埔寨和蒙古，俄语仍然作为学校重要的外语进行教学。在以色列，至少有75万前苏联犹太移民使用俄语（1999年人口调查）。在美国的纽约、洛杉矶、旧金山、迈阿密、芝加哥、克利夫兰和加拿大多伦多等地，都有规模较大的俄语社区。单在纽约、洛杉矶使用俄语的人口估计达50万人。根据美国2000年人口调查，美国有1.5%的人口说俄语，即大约420万人。在德国、英国、西班牙、法国、意大利、比利时、希腊、巴西和土耳其讲俄语的社区人口共有300万人。①

俄罗斯的俄语国际传播主要有以下特点：

1. 苏联时期，俄语主要凭借苏联在各加盟共和国和东欧社会主义阵营各国的强大影响力，使俄语成为上述国家或加盟共和国

① 参考百度网站：http：//zhidao.baidu.com/question/47559952.html 写成。

的重要通用语言。而这种影响力也主要建立在当时苏联的经济、军事和科技硬实力基础之上。

2. 俄罗斯“国际语言和文学教师协会”为推动俄语教学学术交流做出了努力。该协会“是一个非政府性质的非营利性国际组织，它联合俄罗斯语言、文学、文化教师以及有关方面的专业人士，在俄联邦及俄联邦以外的国家进行推广、保护、发展和研究作为世界文化一部分的俄罗斯语言和文化的活动，并为达到这一目的而支持在其他国家创立分会并支持各分会的工作。”① 该协会主要组织俄语教学方面的学术交流活动，它与世界汉语教学学会比较相似。

3. “普希金俄语学院”为俄语国际传播做出了一些贡献。该学院的前身是莫斯科罗蒙诺索夫大学的“俄语教学研究中心”，1973 年根据苏联部长会议决议，改制为普希金俄语学院，1998 年经教育部批准，升格为国立大学，正式更名为“国立普希金俄语学院”。国立普希金俄语学院是一所主要办在俄罗斯国内，以招收外国学生到该院学习俄语，培养国内外俄语教学人才为主要任务的高等院校，可以授予硕士、副博士和博士学位。该院也在世界少数国家设立了 10 几个分支机构。普希金俄语学院总体上与中国的北京语言大学比较相似，与孔子学院没有太多的可比性。

四、德语在周边国家的传播主要靠历史上的武力征服，但歌德学院等语言传播机构在现当代也发挥了积极作用②

德语在德国以外还有奥地利和瑞士作为官方语言使用，在其他国家一般作为外语学习使用。德意志帝国历史上对周边国家的

① 本部分参阅：张西平、柳若梅主编《世界主要国家语言推广政策概览》“俄罗斯”部分（柳若梅著）199 页，外语教学与研究出版社，2008 年 8 月第 1 版。

② 本部分参阅：张西平、柳若梅主编《世界主要国家语言推广政策概览》“德国部分”（张建萍、李岩著），外语教学与研究出版社，2008 年 8 月第 1 版。

武力征服是今天德语在欧洲使用区域格局形成的主要原因。德国政府没有设立专门负责德语国际传播的机构。德语和德国文化的国际传播工作主要是通过歌德学院（Gothe Institute）、国际协会（Inter Nationes）、德国学术交流协会（DAAD）等民间机构实施。这些机构受德国外交部及其他政府部门的委托，负责组织实施德语及德国文化国际传播工作，经费主要由政府提供。歌德学院总部设在慕尼黑，在德国国内设立了15个分院，在国外设立了127所分院（2000年数据）。国际协会主要负责向国外有关机构赠送德语和德国文化方面的图书资料。德国学术交流协会主要负责促进德国高校的国际学术交流，但兼有向国外高校派遣德语专家和教师的职责。2001年1月，歌德学院与国际协会合并，全称改为“歌德国际学院”（Gothe Institute Inter Nationes）。

德国的德语国际传播主要有以下几个特点：

1. 德语国际传播主要由外交部分管，但没有专门的德语国际传播领导机构；

2. 以歌德学院为主的德语国际传播机构不仅在国外设立分院，在德国国内也设立了一批分院，值得其他国家的语言国际传播工作借鉴；

3. 国内分院主要靠市场化经营求生存，自负盈亏；而国外分院则主要靠承担外交部的德语传播项目获取资金支持，同时也通过有偿培训获取一部分收入；

4. 德语国际传播虽然起步较早，1878年便成立“帝国学校基金会”，支持海外德裔开办的德裔学校，但德语传播的效果欠佳，与德国的综合实力不相适应。

五、日语靠武力征服曾经在部分亚洲国家或地区大量使用，但20世纪中后期以来的对外传播主要靠经济实力

历史上，日本曾经靠武力征服使日语在亚洲少数国家和地区

一度大量使用，如在朝鲜半岛、中国台湾以及东南亚部分国家和地区，但这段历史已经过去。20世纪中后期以来的对外传播主要靠经济实力。

现在，日语的国际传播主要表现为国外的日本语教学和日本国内对外国人的日语教学。对日本人的日语教学称为“国语教学”。日语国际传播的主要成绩是在部分国家日语作为重要外语进行教学。以下两组数据可以大致说明日语国际传播的情况：

到2003年，海外共有120个国家和7个地区开展了日语教学，教学机构达1万多个，教师3万多人，学习者超过235万，开展日语教育的国家和地区中，学习者人数超过10万的有5个，分别是韩国，共有89.4万人，约占海外日语学习者总人数的40%；中国大陆约有38.8万人；第三是澳大利亚，约有38.2万人；这三个国家和地区的学习者人数约占海外日语学习者人数的70%。第四是美国，约有12.9万人，第五是中国台湾地区，以上五个国家或地区的学习者人数约占海外日语学习者人数的80%。学习者在1至10万人之间的国家有13个，1千至1万人的有25个，1千以下的有84个。①

“2006年，日本海外有133个国家和地区、计2979820人在13639个学习机构中学习日语，教师人数为44312人。通过广播电视或自学等其他方式的学习者尚未计入其中，估计应达数倍。而日本国内学习日本语的人数也一直呈上升趋势，截至2005年11月，日本国内学习日语的人数为135514人，进行日本语教育的机构有2047所，其中大学有625所，学习者为44858人，其余则在其他教育机构学习。”②对上述两组数字进行简单对比即可发现，日语的国际传播呈发展态势，从2003年到2006年的三年中，全球学习

① 本段有关数字引自张婧霞的硕士论文：“日语国际推广的历史与现状研究”第15页，个别文字略作改动，西南大学，2008。

② 刘元满：日本的语言推广体系及启示，《语言文字应用》2008年第4期。

日语人数增加了约63万人，2006年的人数比2003年增长了26.8%。

日语国际传播的总体情况可归纳如下[①]：

1. 日本政府重视日语国际推广工作，从20世纪初开始便大力提倡向世界推广普及日语，第二次世界大战期间还提出对殖民地实施同化政策，但第二次世界大战后并没有提出明确的日语国际推广政策。1984年日本文部省发布的《关于面向21世纪的留学生政策》（即日本接收10万留学生计划）并非日语国际推广政策，而是一个吸引外国留学生到日本留学的政策；今天，日本政府对日语国际推广工作的大力支持，主要体现在对一些专门从事日本与国外文化交流基金会的财政支持方面。

2. 日本没有专门的日语国际推广领导机构，其日语国际推广工作主要是由外务省下属的日本国际交流基金会（Japan Foundation）、国际协力事业团及其他一些民间机构组织实施的。日本国际交流基金会将日语国际推广工作作为其国际交流的重要内容，但该基金会还有许多其他文化交流职能，日语国际推广仅为其职能之一。

3. 日语国际推广的主要方式是向世界各国输送日语专家和教师，与国外高校合作建立日本学研究中心或以提供经费支持、赠送图书等方式支持国外高校建立日语专业。

4. 日本经济实力雄厚，为何没有设立专门的日语国际推广机构向世界推广日语，是一个值得研究和思考的问题。

六、韩国语对外传播主要建立在韩国迅速增强的经济实力基础之上，影视文化发挥了辅助作用

韩国虽然人口不多，2008年全国总人口约为49232844人，[②]

---

① 本部分参阅：张西平、柳若梅主编《世界主要国家语言推广政策概览》“日本”部分（谯燕著），外语教学与研究出版社，2008年8月第1版。

② 维基百科网：http://zh.wikipedia.org/wiki/%E9%9F%93%E5%9C%8B%E4%BA%BA%E5%8F%A3

但进入21世纪以来，其语言文化的国际影响力快速提高。据说，韩国语的使用情况在世界几千种语言中已排到了13位，[①] 韩国语国际传播能够取得今天的业绩，主要得益于韩国经济实力的迅速增强（经济总量1994年居世界第12位，2008年居世界第15位），以及由此而引起的韩国人海外侨居。同时，韩国语国际传播方面的一些做法也起到了一定的推动作用。可简单归纳如下：

1. 国家重视韩国语及韩国文化的国际推广工作。在人力资源部（教育部）之下专门设立了国际教育振兴院（National Institute for International Education Development），把海外侨民教育作为其重要职责之一；同样在人力资源部（教育部）之下专门设立了韩国学术振兴财团，专门负责支持海外韩国学研究并向国外派遣韩国语教师；在外交部之下专门设立韩国国际交流财团，负责支持国外韩国语教学、派遣师资、设立韩国语研究中心等；韩国政府还在一些国家设立韩国文化院，直接向当地民众提供韩国语教学，举办韩国文化活动。

2. 韩国语的国际传播特点是前些年主要针对韩国的海外侨民，但2007年以来逐渐重视对非韩侨的韩国语传播，在一些大学设立了韩国语中心或世宗学堂。据报道，韩国将在世界100个地区开办“世宗学堂”，将韩国语言和韩国文化传播到全世界。而具体承办该项目的韩国国立国语院订出了更具体的计划——今后5年内分阶段在中国各地开设20至30家“世宗学堂”。[②] 目前，在中国的北京外国语大学、山东大学威海分校、中国海洋大学、西安外国语大学等中国高校设立了世宗学堂。

3. 韩国影视作品的国际传播吸引了大批青少年，甚至成年人

---

① 张西平、柳若梅主编《世界主要国家语言推广政策概览》“韩国”部分（苗春梅著），外语教学与研究出版社，2008年8月第1版。

② 中国新闻网：http：//news. xinhuanet. com/world/2007 - 02/08/content _ 5714866. htm

学习韩国语，了解韩国文化，并激发了他们到韩国留学的欲望，这对韩国语和韩国文化的国际传播起到了很好的宣传作用。

第四节　国家实力与语言传播的理论探讨

上述研究表明，对外扩张、武力征服、殖民殖语奠定了英、法、西、俄、阿等语言的国际语言地位。这是历史，但这并不意味着未来的新兴国际语言都必须通过这些途径才能实现国际传播。毕竟武力解决问题的时代过去了，语言国际传播的途径和方式也应该顺应当今世界的潮流，融入和平与发展的主流。然而，“国家硬实力是语言国际传播的决定性因素”这一论断依然适用。在政治多极化、经济全球化、文化多元化的国际背景下，语言国际传播的新途径、政策和行动对语言传播的影响等问题值得深入探讨。

一、硬实力在不同的历史时期有不同的内涵

硬实力和软实力是描述一个国家综合实力的两个概念。硬实力主要指经济、军事、科技实力，而软实力则主要指经济、军事、科技等实力以外的其它实力，主要包括文化、价值观、意识形态、政治制度、外交、国际信誉、国家领导及国民形象等方面的影响力。两者之间有明显的区别。硬实力是国家实力中有形的物质要素，一般可以量化和测量。如经济总量、科技创新发明数量和贡献率、军队装备、核武器数量等，均可以量化；软实力是在国家实力中无形的、能够影响他国意愿的精神力，一般很难量化和测量。①

---

① 参阅武铁传：论软实力与硬实力的辩证关系及意义，《理论导刊》2009 年第 5 期。

在世界中古史阶段（公元5、6世纪至公元1500年），人类通过大范围的战争和民族迁徙，进行着国家间不断的分化组合，军事力量是这段历史中最重要的硬实力。进入世界近代史阶段（1500年的地理大发现至1900年帝国主义的形成）之后，西方通过殖民征服，逐步把世界联结为一个整体，到19世纪末，终于形成了世界资本主义经济体系，世界各地均被纳入该体系之中。这一阶段，经济和军事力量成为最重要的硬实力。进入世界现代史阶段（1900年以来）以后，帝国主义和世界市场与世界经济一体化最终形成，经济、军事和科技等成了最重要的硬实力。

二、武力“殖民殖语”的“刚性传播”时代已经成为历史，硬实力支撑下的“现代柔性传播”正在成为主流

虽然“殖民殖语”是世界主要国际化语言走过的国际传播的共同途径，但是通过武力征服实现“殖民殖语”的语言国际传播模式早已成为历史，与当今的时代潮流格格不入，当今和未来语言国际传播不能再走“殖民殖语”之路。上文讨论的英语、法语、西班牙语、俄语、阿拉伯语以及日语的对外传播无一例外地都走过了武力扩张，“殖民殖语”之路。这种依靠武力进行的语言传播属于“刚性传播”，与今日世界“和平与发展”的主题格格不入，以经济文化交流支撑的“现代柔性传播”已经成为当前并应该成为未来语言国际传播的理想途径。其实，殖民体系解体后，上述各语言所属国家都在不同程度地通过“现代柔性传播”模式对外传播本国的语言。如法语国际传播方面，法国国家领导人高度重视，政府认真组织实施，民间广泛参与，法国政府及有关机构大力促进有利于法语国际传播相关规则的制定，推动法语国际传播的组织落实，在法国及世界各地设立法语联盟等。又如英语国际传播方面，以英国和美国为首的主要英语国家通常以提供资金及设备援助、基金、捐赠、师资、教材、技术等具体形式开展的语

言文化国际传播。一些官方机构、半官方机构及民间基金会在推动英语走向世界、提高英语的国际影响力方面发挥了积极作用。英国文化协会（British Council）成功地使英语教学成为一个产业；托福和雅思等英语水平考试成就了相关培训和考试产业链；和平队（Peace Corps）等组织向世界各地输送了大批英语教师；福特基金会、洛克菲勒基金会等为推动英语走向世界做出了不小贡献；英国广播公司（BBC）和美国之音（VOA）为全球想学标准英语的人提供了"空中免费教师"；英国和美国出版公司推出了大批优秀英语教材，不仅获取了丰厚的利润，也为英语国际传播做出了重要贡献。总之，第二次世界大战以来法语、英语通过这种模式较好地实现了对外传播。

现代柔性传播模式对法语、英语国际传播所起到的积极作用，对于其它语言的国际传播都有许多值得借鉴的地方。但通过这种传播模式开展英语和法语的国际传播对英语、法语今天的国际地位所产生的影响仍然是十分有限的。英语和法语今天的国际地位是靠英语国家和法国的硬实力铸就的。

三、语言传播态度和措施可以影响语言传播进程

虽然硬实力是一个国家语言是否能够长期可持续对外传播的决定性因素，但我们也要充分认识到，语言传播态度和措施对语言国际传播也能起到一定的辅助性作用。我们一方面要坚定信心，只要中国的硬实力不断提升，世界各国人民都会学习汉语，汉语在21世纪肯定会成为一种十分流行的国际语言；另一方面，我们也要充分认识到，语言传播态度和措施对语言国际传播的进程会产生加速或延缓的作用。积极的语言传播态度和扎实的落实措施可以加快传播速度，提高传播质量，反之则会延缓传播速度，影响传播质量。国家汉办近年来非常积极的国际推广态度和有力的落实措施大大加快了汉语走向世界的步伐。但越是快速前进的时

候越需要强调稳健。中国的汉语国际推广要掌握好“度”，既要抢抓机遇，又要着眼长远，务求长期可持续发展。汉语国际传播一定要建立在别国需求的基础之上，应该在理念和实践两个层面都努力实现从“推广”向“服务”的转变。应该借鉴其他语言传播的现代模式，积极鼓励民间机构参与，开辟多元化、多渠道的汉语国际传播之路。

四、软实力也可以推动语言的国际传播，且可以转化成硬实力

我们必须始终保持清醒的头脑，汉语走向世界最终还是主要靠中国的硬实力。把中国建设成为实力强大的国家是最好的汉语国际推广之路。但同时我们也应该看到，软实力虽不是语言国际传播的决定性因素，但它与硬实力一起形成国家的综合实力，对语言国际传播也会起到积极推动作用。此外，软实力在一定条件下也会推动经济、军事、科技等领域的发展，从而促进硬实力的增长。从这个意义上说，软实力在一定条件下可以转化成硬实力。因此，在强调硬实力建设的同时，我们也要重视软实力建设，促进软实力与硬实力的有机结合和良性互动，最终形成强大的国家综合实力。

五、官方、半官方主导的语言国际传播更加快捷高效

从英语、法语、西班牙语、德语、俄语、阿拉伯语、韩语、日语和汉语国际传播的研究中可以看出，一种语言的国际传播如果走纯民间渠道，往往具有散、慢、弱、窄的特点，即组织松散、速度较慢、力量薄弱、传播范围狭窄的特点。而政府主导的语言国际传播则具有多、强、快、广的特点，即投入经费多、传播力量强、传播速度快、传播范围广的特点。英国的文化协会、法国的法语联盟、美国的关键语言旗舰项目、中国的孔子学院、韩国

的世宗学堂等均属此类。因此，如果语言国际传播能成为国家战略并加以实施，将极大地促进一个国家语言的国际传播。

六、汉语走向世界是必然趋势

汉语能否传遍世界已经成为一个争议越来越少的问题。基于"国家硬实力是语言国际传播的决定性因素"的理论判断，笔者认为，汉语走向世界是必然趋势，如果说有问题，也只是时间早晚的问题。中国社会科学院2010年12月26日发布的2011年《世界经济黄皮书》中指出，中国超越英、法、德成为IMF第三大股东，2010年中国GDP超过日本，成为世界第二大经济体。中国的科技实力快速进步，"中国研制成功世界上最快的超级计算机'天河一号'，其速度比原本位居世界首位的美国'美洲虎号'快47%，被认为是走向科技大国的重要表现。"① 中国军事实力也在明显增强。总之，中国的硬实力正在快速增强。中国日益增长的硬实力以及与之相应的软实力，再加上其他讲汉语的国家和地区的综合实力，必将促成汉语的国际传播。

汉语国际推广的最终目标是：随着中国影响力的不断提升，将来总有一天中国不再需要向世界"推广"汉语，而是世界向汉语主动走来！我们期待着这一天的早日到来。

① 本段数据引自人民网2010.12.27：http：//politics. people. com. cn/GB/1026/13594169. html 文章标题：2010年中国GDP超过日本成为世界第二大经济体

第四章　汉语国际传播体系研究

第一节　语言国际传播体系模型与顶层设计

一、三种虚拟的语言国际传播体系模型

语言国际传播有自发传播和有组织传播之分，自发传播似一盘散沙，基本无体系可言。而有组织传播则从构拟的体系开始，一步步将其变为现实的体系，并在体系建立过程中不断丰富和完善。最理想的语言国际传播体系到底是什么样的？语言和国别的差异性必然导致语言国际传播体系的多元性，然而，多元性中必然蕴含共性。尽管语言国际传播的现实千差万别，但在语言国际传播研究中，我们有必要勾勒出一幅最理想的语言国际传播体系结构图，供语言传播的决策者和执行机构参考。

本节提出了语言国际传播体系的三种结构模型，“伞状结构”模型，“塔网结构”模型和“星状”模型。

（一）“伞状结构”模型

“伞状结构”作为一种语言国际传播体系模型，是指整个语言国际传播体系呈撑开的伞状，即语言国际传播的顶层决策、指挥和研发机构位于伞形的顶部，各语言传播基层机构位于伞口，顶层与基层之间通过若干形似伞骨的联系通道直接沟通。伞状结构具有快捷高效的优点，顶层的决策可以不经中间环节快速地传达到基层。但这种结构需要两个条件支撑：一是需要有一个强大、完备的顶层决策、指挥和研发机构；二是语言传播的基层机构不

能太多，如果基层机构太多，顶层的工作量将随之加大，最后会导致顶层机构不得不随之不断膨胀的恶性循环。

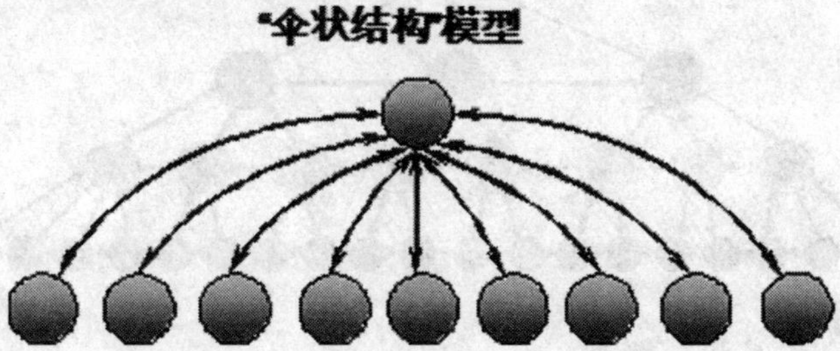

（二）"塔网结构"模型

"塔网结构"应该是最理想的语言国际传播体系的结构之一。所谓"塔网结构"是指，从纵向看，整个语言国际传播体系呈金字塔状，塔尖是语言国际传播的顶层决策、指挥和研发机构，塔中是该语言传播体系在各国的指挥、协调和研发机构，塔底则是语言传播的实施机构，主要包括大、中、小学及网络、广播、电视等语言教学、培训机构。从塔顶到塔底形成畅通的指挥和联络渠道，大金字塔下又有多个国别化的小金字塔，国别化的小金字塔下又有众多更小的省、州等区域性金字塔，而省、州以下又可根据需要组成更小的金字塔体系。这样，从纵向上看，就形成了大金字塔套小金字塔，小金字塔套更小的金字塔的塔状纵向结构。每个金字塔塔顶都成为一个节点，大大小小的金字塔通过不同节点相互连接，不断叠加，从而形成纵向为主，纵横交错的语言国际传播的塔网结构，这种结构最底层的小金字塔可能是以某一学校为塔尖，社区为底座的学校社区金字塔。这种金字塔形的塔网结构辐射面广、结构有序、可无限扩张而同时保持整个塔网结构的稳定性，也不会导致由于底层扩张而带来的顶层机构的连锁扩张。金字塔型的塔网结构比较适合于大规模的语言国际传播体系。

"塔网结构"模型

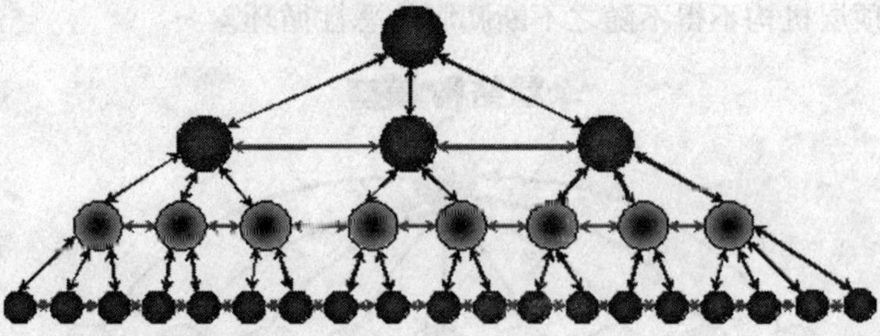

（三）“星状”模型

“星状”模型是指主要以提供基金的方式推动语言国际传播的模型。其基本做法是，设立专门的语言传播基金或语言文化传播基金，由专门的基金会负责管理。基金会的数量和基金的多少依基金来源而定。各种基金可根据其宗旨辐射一定区域，推动一个地区或一个领域的语言国际传播。这些基金好比天上的星星，各自照亮一片夜空。能量大的，如太阳，可能照亮整个地球，能量小的可能只惠及某个国家或地区。在星状模型下，语言传播需求可以与语言传播基金在完全自愿的基础上实现对接，语言传播需求可以通过基金申请得到基金会的帮助，而语言国际传播基金又通过基金项目的实施发挥应有效益。应该说，这是一种建立在自愿基础上，更为民主、更为公正、实施效益更好的一种语言国际传播体系结构模型。目前美国传播英语及美国文化的传播体系基本上属于“星状”模型。

“星状”模型

世界各国国情千差万别，语言国际传播体系也必然多种多样，以上三种模型在很大程度上带有笔者的主观色彩，希望读者不受羁绊，提炼出更多语言国际传播体系的理想模型。而且，在语言国际传播实践中，可能是一种模型为主，多种模型并存，或多种模型并驾齐驱，各有所为，相互补充。

二、顶层设计对于语言国际传播十分重要

一种语言要实现快速健康地对外传播，顶层设计十分重要。有鉴于此，语言的国际传播一般应有一个顶层的决策指挥机构。语言国际传播的最高决策指挥机构，一般负责一个国家语言国际传播的顶层设计，如重大决策、经费筹措、指挥协调等问题。顶层决策指挥机构的职能通常包括语言国际传播的政策制定、体制机制选择、规划计划编制、经费筹措预算、各种标准制定、绩效或项目考核评估、奖惩表彰实施、公共资源建设、整体宣传推介等。如果缺乏这样的顶层设计，一种语言的国际传播就可能会缺乏宏观上的整体把握，良好的系统性和规范性，不利于语言传播的开展。以汉语国际传播为例，中国国家汉办暨孔子学院总部作为中国对外传播汉语和中华文化的顶层决策指挥机构，筹措了大批汉语国际传播经费，制定了《国际汉语教师标准》、《国际汉语能力标准》和《国际汉语教学通用课程大纲》等规范性文件，策划并组织实施了孔子学院、孔子课堂项目、志愿者项目、海外本土汉语教师培养和培训项目等许多重大项目，建立了国际汉语教学资源平台“网络孔子学院”等等。在汉语国际传播方面，做了很多顶层设计工作。再以法语的国际传播为例，法语国际传播的最高决策指挥机构设在外交部，属下的国际合作与发展司主要负责法语及法国文化的国际传播工作。但从目前世界主要语言国际传播的情况看，有的国家的语言国际传播顶层决策和指挥机构往往不只一个，有的国家甚至没有顶层决策指挥机构，主要由市场

和民间机构推动本国语言的国际传播，如英语的国际传播，我们很难在英国和美国找到一个权威的英语国际传播最高决策指挥机构，这可能是因为英语在全世界已经传播得非常好了，根本就不需要这样一个机构！当然，也有这样的国家，不同的部门都非常积极地开展本国语言的国际传播，在不同政府部门往往设有不同的语言国际传播决策指挥中心，如韩国在人力资源部（教育部）之下专门设立了国际教育振兴院（National Institute for International Education Development），把海外侨民教育作为其重要职责之一；同样在人力资源部（教育部）之下专门设立了韩国学术振兴财团，专门负责支持海外韩国学研究并向国外派遣韩国语教师；在外交部之下专门设立了韩国国际交流财团，负责支持国外韩国语教学、派遣师资、设立韩国语研究中心等。

纵观各主要国际语言的传播情况，一门语言要走出国门，走向世界，最好有一个权威的顶层设计机构，以便统领全局，统筹协调。

第二节　汉语国际传播体系结构及特征

汉语国际传播有无体系？如果有，其结构是什么样的？各组成部分的特点及其功能如何？目前汉语国际传播体系的优势和不足是什么？如何进一步优化以促使其实现长期可持续发展？

汉语向外传播古已有之，但这里所探讨的汉语国际传播体系仅限于当代，尤其是当前和今后一个时期汉语国际传播的情况。

一、汉语国际传播的“多元交织叠加”体系及特征

首先，汉语国际传播不仅有体系而且是一个相对复杂的体系。如果用一句话来描述，可以说，汉语国际传播体系是一个“多元

交织叠加”的体系。先看以下图示：

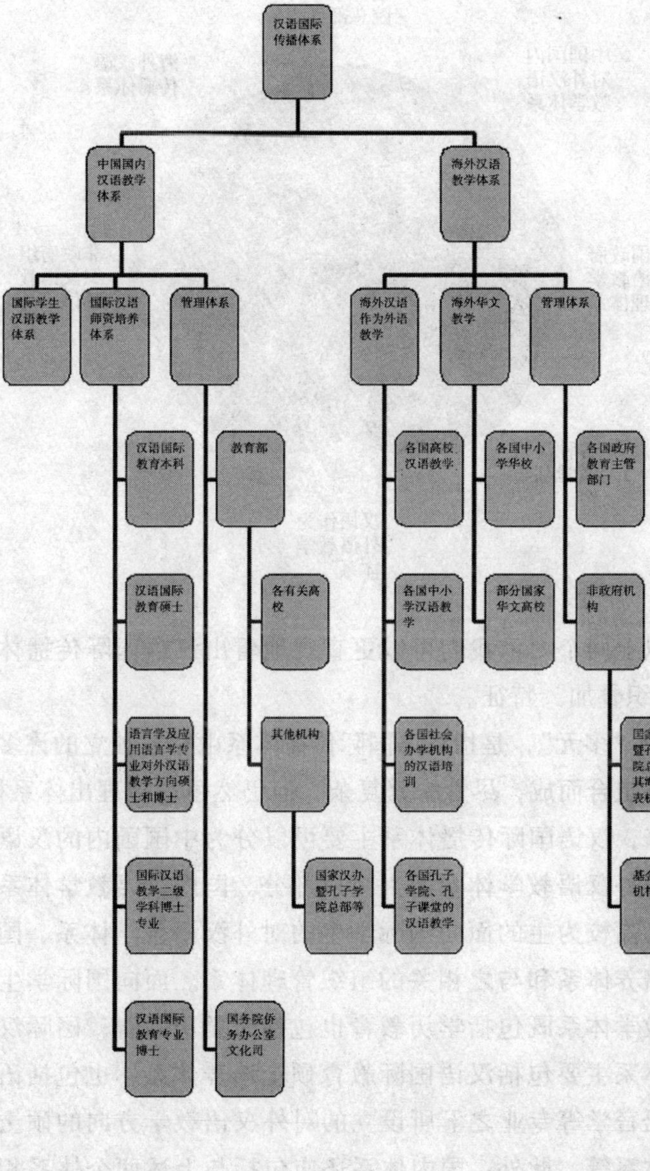

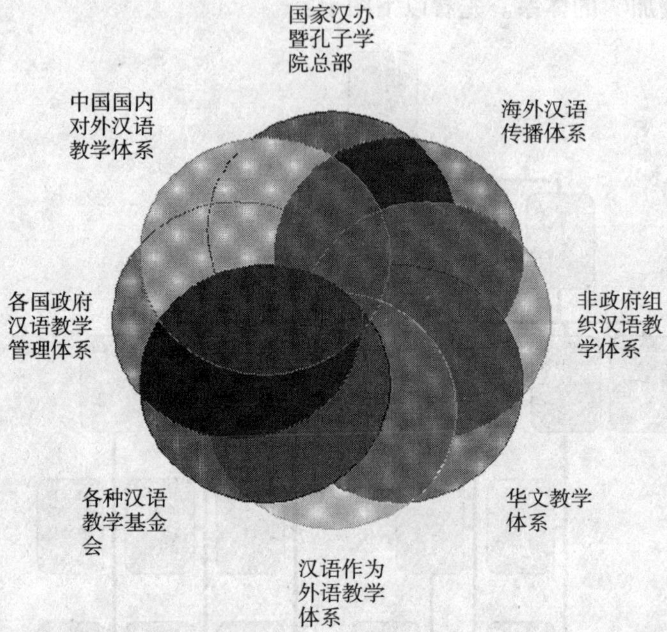

从以上两个图示我们可以更直观地看出汉语国际传播体系的“多元交织叠加”特征。

所谓“多元”，是指汉语国际传播体系由相对独立的许多汉语传播体系组合而成，尽管纷繁复杂，但仍然可以梳理出体系框架。总的说来，汉语国际传播体系主要可以分为中国国内的汉语教学体系和海外汉语教学体系两大组成部分。国内汉语教学体系又可大致分为高校为主的面向国际学生的对外汉语教学体系、国际汉语师资培养体系和与之相关的组织管理体系。面向国际学生的对外汉语教学体系既包括学历教育也包括非学历教育；国际汉语师资培养体系主要包括汉语国际教育硕士培养体系，也包括语言学及应用语言学等专业之下所设立的对外汉语教学方向的硕士和博士培养体系等。此外，国内体系还应包括与上述两个体系相配套的管理及支撑体系，即中国国家教育部领导下的各高校、国家汉办暨孔子学院总部等机构、部分中小学及其它汉语教学机构。此外，国内汉语传播体系还包括部分出版机构和广播、电视、网络等媒体。国内汉语传播体系所承担的工作主要如下：高校接收了大批外国留学生，承担了大量对外汉语教学的教学、科研、教材编写等工作，部分院校承担了与国外院校或其它机构合作建立孔子学院的工作，一些学校承担了为国外培养和培训本土化汉语教师的工作，许多高校还为国外教育机构输送了大批国际汉语教师和汉语教学志愿者；少数中小学还以汉语国际推广中小学基地的身份与国外中小学合作建立孔子课堂，接收国外中小学生前来学习汉语；部分出版机构组织编写出版了汉语教材，研发了教辅产品；广播、电视、网络等媒体不仅对汉语国际传播进行了大量宣传，而且开发了利用媒体开展汉语教学的节目并利用上述媒体播出；少数公司还开发了一些汉语教学产品。在国内实施体系中，高校发挥了最为重要的作用。总之，中国国内汉语教学体系是汉语国际传播体系的重要组成部分，对海外汉语教学形成了重要支撑。

海外汉语传播体系包括各国汉语作为外语教学体系、华文教学体系以及相应的管理及支撑体系。各国汉语作为外语教学体系主要包括高校的汉语作为外语教学体系、中小学汉语作为外语教学体系以及包括孔子学院和孔子课堂在内的社会机构的汉语培训体系；主要针对海外华人开展的汉语教学，通常称为华文教学体系，也是海外汉语教学的一个不可忽视的组成部分。与海外汉语教学体系相关的管理和支撑体系一般包括各国不同级别政府中的教育主管部门、提供经费支持的各种社会团体，如基金会、华人华侨社团、赞助商等。在国外传播体系中，主流社会的汉语传播体系最为重要。一个国家汉语传播的成功程度，主要取决于是否进入主流社会的国民教育体系。

所谓“交织叠加”是指在汉语国际传播这个总体系之中的许

多子体系并非完全独立运行，而往往相互交织和重叠，构成错综复杂的汉语国际传播体系。例如，以国家汉办暨孔子学院总部为组织核心的汉语国际推广体系与国内外的各主要汉语传播体系几乎都发生了某种联系，又如孔子学院和当地高校的汉语教学、孔子课堂与当地中小学汉语教学、政府教育主管部门或多或少地都发生一些联系。此外，汉语国际传播体系中的“伞状结构”、“塔网结构”、“星状结构”及其它结构的管理支撑体系也并非都是单一性的独立存在，而往往是相互交织叠加、相互影响的。

二、如何构建汉语传播体系

如果一个国家认定汉语对自己的国家发展有利，决定输入汉语，那么这个国家应该建立一个完整的汉语传播体系。国别汉语教学体系也可以根据实际情况构建成“伞状结构”、“塔网结构”、“星状”等体系，应该允许多种体系的交织重叠，相互影响，相互促进。汉语教学开展之初，可以采用“伞状结构”，形成规模以后，可以建构“塔网结构”体系；汉语教学高度发达的国家可以建构“星状”体系。以“塔网结构”体系为例，应该至少包括一个国家级的指挥协调机构，该机构除了统筹协调国内的汉语教学相关问题以外，还应该负责与中国教育部及其属下相关部门的商洽工作。该机构以设在教育部内为佳，所定级别的高低取决于国家重视的程度，级别越高，越有利于与中国的合作交流。一个国家分管汉语教学的机构分设在不同的部门，既不利于国内汉语教学的统筹协调工作，也不利于与中国的合作交流。此外，在汉语教学需求较好的省一级的行政区，也应该设立汉语教学的指挥协调机构，负责统筹协调本地区的汉语教学事务并提供业务指导。基层学校是汉语教学的具体实施机构，直接为学生提供汉语教学服务，是汉语教学的基础，应该充分重视各方面的建设。

国家汉办暨孔子学院总部在连接中国国内的汉语国际传播体

系与国外汉语传播体系之间发挥着重要作用。其主要职能主要表现为："拟定汉语国际推广的方针政策和发展规划；支持各国各级各类教育机构开展汉语教学；制定国际汉语教学标准，开发和推广汉语教材。"① 尤其在筹措汉语国际传播资金、制定有关汉语教学标准、研发推广汉语教材、孔子学院及孔子课堂建设、向国外选派汉语师资及志愿者、汉语教学资源平台建设、举办大型汉语国际传播活动等方面发挥着十分重要的作用。

中国驻外大使馆和领事馆在汉语国际传播体系中也发挥着积极作用。一些使领馆往往是联系所在国与中国有关机构的桥梁，所在国的要求往往通过使领馆传递到国内有关机构，而国内有关机构的汉语教学项目也常常通过使领馆与所在国有关机构合作落实。因此，在汉语国际传播体系中，使领馆也往往扮演着重要角色。

在汉语国际传播体系中，我们既要重视教学体系，也要重视管理和支撑体系，既要高度重视政府在汉语国际传播体系中的重要作用，也不能忽视非政府组织机构在汉语国际传播体系中发挥的积极作用。汉语国际传播体系是多元交织叠加的，体系中的每个组成部分所能发挥的作用也是多元的。应该充分调动一切积极因素，共同推动汉语国际传播体系的健康运转。

第三节 汉语国际传播圈层论与汉语国际传播联盟构想

本节根据不同汉语区在汉语传播体系中的功能，提出汉语国际传播的"圈状论"，"层级论"和汉语国际传播统一战线构想——"汉语国际传播联盟"。

① 国家汉办网站：http：//www. hanban. edu. cn/hb/

一、汉语国际传播圈状论

语言是文化的重要组成部分，语言传播与文化传播相似，有传播源，在传播的过程中形成不同的传播圈。语言传播圈概念的提出，有助于因地制宜地制定不同的汉语国际传播策略，最终取得良好的传播效果。

根据汉语国际传播中不同汉语区的状况，我们可以把汉语国际传播圈分为核心圈、边缘圈、外围圈和薄弱圈。核心圈是指汉语作为母语使用的地区，是汉语国际传播体系中的传播源。构成核心圈的要素主要有：一是汉语作为母语使用；二是在汉语国际传播中起到核心组织领导作用；三是能够面向世界各国提供汉语教师、教材及其它汉语教学辅助产品和强大的汉语教学公共资源平台；四是被全世界普遍公认为最理想的汉语目的语环境。中国是理所当然的核心圈，包括中国两岸四地，即大陆、台湾、香港和澳门。

汉语国际传播的边缘圈是相对于核心圈而言的，其特征是：一是汉语是官方语言之一或重要的通用语言或通用语言之一；二是汉语作为母语群体与其它语言作为母语群体处于共生状态；三是汉语在部分学校作为母语教授，在大多数学校作为重要的外语教授；四是汉语传媒、娱乐产品，如影视、报刊，在社会生活中占有重要地位；五是汉语在本国的传播有完备的体系和研发能力。根据这些特征，汉语国际传播的边缘圈应该包括马来西亚、新加坡、缅甸北部等地区。

汉语国际传播的外围圈是位于边缘圈之外汉语使用情况更为薄弱的区域，外围圈具有如下特征：一是汉语和中华文化在历史上曾经深刻地影响了这些地区，许多历史古迹仍保留中国历史文化深刻影响的痕迹；二是今天的本国语言中尚保留大量的汉语词汇和典型的汉语语法结构；三是这些地区的人们对汉语和中华文化，尤其是儒家思想，在很大程度上的仍怀有亲切感和认同感；四是这些地区的汉语教学在很大程度上具有普及性和系统性，有学习汉语的大量群体；五是在汉语、汉语教学和汉学研究领域拥有一些学者，在汉语教学产品方面具有一定的研发能力；六是这些地区很难再找到以汉语为母语的大片区域。韩国、朝鲜、日本和越南四个汉字文化圈国家和泰国、印度尼西亚、文莱、菲律宾等国家可归入此圈。

汉语国际传播的薄弱圈，顾名思义是指汉语传播较为薄弱的地区。这些地区具有如下共同特点：一是历史上汉语对其影响薄弱；二是目前学习、使用汉语人数在总人口中所占比例很低；三是全国性的汉语传播体系基本没有建立；四是这些地区的文化与中华文化之间存在很大的差异；五是这些地区的人们对中国、汉语和中华文化普遍知之甚少。这些地区包括上述地区以外的所有其它地区，即南美洲、北美洲、欧洲、中亚、西亚、南亚、非洲等。也就是说，世界绝大多数地区皆属此类，可见汉语国际传播任重道远。需要指出，薄弱是就整体状况而言，并不排除少数国家拥有高水平的汉语教学与研究机构及专家的情况，如美国、法国、英国、德国、俄罗斯等。

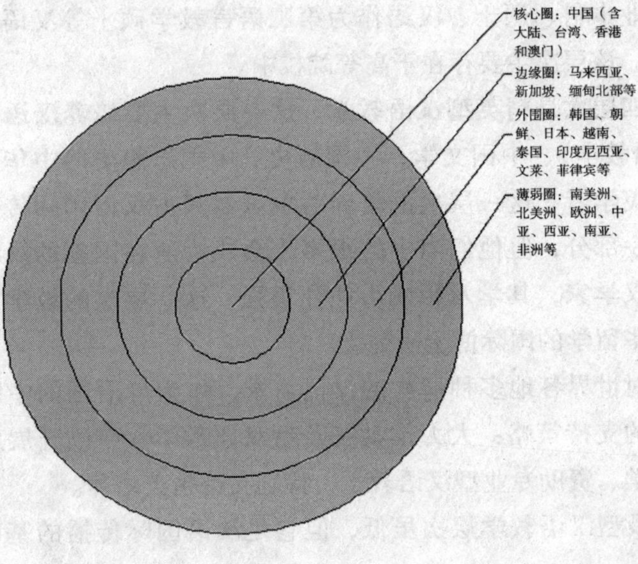

二、汉语国际传播层级论

语言国际传播以满足语言需求为目的。汉语国际传播的目的是为了满足世界各地不同层次的汉语学习需求。汉语国际传播的层次定位对于汉语国际传播事业的健康发展十分重要。

第一层次是普及型汉语教学。面向大众的汉语教学具有普及性的特点，是汉语国际传播中需求最大的教学层次。这一层次普遍存在于各类基础教育和高等教育的公共课程中。该层次学习人数最多，但汉语程度最低。

第二层次是应用型汉语教学。这一层次的汉语教学具有较强的行业应用性特点，商贸汉语、旅游汉语、金融汉语等当属此类。这一层次的汉语教学强调应用而非学术，主要存在于中等、高等职业学校和部分普通高校。

第三层次是专业型汉语教学。这一层次的汉语教学往往把汉语作为专业来学习，强调系统性和学术性，该层次培养高级专业汉语人才，如汉语教学人才、翻译人才、研究人才等。大学中的中文专业本科、硕士、汉语作为第二语言教学硕士等汉语教学当属此类。该层次主要存在于高等院校中。

第四层次是精英型汉语教学。这一层次主要培养汉语语言学（含汉语教学）、中国文学、中国历史、中国思想史等中华文化领域的精英学者，这一层次的培养对象虽然只占汉语国际传播对象很少的一部分，但他们当中的很多人会成为所在国家的汉语教学专家和汉学家，其学术影响力往往很强。这一层次的教学对象通常为来华留学的国际博士研究生。

面对世界各地多种层次的汉语需求，作为母语国的中国应该有明确的支持策略：大力推动普及型汉语教学、鼓励开展应用型汉语教学、资助专业型汉语教学、特别支持精英培养。

普及型汉语教学层次虽低，但它是汉语国际传播的基础，传播面非常广泛，对于汉语国际传播大范围开展具有重要的推动作用，应该力所能及地推动而非包办。普及型汉语教学普遍存在于一个国家的中小学，而中小学教育往往是政府的重要职责之一，中国不应该，也不可能包办其它国家基础教育中作为外语的汉语教学。世界这么大，国家这么多，中国不能大包大揽地把全世界基础教育中的汉语教学都承担下来。中国的策略应该是，提供必要的指导、咨询服务，师资培训和教材编写支持，如需要，中国可协助对方在中国招募合格的汉语教师。有用性是人们学习一种语言的重要动机。应该以多种形式鼓励国外教学机构开展应用型汉语教学。专业型汉语教学和精英层次的培养对于带动一个国家的汉语教学具有重要作用，中国应该对国外大学开设中文专业本科、硕士和博士的人才培养单位和学生提供包括经费和师资的大力支持。帮助这些办学单位改善办学软硬件条件，并为其本、硕、博三个层次的优秀学生提供一些奖学金，使其有机会到中国留学一段时间或与中国高校联合培养。对学习费用有困难的硕士生和博士生应提供全额奖学金帮助其完成学业，以鼓励更多的外国人士投身到汉语专业的学习中来。之所以要为学习中文相关专业的学生提供奖学金，是因为他们中的很多人将终身从事与汉语和中华文化相关的工作，其中的相当一部分将会成为所在国家不同层次学校的汉语老师，甚至汉学家。许多人会投身于中国与自己所在国家的政治、经济和文化交流工作中。因此，对其学业支持所能带来的长远效益将远远超过其他层次学生，尤其是中小学生。

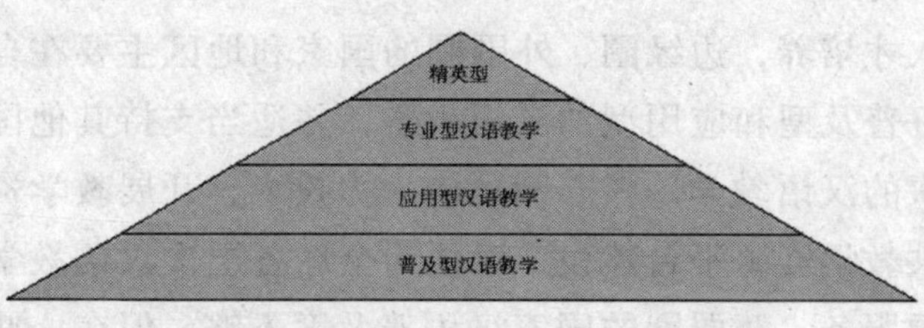

三、构建汉语国际传播统一战线，建立汉语国际传播联盟

上文关于汉语国际传播圈的讨论告诉我们，除了作为汉语母语国的中国所处的汉语核心圈之外，还有处于边缘圈和外围圈的国家都具有一定的向世界传播汉语的能力。因此，为加快汉语走向世界的步伐，有必要整合汉语国际传播的各个圈层的力量，组建一个中国大陆主导，相关国家和地区广泛参与的汉语国际传播统一战线——“汉语国际传播联盟”。这个联盟应以核心圈、边缘圈和外围圈的国家和地区为主，同时也可包括薄弱圈部分汉语教学和研究水平较高的教学机构。具体说来，该联盟应该包括核心圈的中国大陆、台湾、香港、澳门，边缘圈的马来西亚、新加坡、缅甸（北部），外围圈的韩国、朝鲜、日本、越南、泰国、印度尼西亚、文莱、菲律宾，以及薄弱圈的美国、法国、英国等国家的少数高校。把目前主要由中国推动的汉语国际传播转变为中国主导、多国参与的汉语国际传播。各个国家和地区利用各自的渠道，共同把汉语推向世界。在这样一个联盟中，可以根据汉语国际传播的不同层次进行适当分工，核心圈的中国两岸四地要承担起汉语国际传播的领导责任，尽自己的最大努力全方位支持世界各国开展汉语国际传播工作，但应把主要精力集中在顶层设计的各个方面，如汉语国际传播的具体政策制定、体制机制选择、规划计划编制、所需经费筹措、各种标准制定、项目考核评估、绩效奖惩表彰、公共资源建设、整体宣传推介等。在对汉语国际传播各层次的支持上，核心圈应主要支持开展专业层次和精英层次的高级汉语人才培养，边缘圈、外围圈的国家和地区主要在自己的国家开展好普及型和应用型的汉语教学，并适当支持其他国家开展这一层次的汉语教学。核心圈还应大力投入，开展教学资源的研发和公共教学资源平台建设，以便为全球各层次汉语教学提供强大的资源服务。薄弱圈的国家汉语普及度不够，但在一些发达国家，一些高校不乏高水平的汉语教学机构和专家，可培养本科、

硕士和博士，应该充分发挥这些汉语教学机构在自己国家汉语传播中的骨干作用。总之，应充分调动所有具有汉语国际传播能力的国家和地区有关机构的积极性和创造性，各尽其能，形成合力，共同推动汉语国际传播事业，构建以理解为基础的和谐世界。

第五章　汉语国际传播项目的策划、实施、管理与评估

第一节　汉语及中华文化国际传播项目策划要素

一、汉语及中华文化国际传播项目界定及其分类

（一）汉语及中华文化国际传播项目的界定

汉语及中华文化国际传播项目是指旨在推动汉语走向世界或推动某一国家或地区汉语教学的汉语及中华文化传播活动，这些活动既有综合性的也有专题性的，但专题性的居多，这些项目一般都有策划，有实施，有管理，有成果。

（二）汉语国际传播项目的分类

汉语国际传播项目可从不同的角度进行分类。从组织机构的层次角度分类，可分为：国家汉办暨孔子学院总部项目、国别汉语传播项目、办学单位汉语国际传播项目；从辐射范围的角度来划分，可分为全球性项目、区域性项目、国别化项目、地区性项目、城市项目、社区项目、学校项目等；从内容的角度看，可分为：汉语和中华文化两个大类，如果再细分，还可将汉语类项目再细分为教材类、师资类、教学法类、汉语测试类、汉语能力比赛类等，将中华文化类细分出中国历史类、中国思想史类、中国宗教类、中国文学艺术类、中国影视类、中国政治类、中国经济类、中国外交类等等；从组织者的国别方面划分，又可分为中方项目和外方项目；从组织机构的数量方面划分，又可分为独立组

织项目、双方合作项目、多方合作项目等。总之，汉语国际传播项目多种多样，丰富多彩，可以根据需要从不同的角度进行观察和划分。

从项目覆盖范围来分类，汉语及中华文化国际传播项目可分为全球性项目、国别化项目和区域性项目。全球化项目指面向全球所有国家的项目，如国家汉办的国家公派汉语教师项目、孔子学院项目、志愿者项目、汉语桥中文大赛项目、孔子学院奖学金项目、HSK 考试项目等。此类项目多为国家汉办暨孔子学院总部策划并组织实施，面向与中国建立外交关系的世界各国。汉语需求旺盛、汉语传播态度积极的国家可能争取到较多的项目支持，汉语需求较弱、汉语传播态度欠积极的国家得到的项目支持可能较少或完全没有。国别化项目是指为了满足某一国家汉语学习需求而策划设立的汉语传播项目，如韩国本土化汉语教师培养项目、美国中文旗舰项目、意大利本土化汉语教材项目等。国别化项目可以是中国国家汉办暨孔子学院总部策划的，也可以是某个国家自己策划的。国别化项目可以是综合的，也可以是单项的。区域性汉语国际传播项目既指跨国区域，也指某一国家内部的某一区域。跨国区域是指包括至少两个以上国家的区域，如亚太地区、东南亚地区、大湄公河次区域、中亚地区、欧洲地区、非洲地区等；某一国家内部的某一区域既可指一个独立的行政区，如马来西亚槟城、韩国京畿道、缅甸曼德勒，也可指跨两个行政区的某一区域。区域性项目可以是综合的，如缅北华文教学支持项目，但多数为专题性的，如泰国清迈孔子学院举办的“清迈大型中华文化展演”，非洲肯尼亚内罗毕孔子学院“本土汉语教师培养项目”等。

目前，国家汉办暨孔子学院总部项目是指由国家汉办暨孔子学院总部策划、出资并牵头组织实施的项目。主要有：孔子学院项目、国家公派汉语教师项目、汉语教师志愿者项目、汉语桥中文比赛项目（含“汉语桥世界大学生中文比赛”和“汉语桥世界中学生中文比赛”）、孔子学院奖学金项目、HSK 奖学金生项目、网络孔子学院（国际汉语教学网络资源平台）等经常性项目和许多临时性、专业性项目，如《长城汉语》项目、汉语国际教育专业硕士教师海外培训项目、国外本土化汉语师资培训项目、国外中小学校长来华考察项目等。

国别汉语传播项目是指中国以外的某一国家以促进汉语及中华文化在该国的教学和传播的综合性或专题性项目。如泰国的本土化汉语教师培养项目、马来西亚本土化汉语教师培养项目、美国关键语言项目中的中文旗舰项目、韩国中小学汉语推广项目等。以泰国本土化汉语教师培养项目为例，泰国每年选派上百名大学中文专业本科生到中国学习一到两年，在华学习期间的学费、住宿费、生活费、保险费由中国国家汉办提供，学成回国后将录用为公务员，在中小学担任汉语教师。

具体办学单位的汉语及中华文化传播项目则非常丰富多彩，如世界各地的孔子学院每年举办数千个语言文化传播的专题活动便属此类。

从辐射范围看，由国家汉办暨孔子学院总部策划组织的很多常规性项目都是全球性的，由某一国家策划组织，只面向本国，甚至本国的某一地区的项目则属于国别化的，辐射范围更小的项目还有只面向某一学校或社区的，如某校汉语演讲大赛、某社区中华文化展示等。

二、汉语国际传播项目策划要素

策划汉语国际传播项目首先应理清思路，考虑清楚为什么、做什么和怎么做几个问题，然后充分考虑以下具体要素：需求、理念、目的、选题、内容、方案、效果、经费和评估等。

需求是策划任何汉语国际传播项目的前提，没有需求的项目是对有限资源的浪费。在大力倡导资源节约型社会的今天，策划没有需求的项目没有任何意义。因此，策划任何项目都应该有充分的需求论证，不应该为了做表面文章而盲目策划组织实施项目。

理念对于项目策划具有重要指导意义。理念有多种层次，顶层理念是观念性、理想性和信仰性层次的，是人们经过长期的理性思考及实践所形成的思想观念、精神向往、理想追求和哲学信仰的抽象概括。如语言传播是为了保持人类文化的多样性，是为推动人类的和平与发展，是为了加强不同文明间的沟通交流，减少冲突等等，就属于顶层理念。第二层次的理念是思想性的，它是关于某一领域或某一方面系统化的认识或指导思想，如教育理念、办学理念、经营理念、服务理念、人本理念等；再往下还可以分出多种层次的理念，如在第二语言教学方面，就有交际理念、文化体验理念、语言技能理念、字本位理念、词本位理念等。在汉语国际传播项目的策划中，应该有正确的理念作指导，确保设计的项目不犯方向性的错误。

策划汉语及中华文化国际传播项目应该有明确的语言或文化传播目的，不能为办项目而策划项目。目的是项目要达到的最终目标，同时也是项目设计的根本依据，没有明确目的的项目是盲目的，没有正确目的的项目是危险的。因此，设计项目前既要弄清目的，也要确保目的的正确性。

内容是项目的支撑，任何语言文化传播项目都应该有充实的内容。汉语和中华文化传播项目的内容应紧扣汉语和中华文化，与此无关或关联性较小的项目不应该列入此类。中华文化博大精深，如何选取文化内容方面应该把握“需求决定”的原则，充分了解市场需求，选取那些人们普遍感兴趣的文化内容。在古代文化和现当代文化方面，应该尽可能多地把当代中国政治、经济、外交、教育、文学艺术等广义文化内容纳入文化传播项目。中国古代文化要介绍，但过多地强调中国古代的灿烂文化，对于在国际社会树立当代中国的良好形象不会起到太大作用。

项目设计或策划的模式有多种，但这里推荐一种逆向设计模式（Backward Design）。“逆向设计”本是工程领域的一种产品设计模式，与正向设计相对，由于按此模式做出的设计具有目标明确、程序严谨、资源节约、成本可控、责任明确、有序推进、全程可控等许多优点，近年来已被越来越多的其他领域所借用。汉语和中华文化国际传播项目设计或策划中，可以有许多种设计或策划模式，但逆向设计模式值得推荐。我们可以从预期目标出发，从顶层向下层设计，从大到小，从复杂到简单，从团队到个人，直到把项目相关的各项工作分解到个人能够完成的最小单位。对于复杂的大项目应该在确定任务后，通过逆向设计，将其分解为若干子项目或阶段性项目进行细节策划。细节决定成败，项目策划中整体把握固然重要，但细节不可忽视。通常情况下，应该由不同的团队或个人策划出不同的几套方案，经比较后优化筛选出首选实施方案和二至三套备用方案，或博采众长，集中各套方案优点进行再设计，使项目方案尽可能完善。需要指出，项目设计中，往往会对可能涉及的各种问题有所疏漏，所以，在项目实施过程中，往往需要针对设计时没有考虑到，但实施过程中确实存在的问题进行实事求是的补充设计。从这个意义上说，项目设计及其优化也是一个动态过程。

项目预期效果是汉语及中华文化国际传播项目策划中必须涉及的问题。项目预期效果的估计直接与经费预算相关，因此，在项目策划中，必须对项目实施后可能产生的效果进行充分描述。不仅要描述正面效果，还应该适当描述可能带来的负面效果。

经费是项目实施的保障，因此，在项目策划中应把经费预算作为重要内容列入项目策划书中。项目预算的编制应本着实事求是，留有余地的原则，分层逐项预算，必须列出支出项目单价和工作总量，不能只是笼统地报出总价。经费预算只是经费部分重要组成部分之一，如何筹措经费是该部分更为重要的内容。因此，在经费支出预算之后，还应该描述经费筹措办法，包括基金申请、市场营销等说明。

评估是项目策划应该包括的最后一项内容。项目评估通常包括项目主办方的检查评估、项目执行者的自我评估和第三方的验收评估，评估的主要内容是经济效益和社会效益。在项目策划中，应该将评估的内容和方式写入项目书中，以便从一开始就督促项目执行者高度负责地组织实施好项目。

除以上要素外，汉语国际传播项目策划还应该把下列问题纳入考虑范围：项目的层次及适用范围、项目的政治及外交影响、项目风险及规避方式等等。如在层次及适用范围方面，应该搞清楚所策划的项目是国家汉办暨孔子学院总部层次的项目、某一国家的项目还是某一地区、某一孔子学院还是某一学校的项目等等。政治及外交影响是汉语国际传播项目必须考虑的另一个重要问题。汉语及中华文化传播项目不论在中国还是在世界其它国家举办，都要充分考虑所办项目是否有可能带来政治及外交方面的负面影响，可能带来政治和外交负面影响的项目最好不办，否则可能得不偿失。项目风险主要是从经济方面来考虑的，策划一个项目应该建立在可靠的经费来源基础之上，应尽量避免策划具有较大经济风险的语言文化传播项目，如确有风险而又十分必要，应该做好规避风险的几个方案。

第二节 汉语国际传播项目的组织实施与管理

一、项目组织实施过程中必须坚持的原则

任何项目的实施都必须有严密的组织实施体系，百密一疏往

往功亏一篑。汉语国际传播项目的实施亦不例外，应该在下列原则的指导下建立严密的组织实施体系。

（一）以人为本的原则

汉语国际传播项目都是与人有关的项目，实施过程中必须坚持“以人为本”的原则，“以人为本”的内涵很丰富，但在汉语国际传播项目的实施中的“以人为本”主要应该体现在充分尊重和满足汉语国际传播对象的汉语及中华文化需求方面，最好能做到个性化服务。任何项目的实施都要切忌强加于人。同时在项目实施过程中，也要充分考虑传播对象和汉语及中华文化以外的其它需求，为汉语国际传播对象营造出舒适、经济的汉语及中华文化学习环境。

（二）社会效益与经济效益并重的原则

汉语国际传播机构一般都是非营利机构，应该始终把汉语国际传播的社会效益放在第一位。但是，“非营利机构，并不等于非经营机构。在经济学和法学文献中，非营利机构概念的核心是不分配约束原则，即非营利机构不能给它的任何控制人分配利润，也就是说非营利机构的利润是不能分配到个人的。但是，需要特别指出的是，非营利机构也是需要经营并通过经营来收回成本并争取盈余的。只不过其盈余不能作为营利分配到个人罢了。”① 因此，在汉语国际传播项目的组织实施中，只强调社会效益，不计成本，不能实现长期可持续发展；反之，只追逐经济效益而忽略社会效益，也是一种本末倒置，背道而驰的行为。我们应该坚持社会效益与经济效益并重的原则，二者不可偏废。

（三）质量第一的原则

汉语国际传播的许多项目提供的是教育服务，而教育服务在

---

① 吴应辉：关于孔子学院整体可持续发展的一个战略设想，《云南师范大学学报》（对外汉语教学与研究版）2009 年第 1 期。

许多国家是作为教育产业来经营的，也就是说，教育服务也是教育产品，也具有商品的属性。汉语国际传播不是朝夕之功，是一项长期的事业，我们组织实施的每一个汉语国际传播项目都必须树立质量第一的理念，以图长期可持续发展。

（四）责任到人的原则

项目组织实施中，必须建立健全适合汉语国际传播需要且能发挥项目实施机构、团队及个人优势的责任制度。全面落实责任制，明确单位领导、项目负责人、教学人员和其他工作人员的具体责任，一级抓一级，层层抓落实，并加强监督和检查，施行责任追究制。要切忌“大锅饭”，以防谁都可以干，但谁都可以不干。

（五）分工与协作相结合的原则

在汉语国际传播项目的组织实施中，不论是大项目还是中、小项目，通常都需要一个团队集体完成，既要有严密的分工，必要时又要有集体协作，做到任务分解没有遗漏，关键时刻齐心合力。

（六）重视细节的原则

管理学中有句至理名言，叫做“细节决定成败”。千千万万的专家学者、管理者从各个侧面、各个视角对其进行了论证，很少有人否认这一管理学中的真理。然而，人类从来不缺雄才大略的战略家，缺少的是精益求精的执行者。汉语国际传播项目也一样，一般不缺项目的周密策划，但缺少把方案的每一项创意细节变成现实的忠实的执行者。项目开始后才发现还有若干需要提前准备的细节没有落实，以致项目失败或至少不完美。因此，项目各层次的负责人既要做好组织协调工作，还要明察秋毫，抓好细节落实。据报道，中国海尔集团的维修员工入户维修海尔电器，进门时要穿好脚套，放工具有专门的一块自带的小毯子，以防弄脏主人的地板；日本的留学服务公司，介绍一个学生到中国学习，一定要把中国学校学习、生活条件和其它公共服务设施等细节一一落实清楚并告诉学生，如宿舍内家具、电器清单、网络状况、水电费标准、银行、超市、洗衣店、邮局、地铁站、公共汽车站等相关情况、飞机场到学校的交通工具及费用等等。日本人重视细节的良好习惯值得我们在汉语国际传播项目的实施中认真学习。

二、汉语国际传播项目实施与管理的一般程序

（一）制定项目实施方案

项目实施的第一步是根据项目策划制定详细的项目实施方案。方案中必须分解每一项任务并明确每一个团队或个人的责任、验收标准、奖惩措施等内容。大中型项目需要外包的，应与专业承包公司洽谈详细承包内容，签订承包合同，承包合同中必须包含违约惩罚条款。

（二）拟定项目进度表

项目方案制定好后，应拟定项目进度表，明确每一项具体任务必须完成的时间。项目进度表应比项目正式完成时间有所提前，留出足够的时间进行查缺补漏等后期完善工作。

（三）召开项目实施准备会

项目开始实施前，一般应召开项目实施准备会，由项目负责人详细介绍实施方案及有关要求，进行充分互动，让项目的每一位参与执行人充分理解其任务内容，避免糊里糊涂领任务，做到中途又返工，导致人力财力浪费的不良后果发生。

（四）分头实施，及时反馈

大中型项目常常需要多个小团队或个人分工协作，共同完成，因此，在分头实施过程中，项目负责人要及时了解各团队任务完成进度、质量、存在问题等信息，做到及时发现并处理问题。

（五）应急处理，处变不惊

项目实施中难免出现意外，因此，应该根据项目实施中的实

际情况制定切实可行的应急预案，做到防患于未然。万一出现突发事件，要努力做到处变不惊，沉着冷静地对形势做出准确判断，迅速拿出应急处理方案。如果自己不是项目主要负责人，应在第一时间向自己的上级主管汇报，一般逐级上报，尽量避免越级汇报。

（六）善始善终，及时总结

项目结束前，应编制项目反馈调查表，对项目实施对象进行匿名调查，项目结束后，应及时对项目实施对象的反馈意见进行认真分析，查找出现问题原因并总结经验，以供未来项目实施借鉴。同时应对项目参与人员在项目实施中的表现进行评比，做到奖惩分明。大中型项目要组织严格的验收审查。

第三节　汉语国际传播项目评估的理论探讨

一、项目评估主要理论与方法

项目评估是确保项目高质量完成的重要措施之一。汉语国际传播项目的评估主要是一种绩效评估，而绩效评估的理论和方法已经比较成熟，因此汉语国际传播项目的评估应借鉴成熟的绩效考核理论。

绩效考核一般应遵循以下原则：一是公开与开放；二是客观与公正；三是程序化与制度化；四是反馈与修改；五是可靠性与正确性。绩效考核的内容一般包括业绩考核、能力考核和态度考核。绩效考核通常可以从不同的视角出发分为许多种类，如定性考核、定量考核、上级考核、下级考核、同级考核、自我考核、客户考核、日常考核、长期考核、定期考核、不定期考核、口头考核、书面考核、直接考核、间接考核、个人考核、集体考核等。

绩效考核办法多种多样，有360度考核法、关键绩效指标考核法、目标管理法、简单排序法、强制分配法、要素评定法等。汉语国际传播项目评估既要借鉴项目评估的成熟理论与方法，同时要紧密结合汉语国际传播实践。

二、汉语国际传播项目评估的基本策略

（一）导向性评估策略

语言项目的评估种类多种多样，有淘汰性评估、竞争性评估等等。汉语国际传播刚刚起步，评估的根本目的并非淘汰、也不仅仅为了评优，而是通过评估对汉语国际传播项目起到良好的导向作用。所谓“导向性评估”，是指评估的目的是导向性的，评估是为了引导评估对象朝着更好的方向发展；评估的指标体系是导向性的，通过指标体系的封闭与开放、分值的高低、加分与减分等指标引导评估对象朝正确的方向发展；评估的结果也是导向性的，评估不设绝对标准，通过相互比较确定评估对象达到的水平及其与其他同类项目的差距，从而引导落后赶超先进，鼓励先进好上加好，从而达到相互促进，不断进步的导向效果。①

（二）普遍性与特殊性兼顾策略

在汉语国际传播项目评估中，必须制定一套普遍适用的评估指标体系，但由于世界各国情况千差万别，汉语国际传播项目必然呈现鲜明的本土化、多元化特色，因此，在评估中，既要重视普遍性指标体系的建立，还应充分考虑制定涵盖项目特殊性的指标。

（三）封闭性与开放性相结合的策略

在汉语国际传播指标体系中，应做到封闭性与开放性相结合，即某些指标的分值必须封顶，而另一些应该鼓励发展的方面，其指标分值则应该是开放的。

---

① 参考吴应辉：孔子学院评估指标体系研究，《教育研究》2011 年第 8 期。

（四）定量评估为主的策略

汉语国际传播项目评估中肯定是定性与定量相结合，但是，定性应该建立在定量评估的基础之上，评估应通过建立量化评估指标体系，使项目实施情况尽可能实现定量评估。

（五）国际化策略

汉语国际传播项目多为国际合作项目，如孔子学院、汉语教师志愿者项目、本土化汉语教师培养项目等，因此，在对这些项目评估时，应尽量制定一些能与国际接轨的评估指标体系，让外方能充分理解评估内容和评估导向。

（六）第三方评估策略

为从体制上保证评估的专业性、客观性和公正性，应建立相对独立的汉语国际传播项目评估常设机构，这种机构既不属于国家汉办暨孔子学院总部，也与汉语国际传播项目执行机构无关，因而叫“第三方”。“第三方”评估机构专门从事汉语国际传播项目评估的研究、策划和组织实施工作，对主要汉语国际传播项目开展经常性和全面性的评估，这对形成高效、长效的汉语国际传播项目客观评估机制，具有重要的现实意义。

三、汉语国际传播项目评估指标体系建立的思路与方法

在汉语国际传播实践中，项目评估是加强管理的重要手段，而项目评估必须建立在科学的指标体系基础上。因此，如何建立既具有科学性又具有可行性的指标体系是汉语国际传播项目评估中最具挑战性、学术含量很高的工作。那么，如何建立评估指标体系呢?

（一）建立指标体系的基本步骤：

第一，要全面深入了解评估对象所涉及的内容，做到了如指掌；

第二，要明确评估目的；

第三，要有科学的评估理论指导；

第四，确定评估指标及其权重；

第五，试评估并根据试评反映出来的问题修改完善指标体系；

第六，聘请业内专家对指标体系进行研讨论证，并根据专家意见修改指标体系；

第七，将指标体系提交有关机构验收。

（二）指标体系要分级细化，宜简则简，便于操作

汉语国际传播项目评估指标体系必须建立在对项目目的和内容充分了解的基础之上，应该全面反映项目的主要内容。科学合理的指标体系是确保项目评估客观准确的核心要件之一。一般应包括思想层面的指标、物质层面（含经费）的指标、制度层面的指标和绩效方面的指标。[①] 指标体系应具有可操作性，应尽量避免片面追求系统性和科学性而脱离评估实际的倾向。

评估指标体系要建立在对评估内容的清晰的分类基础之上。一般将指标体系分为二至三级，即一级指标、二级指标和三级指标。一级指标解决评估内容分为哪几个大类的问题，如孔子学院评估指标体系中，一级指标主要有：办学指导思想、和谐程度、管理机制、办学条件、影响力、汉语教学情况、主办文化推介活动情况、运营状况、获奖情况、负面影响共十个一级指标，然后根据应该评估的内容在每一个大类之下设若干二级指标，若二级指标之下还需进一步细化，则可在每一个二级指标下设若干三级指标。为便于评估中正确把握指标体系，实现科学评估，应对二级和三级指标中的每一个单项指标进行尽可能准确的界定和描述。每一个单项指标对于整个指标体系来说都只是一个组成部分，然而这个组成部分在整个指标体系中应该发挥多大的作用是通过权

① 参阅刘尧：中国高等教育评估的问题与发展趋势，《评价与管理》2005 年第 4 期。

重来衡量的。所谓权重是指对被评价对象的不同侧面的重要程度的定量分配，从而体现对各评价因子在总体评价中的不同作用。如在笔者所制定的“孔子学院评估指标体系”中，对汉语教学情况和运营状况所占权重就给予了特殊倾斜，以上不封顶的开放权重突出汉语教学和运营状况在孔子学院评估中的作用。从而起到对孔子学院办学方向的良好的导向作用。

汉语国际传播项目评估指标体系的制定应根据项目实际情况，具体情况具体分析，制定出符合实际的指标体系，要本着宜简则简，既要科学又要易于操作的基本原则制定符合实际的考评指标体系，形式要服从于内容，不可盲目追求形式。下文以志愿者履职考评指标体系为例对简单评估指标体系的建立做一个展示。

四、汉语国际传播项目评估的实施

（一）制定具体评估方案

汉语国际传播项目具有多样性、国别化、区域化等特点，评估工作必须具体情况具体分析，应根据不同项目的具体情况制定具体评估实施方案。评估方案应明确评估程序、评估进程、评估组负责人、专家组、其他工作人员及其分工等。

（二）根据自评报告抽查核验有关材料

汉语国际传播项目评估中，有条件的可由项目负责人当面报告项目自评情况，无条件的可指定一位工作人员代为宣读自评报告，然后集体讨论，使评估专家在自己阅读自评报告基础上进一步熟悉自评材料。评估中最重要的环节是核实有关材料，评估组应根据自评报告随机抽取部分指标体系的有关材料进行核验。有条件的可直接核验有关成果实物。

（三）对项目相关人员进行访谈

对项目相关的教师、学生、管理人员、社区受众等人员进行随意访谈，进一步核实自评报告有关内容。

（四）客观评判

在核实相关材料或查验项目成果后，评估组对项目情况根据指标体系进行客观打分。打分最好以无记名形式为佳，最后以平均分作为最后得分。评估组成员较多时，也可采取去掉一个最高分和一个最低分的方式计分，以使成绩更为客观。

（五）撰写评估报告

评估报告是对汉语国际传播项目进行评估后的结论性报告，因此，评估报告必须客观反映项目执行情况，一般说来，应该既有定量的结果，又有定性的结论。评估报告要求表达准确、观点鲜明，切忌模棱两可、修辞成堆、不知所云。

第四节　孔子学院评估指标体系研究①

孔子学院标准与评估是孔子学院管理中的热点问题之一。孔子学院评估是加强孔子学院管理，促进办学水平提高的重要手段。本节提出了孔子学院评估指标体系的指导思想和十条基本原则；构建了包括10个一级指标，52个二级指标的孔子学院评估指标体系；提出了一个新的计量单位“标准学年人”，使不同孔子学院完成的不同汉语培训工作量具有可比性；本节还分析了所建立孔子学院评估指标体系的特点，并提出了汉语国际传播项目评估中应该倡导使用的“导向性评估理论”。

一、建立孔子学院评估指标体系乃汉语国际传播事业所亟需

项目评估是确保项目顺利实施的重要手段之一。项目评估结

① 本节内容已以同名论文的形式在《教育研究》2011年第8期发表，内容仅有局部改动。

论不仅对某一个具体项目至关重要，而且对其他类似项目也往往起到导向作用。要获取科学客观的评估结论，必须以科学规范的评估指标体系为先决条件。因此，指标体系的建立对项目评估至关重要。也就是说，要进行评估，必须首先建立相应的评估指标体系。

孔子学院作为汉语国际推广的骨干办学实体，过去几年中取得了快速发展，创造了语言推广的奇迹。发展快是好事，但只是一个方面，又好又快发展才是理想的发展目标，而且，“好”应该是首要目标，“快”应以“好”为基础和前提。刘延东国务委员提出，“要努力办好每一所孔子学院，教好每一个学生，力求开办一所，就办好一所。”① 要“立足当前，着眼长远，谋划好孔子学院的未来发展”②。要办好孔子学院，既要有宏观的整体构想，也要有微观的细节管理。本人曾撰写两篇文章，探讨孔子学院可持续发展的整体构想和孔子学院个体的经营模式问题，提出了“建立孔子学院总院，构建全球孔子学院课程和学分互认体系并联合开展学位教育，把孔子学院建设成为一个超级跨国教育产业集团，建立孔子学院垂直高效的管理体制的观点”。③ 还提出“孔子学院经营模式可大致分为汉办项目型、基金捐助型和产业经营型三种；产业经营型应成为未来孔子学院的基本经营发展模式，但不是最佳模式。最佳模式应该是产业经营 + 基金捐助 + 汉办项目型，如果既能坚持产业经营型模式，又能努力争取各种基金及捐助和汉

① 刘延东：共同参与、平等合作，把孔子学院越办越好，在第三届孔子学院大会上的主旨演讲。中央政府门户网站：http：//www. gov. cn/ldhd/2008 - 12/09/content_ 1173203. htm。

② 刘延东：平等合作，创新发展，为了孔子学院更加美好的明天，在第四届孔子学院大会开幕式上的主旨演讲。网络孔子学院网站：http：//www. chinese. cn/college/conference09/article/2009 - 12/30/content_ 97363. htm。

③ 吴应辉：关于孔子学院总体可持续发展的一个战略设想，《云南师范大学学报》（对外汉语教学与研究版）2009 年第 1 期。

办项目，孔子学院的长期可持续发展就完全可能实现”等观点①。孔子学院要实现长期可持续发展，还必须全方位加强管理。评估是加强孔子学院管理的重要途径，因此，本节作为研究孔子学院可持续发展问题的前两篇文章的后续研究，集中探讨对海外孔子学院个体的评估问题，试图建立一套科学规范的孔子学院评估指标体系。

在2010年12月召开的第五届孔子学院大会上，孔子学院的标准与评估成为大会讨论的热点专题之一。然而，孔子学院评估问题的研究还十分薄弱，仅见孔子学院总部推出的《孔子学院自我评估办法》（以下简称“自评办法”）和一篇相关论文。② 自评办法很像一个调查表，通过“自评办法”里的内容，可以了解国外孔子学院办学的大概情况，但没有设定分值体系，很难达到“评估”效果。宛新政的论文《论海外孔子学院的评估机制》对孔子学院评估目标与实施主体、评估内容与实施程序、评估模式与实现途径等问题进行了探讨。但至今尚未见到一份可以付诸实施的孔子学院评估指标体系。本节探讨孔子学院评估指标体系的相关问题，试图建立一套可以直接应用于孔子学院评估实践的指标体系。

二、建立孔子学院评估指标体系的理论基础、指导思想和基本原则

项目评估的主要内容是绩效评估，而绩效评估的主要方法有360度考核法、关键绩效指标（Key Performance Indicators，KPI）考核法等。360度考核法，亦称全方位考核法，是指从与被考核对象存在工作关系的各方主体获取被考核者信息，并据此对被考核

---

① 吴应辉：孔子学院经营模式类型与可持续发展，《中国高教研究》2010年第2期。

② 宛新政：论海外孔子学院的评估机制，第九届国际汉语教学讨论会提交论文，2008年12月，北京。

对象进行全方位、多维度的绩效考核的过程。360度考核法不太适合孔子学院的评估考核，因为孔子学院分布于世界各地，要进行全方位考核，获取数据难度较大。关键绩效指标考核法是指把最能反映影响考核对象发展的关键驱动因素用于考评指标体系对考核对象进行考核的方法。所谓关键绩效指标是指衡量孔子学院战略实施效果的关键指标。通过关键绩效指标的考核，可以考察孔子学院的业务重点，传递孔子学院的价值导向，促进各孔子学院绩效的提升，使孔子学院实现长期可持续发展。与360度考核法相比，用关键绩效考核法对孔子学院办学状况进行评估较为适合，因为孔子学院在世界各地呈现出非常明显的多样化特征，我们只能抓住一些关键驱动因素用于考评指标体系对其进行评估。此外，对孔子学院个体的评估目的不仅仅是对过去工作的评估，更重要的是引导孔子学院走可持续发展之路，因而，在孔子学院评估的指标体系建立中，应充分注意选取那些具有可持续发展战略导向性的关键绩效评估要素。①

孔子学院评估指标体系的建立必须有明确的指导思想和评估目的。评估指导思想是，通过评估进一步加强孔子学院总部对国外孔子学院的宏观管理和指导，促使合作各方重视和支持孔子学院建设工作，促进国外孔子学院自觉根据孔子学院章程，结合当地情况，努力改善软硬件办学条件，提高教学质量，扩大办学规模，促进汉语和中华文化教学，实现孔子学院的长期可持续发展，增进中国和世界各国的教育文化交流与合作。孔子学院评估的目的，是引导孔子学院不断改善办学状况，而非简单的办学状况评判。通过评估，要努力实现“以评促建，不断改善”。评估体系的建立必须坚持以下原则：

---

① 此部分主要参阅方振邦编著的《战略性绩效管理》，中国人民大学出版社2007年6月第2版66－67页和孙宗虎、李艳编著《绩效目标与考核实务手册》人民邮电出版社2007年9月第1版第二章的第一节：360度考核法。

第一，依章评估原则：孔子学院评估应遵循《孔子学院章程》规定的主要原则，指标体系应以《孔子学院章程》为依据，要充分体现《孔子学院章程》的各项要求。

第二，导向性原则：评估指标体系应具有鲜明的导向性。应能充分体现孔子学院总部的办学理念和政策导向，应该引导孔子学院集中力量以开展汉语教学和汉语传播相关工作为主，同时积极、适度推介中华文化。

第三，科学性与系统性原则：评估指标体系应力求科学客观，各项指标之间权重合理，并能充分体现孔子学院的办学规律。应能全面反映孔子学院的基本办学条件、教学管理、教学质量、办学规模和经营状况。

第四，非营利性与可持续发展兼顾原则：孔子学院规定，孔子学院是非营利组织，但“非营利机构，并不等于非经营机构。在经济学和法学文献中，非营利机构概念的核心是不分配约束原则，即非营利机构不能给它的任何控制人分配利润，也就是说非营利机构的利润是不能分配到个人的。但是，需要特别指出的是，非营利机构也是需要经营并通过经营来收回成本并争取盈余的。只不过其盈余不能作为营利分配到个人罢了”①。因此，孔子学院虽为非营利机构，但一定要经营好。此外，汉语国际传播是一项长远的事业，不能急功近利，不能指望毕其功于一役，必须把长期可持续发展能力作为评估的重要方面。因此，评估指标体系应能充分反映孔子学院的可持续办学能力。

第五，定量为主原则：评估应定性与定量相结合，但为了客观反映各孔子学院的办学状况，要尽可能用事实说话，用数据说明问题，所以，评估指标体系的制定要充分体现定量为主的原则。

---

① 吴应辉（2009）关于孔子学院总体可持续发展的一个战略设想，《云南师范大学学报》（对外汉语教学与研究版）第1期。

第六，激励性原则：评估指标体系既要客观反映孔子学院办学的全面情况，同时还要注意对孔子学院可持续发展具有重要影响的因素给予较大倾斜，以鼓励各孔子学院积极拓宽筹资渠道、扩大办学规模、提高教学质量、提升辐射影响力。

第七，共性与个性兼顾原则：评估体系应涵盖全球孔子学院的共性特点，但由于国情文化的巨大差异性，世界各地孔子学院往往呈现出鲜明的个性特征，因此，评估指标体系要同时兼顾共性和个性问题，对符合孔子学院办学宗旨而又具有独特个性的孔子学院办学项目设立开放指标，给予加分。

第八，简明可操作原则：评估指标体系要充分考虑孔子学院提交材料的方便，同时便于定量计分，不宜太细太繁，要充分体现简明和可操作原则。

第九，重点突出原则：孔子学院工作纷繁复杂，评估不可能面面俱到，必须抓住主线，突出重点，把握关键。

第十，相对比较原则：评估指标体系不设及格线，不定各等次的具体标准，评估结论根据相对比较情况而定，水涨船高。通过横向比较，达到相互学习，相互激励，共同进步的目的。

三、孔子学院评估指标体系的主要内容

孔子学院评估的指标体系应涵盖孔子学院办学的主要方面，主要遵循关键绩效指标确立的 SMART 原则①，即，Specific（明确

---

① SMART 原则是目标管理中的一种方法，由 George Doran、Arthur Miller 和 James Cunningham 在 Management Review（《管理评论》70 卷 11 期，1981 年 11 月）中首次提出（Doran，George T.“There's a S. M. A. R. T. way to write managements' goals and objectives.” and Miller，Arthur F. & Cunningham，James A“How to avoid costly job mismatches” Management Review，Nov 1981，Volume 70 Issue 11.）。SMART 原则在绩效评估理论中被广泛使用，但所代表的内容有多种变体，本文引用的仅为其中的一种。此部分主要参阅方振邦编著：《战略性绩效管理》，中国人民大学出版社 2007 年 6 月第 2 版 163 - 164 页和维基百科网站：http：//zh. wikipedia. org/zh - cn/SMART% E5%8E%9F% E5%88%99。

具体)、Measurable（可衡量)、Action - oriented（导向性)、Realistic（切实可行）和 Time and resource constrained（时间资源限制)。Specific（具体）是指绩效目标要针对具体的工作目标，要明细化，具体化；Measurable（可度量）是指指标可量化，相关数据信息可获取；Action - oriented（导向性）是指绩效目标应该具有行为导向性；Realistic（切实可行）是指指标所反映的绩效目标是切实可行，通过努力是可以实现的；Time and resource constrained（时间资源限制）是指绩效目标应该是受时间和资源限制的，绩效指标中要设定时限，要考虑资源消耗，在一定的时间段内考察绩效。基于以上基本原则，确立了以下指标体系。整个指标体系共包括 10 个一级指标，52 个二级指标。详情见下表：

孔子学院评估指标体系表

一级指标	二级指标		指标描述	分值及评分标准	得分
一 办学指导思想	1.1	学院定位	办学层次、生源、范围、特色、规模等	学院定位恰当 2 分	
	1.2	办学思路	质量意识、品牌策略、营销策略、规划计划、年度总结	办学思路清楚，符合实际 2 分	
	1.3	汉语推广思路	教材、教师、教学法、教育技术、影响区域	汉语推广思路针对性强 2 分	
	1.4	中华文化传播思路	此指标为开放性指标，不作限制	有符合实际的思路 2 分	
二 和谐程度	2.1	增进校际交流情况	师生交流、教学科研合作、管理人员友好往来	每个实质性交流项目 1 分	
	2.2	孔子学院中外双方和谐程度	职责划分、决策机制、友好和谐程度	关系友好和谐 1 分	
	2.3	学院领导与师生和谐度	领导与教师，领导、教师与学生关系	关系友好和谐 1 分	

续表

一级指标	二级指标		指标描述	分值及评分标准	得分
三 管理机制	3.1	理事会活动情况	理事会是否定期开会讨论学院发展重要问题	召开一次会1分	
	3.2	制度建设	学院管理制度是否健全	很健全5分，不太健全1－3分，没有0分	
	3.3	财务管理	收支管理，审批制度	很规范5分，不太规范2分，无规范0分	
四 办学条件	4.1	办学场所	教室、办公室、图书室	优2分，良1分，差0.5分以下	
	4.2	设施情况	多媒体设施、办公现代化程度	优1分，良0.5分，差0分	
	4.3	教师队伍	数量、综合素质	优2分，良1分，差0.5分以下	
	4.4	管理队伍	数量、综合素质、能熟练使用所在国语言或通用外语	优2分，良1分，差0.5分以下	
五 影响力	5.1	媒体报道情况	报纸、电视、广播、网络	每正面报道1次得1分，负面报道情况属实1次扣1分	
	5.2	对社区及其它地区影响	在社区的知名度、影响范围	有明显影响得1分	
	5.3	校内地位及影响	列入所在学校组织机构、网站	列入组织机构得1分，入学校校园网得1分	
	5.4	网站建设	中文、所在国家语言网站	一个语种网页得1分	

续表

一级指标	二级指标		指标描述	分值及评分标准	得分
六 汉语教学情况	6.1	学生人数（折合成“标准学年人”，简称“学年人”）	标准学年人 =（学习人数 × 学习天数）÷160 天，相当于 1 人学习 8 个月，即 20 天/月 ×8 个月 = 160 天。每 4 小时教学折算为 1 天。	每 1 学年人 1 分，上不封顶	
	6.2	培训本土汉语教师数（标准学年人）	标准学年人 =（学习人数 × 学习天数）÷160 天，相当于 1 人学习 8 个月，每 4 小时教学折算为 1 天。	每 1 学年人 3 分，上不封顶	
	6.3	汉语考试	考试种类，参加考试总人次	每 100 人次得 1 分	
	6.4	教育技术应用情况	使用多媒体课件、音像资料、网络资源、广播电视等	普遍使用 2 分，部分使用 1 分，不使用 0 分	
	6.5	教学法创新情况	教学方法、教学模式	每项创新 1 分	
	6.6	本土化教学资源开发情况	教材、教辅资料	每册 5 分	
	6.7	向其它汉语教学机构提供教学资源情况	资料共享、师资支持等	每支持 1 个教学机构 3 分	
	6.8	教学质量学生评价结果	学生对教学质量问卷的无记名反馈	优秀 9 - 10 分，良好 7 - 8 分，一般 6 分，不满意扣 1 - 5 分	
	6.9	教学质量专家评价结果	专家以听课、访谈、问卷等多种形式主动调查了解教学质量	优秀 9 - 10 分，良好 7 - 8 分，一般 6 分，不满意扣 1 - 5 分	
	6.10	单位时间内教学效率专家评价	专家对单位时间内学生汉语学习成绩及其反映出的教学效率做出评价	优秀 9 - 10 分，良好 7 - 8 分，一般 6 分，不满意扣 1 - 5 分	

续表

一级指标	二级指标		指标描述	分值及评分标准	得分
七 主办文化推介活动情况	7.1	校内中华文化推介活动情况	30人以上	每次1分，上不封顶	
	7.2	面向社区中华文化推介活动	30人以上	每次2分，上不封顶	
	7.3	面向县/市中华文化推介活动	30人以上	每次3分，上不封顶	
	7.4	面向全州/省的中华文化推介活动情况	50人以上	每次4分，上不封顶	
	7.5	面向全国中华文化推介活动	50人以上	每次5分，上不封顶	
	7.6	跨国文化、学术活动	50人以上	每次6分，上不封顶	
八 运营状况	8.1	办学收入情况	学费、报名费	每10万元加2分，上不封顶	
	8.2	总部项目经费	各种专项经费	每10万元加1分	
	8.3	总部投入人员经费	院长、专任教师、其他管理人员薪酬、补贴、国际旅费等人员经费	此项不加分	
	8.4	外方学校投入经费情况	以货币形式进入学院收入账的经费	每10万元加1分	
	8.5	争取捐赠、赞助情况	活动赞助、机构或个人捐款	每1万元加1分，上不封顶	
	8.6	学院总收入	各项收入总和	每50万元加2分，上不封顶，不足50万元的不计分	
	8.7	学院盈亏状况		每盈余1万元加2分，上不封顶	
九 获奖情况	9.1	优秀孔子学院	孔子学院总部评出	加5分	
	9.2	优秀孔子学院院长		加5分	
	9.3	孔子学院优秀教师		加5分	
	9.4	其它重要奖励		每项加1分	
	9.5	其它重要业绩		酌情每项加1分，上不封顶	

续表

一级指标	二级指标		指标描述	分值及评分标准	得分
十 负面影响	10.1	学院被总部通报批评		扣5分	
	10.2	院长或教师被总部通报批评		扣5分	
	10.3	财务管理不规范		视情节轻重，扣1—20分	
	10.4	由于工作失误卷入法律纠纷		每个案子扣10分	
	10.5	资金资产损失		每万元扣2分	
	10.6	损害孔子学院声誉		视情节轻重，扣1—20分	

上述十个一级指标基本覆盖了孔子学院发展的各个主要方面，52个二级指标则覆盖了孔子学院日常管理和办学的基本活动，成为考评指标体系中的基本支撑点。在对52个二级指标进行量化打分的基础上求和，即可得出被评估的孔子学院的总得分。考评指标体系不规定及格、良好、优秀分数线，评估结论通过相对比较得出，共分四档：优秀、良好、合格、不合格。各个等次名额不做硬性规定，可授权考评专家组根据实际情况确定。一般说来，对同类孔子学院成批进行评估时，前20%为优秀，往下50%为良好，办学情况违背孔子学院宗旨或出现重大问题、或未能履行孔子学院办学职责者为不合格，其余为合格。

指标体系中的计量单位“标准学年人”需要作如下补充说明：“标准学年人”是本评估指标体系设计的一个新的计量单位，主要用来衡量一所孔子学院一年或若干年内完成的汉语培训工作量。一个标准学年确定为8个月，如果1个人在孔子学院接受了8个月的汉语培训，则这所孔子学院便会增加1个学年人的培训工作量。有了这个计量单位，就可以把不同孔子学院完成的长短不等的培训工作和人数折算成相同的计量单位，从而使不同孔子学院完成的不同汉语培训工作量具有可比性。然而，在实际工作中，学生接受汉语教学的时间往往又是以课时为计算单位的，所以，我们规定每四学时的教学折算为一天的教学时间，但一天超过4学时的，不论超过多少都只能算一天。根据以上两种情况拟定两个计算公式：

1. 标准学年人＝（学习人数×学习天数）÷160天

2. 标准学年人＝（学习人数×学习总课时数÷4学时）÷160天

以每周学习5天，每月学习20天，每学期为4个月计算，两个学期的学习时间为8个月，折合实际学习天数为160天。此天数已扣除了可能出现的每月约2天的节假日。例如：40名学生在某孔子学院学习汉语40天，该孔子学院所得的标准学年人为10个学年人，相当于10个人学习了一学年。计算方法如下：

（40人×40天）÷160天＝10学年人

又如：某孔子学院办了一个每周上20学时课的业余班，共安排了10周的教学，共有100人学习，则该孔子学院通过此项目完成的教学工作量为：

（学习人数100人×20课时×10周÷4学时）÷160天＝31.25学年人

由于培训普通学生和培训汉语教师的难度存在明显差异，因此，规定培训1个学年人的普通学生得1分，而培训1个学年人的汉语教师得3分（乘系数3）。

四、基于上述指标体系的讨论

本节中所建立的孔子学院评估指标体系具有以下主要特点：

（一）开放性与封闭性并存

一级指标	一、办学指导思想	二、和谐程度	三、管理机制	四、办学条件	五、影响力	六、汉语及中华文化教学情况	七、主办文化推介活动情况	八、运营状况	九、获奖情况	十、负面影响
分值	8	开放	开放	7	开放	开放	开放	开放	开放	开放

在十个一级指标中，一和四为封闭性指标，设定了最高分值，使其分值在孔子学院总分值中的权重受到合理限制。但其余全部为开放性指标，分值不封顶，可根据办学业绩和指标体系中规定的计分标准来进行计分。

（二）激励多劳，上不封顶

在本指标体系中，在影响力、汉语及中华文化教学、文化推介、运营状况等反映孔子学院办学状况的重要方面，都实行按办学情况累积加分的办法计分，充分体现了激励多劳，上不封顶的原则。

（三）汉语教学为主的鲜明导向

指标体系中把汉语教学放到了十分突出的地位，在分值上充分体现。通过“标准学年人”的创新计量单位，把所完成的原来以不同计量单位计算的汉语教学工作量折算成可以进行比较的统一的计量单位，通过两个公式使以课时计量的和以天数计量的教学工作量都得以顺利转换。在鼓励各孔子学院举办各类汉语培训班的同时，这项指标还会起到更鼓励举办长期汉语学习班的作用。为了充分体现对教学方法、质量、效果、社会声誉及学生评价等内涵指标的重视，在第六个一级指标下，专门列出了教育技术应用情况、教学法创新情况、教学质量学生评价结果、教学质量专家评价结果和单位时间内教学效率专家评价等指标，并将每一项的分值设为1—10分，大大提高了上述汉语教学内涵指标在整个评估指标体系中的权重。从而可以引导各孔子学院逐渐把主要精力转移到提高教学质量，塑造良好品牌方面上来。

（四）可持续发展导向

指标体系把运营状况作为一项一级指标纳入评估体系，其目的在于引导各孔子学院个体要高度重视生存能力的培育，努力实现长期可持续发展。

（五）评估周期的灵活性

本评估指标体系可适用于不同周期的孔子学院评估，如年度评估、院长任期评估、三年评估、五年评估等。不论周期长短，本指标体系均能适用。

（六）此评估体系为“导向性评估”

孔子学院虽为语言项目，但并非普通的语言教学项目，而是特殊的语言推广项目，因此，把对其他普通语言项目的评估理论和模式照搬到孔子学院的评估肯定是不合适的。本节中所建立的指标体系，自始至终贯穿着鲜明的导向性。这种贯穿始终的导向性可以提升为一种理论，即“导向性评估理论”。所谓“导向性评估”，是指评估的目的是导向性的，评估是为了引导评估对象朝着更好的方向发展；评估的指标体系是导向性的，通过指标体系的封闭与开放、分值的高低、加分与扣分等指标引导评估对象朝正确的方向发展；评估的结果也是导向性的，评估不设绝对标准，通过相互比较确定评估对象达到的水平及其与其他孔子学院的差距，从而引导落后赶超先进，鼓励先进好上加好，让所有孔子学院都明确自己的努力方向，没有最好，只有更好，从而达到相互促进，不断进步的导向效果。

此评估体系通过对不同孔子学院个体的评估建立横向参照体系，以量化的形式呈现各孔子学院的办学情况，引导各孔子学院个体努力改善办学条件、不断提高办学水平，以实现可持续发展，最终达到树立正确导向的目的，充分体现了“导向性评估理论”的核心要素。在孔子学院等汉语国际传播项目的评估中，应该倡导使用“导向性评估理论”，将其用于指导评估指标体系的建立和评估的实施。

五、孔子学院评估指标体系中的共性与个性兼顾问题

孔子学院是新生事物，办好每一所孔子学院是我们的共同目标。孔子学院评估是加强孔子学院管理、不断提高孔子学院办学水平的重要措施，评估指标体系是孔子学院评估的基础性工作，

对于加强对世界各地孔子学院监管、引导孔子学院健康发展十分重要。孔子学院的多样性对建立孔子学院评估指标体系形成了很大的挑战，但对多元化的孔子学院办学状况的评估，更需要一套能够反映各孔子学院办学共性的统一的关键绩效的指标体系。有观点认为，针对孔子学院的多元化特征，应建立多种评价指标体系，笔者认为，不宜过多地强调差异性而忽略共性，多元化评价指标体系的泛滥可能导致指标体系“尺子”功能的丧失，试想，一些不同长度的尺子能度量出具有可比性的长度来吗？孔子学院评估指标体系一定要充分体现主要的共性特征，特殊情况只能特殊处理而不宜作为另立标准的依据。本节针对孔子学院发展状况的评估而提出的评估指标体系仅为一种学术探索，如要应用于孔子学院评估，还需要制定与之相应的实施细则。该指标体系仅为一家之言，难免疏漏，欢迎专家学者及孔子学院管理者批评指正。

第五节　汉语教师志愿者考评办法探讨

上一节我们探讨了汉语国际传播骨干项目之一的孔子学院绩效评估问题，本节我们探讨汉语教师志愿者的履职考评问题。对孔子学院的评估是针对机构工作业绩的考核，而针对汉语教师志愿者的履职考核是针对个人的考核。针对个人的考核也有许多考核方法，本节借鉴360度考核法，尝试为志愿者的履职考核建立一个考评指标体系。

“360度考核法”是一种国内外十分流行的绩效考核方法，也称“全方位考核法”。这种考核方法的主要特点是强调从与考核对象发生工作关系的主要群体或个人获取考察对象的相关信息，并根据这些信息对考核对象进行全方位绩效考核的评价方法。评价依据的信息来源主要包括上级、下级、平级、服务对象、合作伙伴以及自我评价等。

360度考核办法主要采用问卷方式获取信息，因此要求问卷设计科学合理、方便调查。所谓科学合理，是指调查内容各部分及每个单项分值符合岗位实际，权重合理，以免以偏概全或各部分权重失衡。

360度考核的程序一般包括准备、设计、实施、评估和反馈五个阶段。准备阶段主要是成立考核小组，开展考核辅导及其他准备工作。设计阶段主要指设计考核周期，确定考核人选和考核内容，以及设计调查问卷等，其中调查问卷的设计十分重要，因为它直接关系到考核结果的效度。实施阶段主要包括问卷的发放、辅导与填写和问卷回收查验等工作。评估阶段是指将收集到的问卷进行数据处理，得出评估结果。反馈阶段是指将评估结果以恰当方式反馈给考核对象，以帮助其认识优点和不足，帮助考察对象在未来工作中发扬成绩，克服缺点，不断进步。

志愿者离任时需要填写的履职考评表实际上也是针对志愿者履职情况而建立的评价指标体系。以下两个对志愿者离任时的履职考评的指标体系基本体现了上述要求。考评表2的主要功能有两个：一是核实志愿者承担教学及其他工作量；二是量化志愿者所在学校对志愿者工作态度和工作能力的评价。考评表3则量化志愿者管理教师或管理机构对志愿者的综合评价。（项目管理教师或机构考评分数+志愿者所在学校考评分数=志愿者考评所得总分）①汉语教师志愿者工作相对单纯，其工作情况量化起来较为简单，因此，两个较为简单的履职考评指标体系基本上就可以满足考评需要了。

① 引自国家汉办/孔子学院总部下发的“关于印发《汉语教师志愿者工作管理办法》的通知”（汉办［2009］3号），《汉语教师志愿者工作管理办法》主要内容为吴应辉主持的国家汉办委托课题《汉语教师志愿者管理机制研究》的研究成果。

国家汉办汉语教师志愿者履职考评表①主要基于360度考核法的主要理论和方法，对志愿者履职中的关键绩效进行相对全面的考评。以下是考评表的主要内容。

一、填表说明

1. 国际汉语教师中国志愿者工作岗位信息调查表和履职总结由志愿者本人填写。履职总结应反映以下内容：本人所承担的教学工作、组织或参与的中华文化活动、汉语教学调研、主要成绩、缺点不足、教材及教学档案材料是否移交完毕、对志愿者项目的建议等。

2. “学校鉴定表”由志愿者所在学校教务负责人填写，对志愿者任期内教学工作表现进行量化考评。

3. “管理教师或管理机构鉴定表”由志愿者管理教师或志愿者管理机构负责人填写，对志愿者任期内教学工作表现进行量化考评。

4. 志愿者履职考评项目执行单位在综合参考志愿者本人年度履职总结、志愿者所在学校对志愿者年度履职考评结果以及管理教师或机构对志愿者年度履职考评结果的基础上，对志愿者履职情况做出总评，并根据规定比例确定考评等次。同时，将特别优秀的志愿者（约5%）向国家汉办推荐，作为国家汉办优秀志愿者候选人。

二、考评办法

志愿者年度履职情况以量化的形式进行考评，考评总分由志愿者管理教师或管理机构考评分数和志愿者所在学校考评分数两

① 引自国家汉办/孔子学院总部下发的“关于印发《汉语教师志愿者工作管理办法》的通知”（汉办［2009］3号），《汉语教师志愿者工作管理办法》主要内容为吴应辉主持的国家汉办委托课题《汉语教师志愿者管理机制研究》的研究成果。

部分累加而成，上不封顶。考评总分从高到低排序，居前20%的为优秀，往下从21%—70%的为良好，其余为合格和不合格，不合格者可根据实际情况酌情认定，但比例最高不应超过3%。

国家汉办汉语教师志愿者履职考评表1：本人履职总结

本人所承担的教学工作、组织或参与的中华文化活动、汉语教学调研、主要成绩、缺点不足、教学档案材料是否移交完毕、对志愿者项目的建议等。

国家汉办汉语教师志愿者履职考评表 2（中、英文）

学校鉴定表（一）：志愿者承担教学及其他工作量核定表

学校________ 志愿者教师________ 任期________

班级	教学任务名称	班级人数	周学时	上课周数	总学时
合计	全年教学课时数：　　　学时（学校教务负责人签字并加盖公章）				
承担的教学以外工作列举					
1					
2					
3					
4					
5					
6					
7					
8					
9					
10					
学校领导签字、加盖学校公章（不够写，可附页）　日期：					

学校鉴定表（二）：志愿者年度综合考评表（中、英文）

学校__________　志愿者教师__________　任期__________

项　目	等　级	评　定
专业知识	A. 优秀（9-10分）　B. 良好　（7-8分） C. 合格（6分）　D. 不合格（0-5分）	
教学技巧	A. 优秀（9-10分）　B. 良好　（7-8分） C. 合格（6分）　D. 不合格（0-5分）	
教学质量	A. 优秀（9-10分）　B. 良好　（7-8分） C. 合格（6分）　D. 不合格（0-5分）	
工作态度	A. 优秀（9-10分）　B. 良好　（7-8分） C. 合格（6分）　D. 不合格（0-5分）	
团队精神	A. 优秀（9-10分）　B. 良好　（7-8分） C. 合格（6分）　D. 不合格（0-5分）	
遵守校规	A. 优秀（9-10分）　B. 良好　（7-8分） C. 合格（6分）　D. 不合格（0-5分）	
学生评价	A. 优秀（9-10分）　B. 良好　（7-8分） C. 合格（6分）　D. 不合格（0-5分）	
文化适应	A. 优秀（9-10分）　B. 良好　（7-8分） C. 合格（6分）　D. 不合格（0-5分）	
人际沟通	A. 优秀（9-10分）　B. 良好　（7-8分） C. 合格（6分）　D. 不合格（0-5分）	
组织、参与活动	A. 优秀（9-10分）　B. 良好　（7-8分） C. 合格（6分）　D. 不合格（0-5分）	
总评	量化打分分数	
学校领导签字、加盖学校公章	日期：	

国家汉办汉语教师志愿者履职考评表3

管理教师或管理机构鉴定表：志愿者年度综合考评表

学校＿＿＿＿ 志愿者教师＿＿＿＿ 任期＿＿＿＿

类别	内容	说明	加分或扣分	评分
教学工作情况	教学工作量	完成基本工作量每年360学时为70分	超过基本工作量每10学时加1分，不足10学时，按四舍五入方式计算	
			未满基本工作量每10学时扣1分，不足10学时，按四舍五入方式计算	
	教学质量	教学质量被所在学校评为“优秀”	加1分	
	工作态度	工作态度被所在学校评为“优秀”	加1分	
	学生评价	学生评价为“优秀”	加2分	
	指导学生比赛获奖	国家或教育部一等奖、二等奖、三等奖	分别加10分、6分、3分	
		省市级一等奖、二等奖、三等奖	分别加5分、3分、2分	
		校级一等奖、二等奖、三等奖	分别加3分、2分、1分	
	个人奖励	被所在国教育部评为“优秀”志愿者	加5分	
教研成果	论文	在公开出版的核心期刊上发表汉语教学或志愿者项目相关论文	第一作者每篇加5分	
			第二作者每篇加2分	
			第三作者每篇加1分	
		在公开出版的普通期刊上发表汉语教学或志愿者项目相关论文	第一作者每篇加2分	
			第二作者每篇加1分	

续表

类别	内　容	说　明	加分或扣分	评分
课外活动	团队协作	团队协作精神被所在学校评为“优秀”	加 1 分	
	中华文化活动	作为负责任人组织全校性中华文化活动	每次加 1 分	
		参与全校性中华文化活动	每次加 0.5 分	
行为规范	志愿者管理规定遵守情况	严重违反志愿者管理规定	每次至少扣 2 分	
	所在学校校纪校规遵守情况	严重违反学校校纪校规	每次扣 2 分	
	所在国法律遵守情况	违反所在国法律	根据情节轻重扣 10—30 分	
总评		量化打分分数		
		是否推荐为国家汉办优秀志愿者		
志愿者管理教师签字（志愿者管理机构负责人签字）：			日期：	

项目执行单位审核意见

项目管理教师或机构考评分数：
志愿者所在学校考评分数：
总分：

考评结果（考评总分从高到低排序，居前20%的为优秀，往下从21%—70%的为良好，其余为合格和不合格，不合格者可根据实际情况酌情认定，但比例最高不应超过参评总人数的3%。）：

项目执行单位公章（处级）　　　　单位负责人签：

年　月　日

国家汉办志愿者中心审核意见

是否同意派出机构考评意见？是否作为国家汉办优秀志愿者表彰？

单位公章

负责人签章：

年　月　日

国家汉办领导审批意见

是否同意作为国家汉办优秀志愿者表彰？（非“国家汉办优秀志愿者”候选人，此栏免填）   孔子学院总部/国家汉办公章 领导签字： 年　月　日

这一考评办法，对汉语教师志愿者岗位职责相关的各个方面进行了全方位的考核，是360度考核法在汉语国际传播事业中对个人进行考评的初步尝试。对其他岗位人员的考评具有一定的参考价值。

第六章　汉语国际传播研究方法论

第一节　研究方法与研究方法论①

一、科学研究方法

方法是人们认识和解决问题的思路、途径、方式和程序。科学研究方法（简称“科研方法”）是指研究主体对研究客体进行研究过程中所使用的研究思路、研究途径、研究方式和研究程序。方法是针对具体问题的解决办法，一般具有特定性和操作性。如问卷调查法、观察法、统计分析法、实验法等。

二、科学研究方法论

方法论有两个层次，一是人们认识世界和改造世界的根本方法的学说，从这个意义上说，方法论也是世界观；二是指某一门具体学科所采用的研究方式、方法的系统化和理论化。科学研究方法论（简称“科学方法论”）就是指在某一具体学科研究领域内，基于各种具体方法基础之上升华出来的，具有普遍指导意义的系统化和理论化的研究方法。因此，方法论在更高的层次上对该学科的各种具体研究具有一般的指导意义，但它不提供对某一具体问题的具体解决办法。方法论基于个别科研人员、个别团队、

---

① 本节参阅陈寿灿编著《方法论导论》（东北财经大学出版社 2007 年第一版第一章）和吴元樑著《科学方法论基础》（中国社会科学出版社 2008 年 7 月第三版第一章）写成。

个别学派的研究方法，但又超越了个别，升华出关于该领域研究的普适性和规律性的方法。因此，从这个意义上说，方法论是超越具体方法的方法。

三、科学研究方法与方法论的区别和联系

科研方法与方法论是两个不同的概念。科研方法是科学研究工作者为了解决某个研究课题而采取的具体方法，如为了研究汉语国际传播史和海外汉学史，我们可能主要使用文献法；为了研究全球孔子学院开设课程的种类和数量，我们可能主要使用基于数据库的计量统计分析法；为了摸清某个国家或地区的汉语教学情况，我们可能采用抽样调查法、实地调查法与文献法等多种方法。而方法论则是关于方法的理论，它超越了具体方法，超越了经验的范畴，上升到了抽象理论体系的层次，是具有普遍指导意义的关于方法的理论。它不以具体问题为对象，而是为某一具体问题的解决提供理论指导。科研方法论对具体问题的研究来说主要具有两种功能：一是为科学研究提供必须遵循的一般规律和法则；二是为科研工作者提供科研导航，引领他们做好方向选择。

科研方法和方法论既有区别也有联系，二者共同构成一个辩证统一体。一方面方法是支撑方法论的零散的、不系统的经验材料，离开了方法，方法论就成了无源之水，无本之木；另一方面，方法论又是多种具体方法的系统化和理论化，它来源于方法又高于方法，对具体研究方法又具有指导意义。

四、科研方法论的层次

根据方法适用范围的大小和普适性程度的高低，方法论从底层到顶层可分为三个层次：第一层是具体方法，即某一学科内部具体问题的研究方法。如语言学中的记音研究法、人类学中的参与观察法、社会学中的抽样调查法、物理学中的光谱分析法等；

第二层次是学科方法论，如语言学中的历史比较方法、语言描写方法，汉语国际传播研究中的全球视野比较法等；第三层次是哲学方法论。

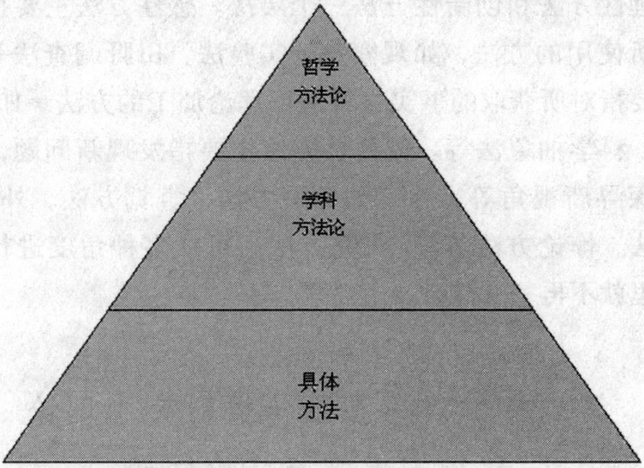

哲学方法论主要包括四类："第一，从哲学原理中直接引出的一般方法。如一切从实际出发、实事求是的方法，具体问题具体分析的方法，透过现象把握本质的方法，定性与定量相结合的方法，理论和实践相统一的方法，实践检验与逻辑证明相统一的方法等。第二，在特殊方法基础上概括出来的一般方法，如数学方法、系统方法、信息反馈方法等。第三，具有普遍意义的一般理性方法，如比较、分类和类比的方法，公理化方法①，假说方法②等。第四，具有普遍意义的一般创新方法。如问题思维方法、怀

① 公理化方法：给某一理论建立公理系统的方法。即从某些初始概念和公理出发，依据特定的演绎规则，推导出一系列定理的演绎方法。（辞海，2002）

② 亦称"假说—演绎法"。由发明假说演绎出推论，到实践检验和修正的方法。是科学研究中形成科学理论体系的基本方法之一。（辞海，2002）

疑方法、联想方法、直觉方法[①]、灵感方法、外推方法[②]、逆向思维方法、悖论方法[③]、科学问题哲学解释方法等。”[④]

如果从认识过程的不同阶段来划分，科研方法又可分为感性方法、理性方法和创新性方法三个层次。感性方法主要指获取事实材料所使用的方法，如观察法、实验法、田野调查法等。理性方法主要指对所获取的事实材料进行理论加工的方法，如归纳法、演绎法、科学抽象法等。创新性方法主要指发现新问题，提出新思路，探寻新视角等方法，如怀疑方法、直觉方法、外推方法、假说方法、悖论方法等。[⑤] 研究方法还可从多种角度进行多种划分，这里就不再一一探讨。

第二节　汉语国际传播研究中理论升华的思维方法论问题

所谓理论升华，是指在扎实的研究基础上，从纷繁复杂的现象背后揭示出事物的本质和规律的思维活动。汉语国际传播研究是一个崭新的学术领域，如何对所做研究进行理论升华是摆在广大研究者面前的一个现实问题。因此，探讨汉语国际传播研究中的理论升华的思维方法论问题十分必要。

---

① 现代思维科学的研究认为，科学与艺术的认识与直觉有关。它是长期思考以后的突然澄清，或创造性思维的集中表现，也是一种重要的思维方式。（辞海，2002）

② 由过去的事件推断出未来的发展轨迹。

③ 在逻辑学上指可以同时推导或证明出两个互相矛盾的命题的理论体系或命题。

④ 参考陈寿灿编著《方法论导论》，东北财经大学出版社，2007 年第一版第 4—5 页。

⑤ 参考陈寿灿编著《方法论导论》，东北财经大学出版社，2007 年第一版第 4—5 页。

一、汉语国际传播研究中的归纳和演绎

归纳和演绎是科学研究中常用的逻辑思维方法。所谓归纳就是从个别到一般，即从个别事物中抽象出一般的规律，如钝角三角形的内角和是180度，锐角三角形的内角和是180度，直角三角形的内角和也是180度，几何学家便归纳出：三角形的内角和等于180度。而演绎则是从一般到个别，即从一般规律出发，考察某一具体事物，发现其本质的逻辑思维方法。如在你知道三角形的内角和是180度的情况下，你看到任何一个具体的三角形，不论大小如何，也不论是哪一类三角形，便可以很快推理出其内角和是180度，而不是任何其它度数。我们也可以举一个汉语国际传播研究的例子：英语传遍世界靠的是殖民时期英国的军事、经济等实力，以及二次世界大战后美国、英国、加拿大、澳大利亚等英语国家的经济、科技、军事等硬实力；法语、西班牙语、日语、俄语、阿拉伯语传播到本国以外的许多地区，靠的也主要是这些国家历史上军事、经济等硬实力。基于以上语言国际传播个案，我们发现，一种语言要实现国际传播，国家实力起着决定性作用，但国家实力由硬实力和软实力两部分组成，最终起决定性作用的是经济、科技、军事等硬实力。由此我们可以归纳出语言国际传播的一条具有普遍性的规律："硬实力是语言国际传播的决定性因素"①。这里使用的理论升华思维方法就是归纳的方法。而根据这一理论，我们可以对一些弱小国家的语言是否能够顺利地传播到世界各地进行思考，其结果可能是：弱国的语言很难进行国际传播。其理论升华思维方式便是根据已有理论"国家硬实力是语言国际传播的决定性因素"推理而得，这就是演绎。

① 吴应辉：硬实力是语言国际传播的决定性因素——联合国五种工作语言的国际化历程对汉语国际传播的启示，《汉语国际传播研究》2011年第1辑，商务印书馆2011年7月版。

领会归纳这种理论升华思维方式的要点有两个，一是“从单一的、个别的事物的性质、特点和关系中概括出一类事物的性质、特点和关系”①；二是“由不太深刻的一般到更为深刻的一般，由范围不太大的类到范围更为广大的类。”② 如“国家实力是语言国际传播的基础”是一条人们普遍公认的规律，但如果进一步分析，我们会发现国家实力是由硬实力和软实力组成的，而硬实力处于支配地位，软实力处于从属地位，软实力附着于硬实力之上，没有硬实力，软实力也就成了无源之水，无本之木。因此，笔者在理论升华时提出了“国家硬实力是语言国际传播的决定性因素”而不是“国家综合实力是语言国际传播的决定性因素”的结论。前者显然要比后者更为深刻。

归纳法也有局限性，因为归纳法是从个别到一般的推理，因此个别事物在数量上必须较为充分，从中归纳出来的事物的本质、一般原理、规律或关系必须没有例外。一个经典的例子是，动物学家在澳洲以外的所有地方发现，许多哺乳动物都是胎生的，因此得出一个结论：所有哺乳动物都是胎生的，但后来有动物学家在澳洲发现，鸭嘴兽虽是哺乳动物，但不是胎生的，而是卵生的，于是这一例外就推翻了上述结论。另外，归纳法推理出来的结论往往是受时空限制的，因此，我们在使用归纳法推理出一个结论时，可能在很多情况下属于相对真理，因此，一般应把相应的时空条件表述出来。

所谓演绎，是指从一般到个别的理论思维方式。演绎也有局限，即演绎的来源理论必须是正确的，否则演绎出的个别事物的本质、原理、规律或关系都是靠不住的。演绎出的往往只能是事

---

① 参考吴元樑：《科学方法论基础》59 页，中国社会科学出版社 2008 年 7 月第 3 版。

② 参考吴元樑：《科学方法论基础》59 页，中国社会科学出版社 2008 年 7 月第 3 版。

物某一方面的本质、原理、规律或关系，而非事物的全部本质、原理、规律或关系，而且，得出的结论也往往受到时空制约。如根据“硬实力是语言国际传播的决定性因素”这一论断，我们可以演绎出，现在已经成为重要国际语言的母语国都具有很强的硬实力，如英语、法语、俄语等，但是西班牙语的最早输出国西班牙和葡萄牙语的最早输出国葡萄牙今天的硬实力却比较一般，我们对其硬实力的历史变化就需要做一些补充说明，如16、17世纪，“西班牙曾经是世界上第一批真正意义上的全球帝国和殖民帝国之一，也是世界历史上最大的帝国之一，被认为是第一个日不落帝国。”①

二、汉语国际传播研究中的分析和综合

分析和综合是另一组方向相反的分析问题、解决问题的思维方法。分析是指把复杂的问题首先在横向上分解成若干有机组成部分，然后在纵向上进行层次化分解并逐层深入认识各有机组成部分的本质、原理、内部及相互之间联系的思维方法。“客观事物是极其复杂的，有着许多阶梯，有着各种各样的层次，因此有的本质比较接近事物的表面，有的本质则深藏于事物的深层。这种本质在更深刻、更广泛的规模上联系和决定着事物的各个方面。分析不仅要揭示事物的初级本质，而且必须揭示事物第二级、第三级……的本质，找出事物的更深刻的基础。”② 而综合则是把通过分析得到的各个部分的本质、规律、联系重新合成为一个有机整体并进行理论升华的思维过程。通过这一过程，把复杂事物的最深层次的本质、规律或联系提炼出来。如我们要探索“语言传播的规律到底是什么?”这样一个问题，就应该对语言传播相关的

① 维基百科：http://zh.wikipedia.org/wiki/%E8%A5%BF%E7%8F%AD%E7%89%99%E5%B8%9D%E5%9C%8B

② 吴元樑：《科学方法论基础》70页，中国社会科学出版社2008年7月第3版。

各种要素在横向上进行分解，如语言本身、母语国情况、需求状况、物质基础、传播方式、动力源泉等，然后在纵向上层层深入，如对语言本身的探究，我们可以在语言功能、语言价值、语言传播价值、语言国际传播价值等层次进行逐层深入的认识；需求状况可在个人需求、社会需求、生存需求、心理需求等层次进行分析；物质基础又可分解为经费、人力资源、教学资源等方面并分别逐层深入认识…… 最后我们可能会发现：语言传播的动力源泉不在语言本身，而在社会需求，如果没有需求，任何语言传播都不可能发生。有了需求还需要有必要的物质基础作保障，如经费、师资、教材和良好的教学方法等。通过对国家实力对语言国际传播的影响的深入分析，我们得出“国家硬实力是语言国际传播的决定性因素”① 的结论。通过上述问题各个方面分析得出的各方面本质的整合归纳，最后得出结论：语言传播的根本原因不在语言本身而在语言之外的社会，是社会需求创造了语言传播价值。如果没有语言需求，任何语言传播，包括国内传播和国际传播都不可能发生。最后浓缩为“语言传播的需求决定论。②

分析和综合的主要区别是：第一，两者有不同的起点：分析从有待认识的事物开始，综合从分析得出的结论开始；第二，两者的终点不同：分析的终点是事物被分解成的各个部分的本质、原理、规律或联系，而综合的结果则是基于分析结果的关于认识对象的整体认识；第三，两者的思维方向相反：分析是从整体到部分，而综合则是从部分到整体；第四，目标不同：分析的目标是从个别到一般，透过现象揭示本质，而综合的目标则是把分析得到的本质与现象，个别和一般整合起来，形成个别的整体形象，

① 吴应辉：硬实力是语言国际传播的决定性因素——联合国五种工作语言的国际化历程对汉语国际传播的启示，《汉语国际传播研究》2011 年第 1 辑，商务印书馆 2011 年 7 月版。

② 见本书第二章：语言传播规律探讨。

使其得以理解。

需要指出，分析的终点是综合的起点，而综合的结果也往往成为新的分析的起点，如此循环往复，使认识不断深化。

三、汉语国际传播研究中从具体到抽象的方法

事物作为客体往往是具体、形象、直观地存在于主体面前。人们看到的客观事物往往是一些表面形态，但其内部组织体系可能错综复杂。要认识事物的本质、原理、规律，有必要使用科学的抽象方法。所谓科学的抽象方法，就是指从感性的具体到理性的抽象的理论升华方法。具体说来，从具体到抽象的方法是指，在研究过程中，有意识地忽略、撇开事物的某些方面，把能够反映事物某一方面本质的属性提取出来并进行深入研究的方法。这种方法离开了感性的具体，深入到事物内部，从某个或某些方面入手揭示事物的本质和规律。例如，在语言国际传播过程中，影响因素很多，如经济、政治、文化、语言本身、师资、教材、教学法、语言政策、传播需求等很多因素，但什么是决定性因素呢？深入研究后抽象出了“语言传播的需求决定论”和“硬实力决定论”。我们从语言国际传播现实体系中升华出了“伞状结构”、“塔网结构”和“星状”等体系模型。

从表面看，汉语国际传播体系由相对独立的许多汉语传播体系组成，纷繁杂乱，而这些子体系并非完全独立运行，而往往是交织和重叠在一起，深入剖析后抽象出汉语国际传播体系的“多元交织叠加”特征；又根据不同汉语区在汉语传播体系中的功能，提出了汉语国际传播的“圈层论”，即把汉语国际传播圈分为核心圈、外围圈、边缘圈和薄弱圈；把国际汉语教学分为普及型、应用型、专业型和精英型四个层次。

第三节 汉语国际传播研究思维过程中理论工具的方法论问题

在汉语国际传播研究中，我们必须对许多问题进行理论阐释，哲学方法以及部分横断科学①中的研究方法在我们的理论思维过程中常常发挥十分重要的工具性作用。因此，我们简要介绍对语言国际传播研究较为有用的几种理论工具——哲学方法、系统论方法和数学方法。

一、哲学方法

哲学是关于世界观的学问，是系统化、理论化的世界观。代表着人们对世界的总体看法。但是，当哲学用于指导人们认识世界和改造世界时，哲学就成了方法论。哲学派别很多，但主要包括辩证唯物主义和历史唯物主义的马克思主义哲学为科学研究提供了最为科学的世界观和方法论，在包括汉语国际传播研究的科学研究中，作为最一般的理论工具，发挥着重要的方法论的指导作用。哲学作为思维过程中的理论工具，对汉语国际传播研究主要发挥以下方法论的指导作用。

（一）马克思主义哲学作为世界观的方法论意义

哲学把整个世界作为研究对象，从总体上揭示其最一般的规律，各门具体科学则是以世界的某一方面作为自己的研究对象，揭示其特殊的、具体的规律。哲学不能直接回答某一具体科学问

① 横断科学又称交叉科学（Cross Science），是指在概括和综合多门学科的基础上形成的一类学科。它不是以某一特定领域为研究对象，而是从许多学科领域中抽出某些特定的共同内容作为研究对象，其研究对象横贯多个领域甚至一切领域的学科。一般公认的横断学科有信息科学、数学、统计学、系统科学等。

题，但它能给具体科学的研究人员提供思想启发，对各门具体科学的研究具有指导作用。不同的哲学学说对世界的总体看法不同，因此，持不同哲学观点的研究人员对同一研究对象的研究思路、研究方法和研究结果都可能完全不同。马克思主义哲学认为，物质决定意识，但唯心主义哲学认为意识决定存在，如果一个研究者持马克思主义哲学观，就会从对客观存在对象的研究入手，探寻内部规律，而如果一个研究者持唯心主义的哲学观，就非常可能从客观存在之外的精神世界去寻找答案。牛顿的前半生是个唯物主义者，而后半生却是个唯心主义者，前半生发现了万有引力定律，为科学发展做出了重要贡献，但后半生却主要致力于论证上帝存在的研究，导致一个才华横溢的学者的后半生在科学领域毫无建树，甚至把地球围绕太阳公转的最初动力归因于上帝的推动。由此可见，有什么样的世界观就会有什么样的方法论，而有什么样的方法论就有与之相应的具体研究方法，可见哲学作为世界观的方法论意义是根本性的。

马克思主义哲学是实践证明最为科学的世界观和方法论，我们在汉语国际传播研究中应认真学习并自觉坚持，以确保研究方向的正确。

（二）马克思主义哲学认识论对汉语国际传播研究的方法论意义

马克思主义哲学把实践和辩证法成功地引入认识论，认为实践是认识的基础，认识是实践基础上的主体对客体的能动反映，使之既是唯物的又是辩证的能动的反映论。马克思主义认识论所阐述的实践和认识、感性认识和理性认识、相对真理和绝对真理、对立与统一[①]、现象和本质等辩证关系为科学研究提供了正确的认识方法。

① 对立统一规律是宇宙的最根本的规律，矛盾着的对立面又统一，又斗争，由此推动事物运动和变化。

在汉语国际传播研究中，我们应该自觉将马克思主义的认识论用于指导我们的具体研究，要从汉语国际传播的实践中寻找有价值的研究选题，要重点研究汉语国际传播实践中具有全局性和普遍性的问题，坚持实事求是，把感性认识上升到理性认识，透过现象抓住本质，发现特定时空条件下的汉语国际传播规律，用于指导汉语国际传播实践。我们要善于建构汉语国际传播理论体系，但又要对其相对真理的性质有充分的认识，即充分认识真理的时空局限性，既要坚持真理，又要力戒固步自封，始终坚持不断丰富和发展真理。要勇于将已创立的理论放到汉语国际传播实践中去检验，不断修正已有汉语国际传播理论体系，发现和建构新的汉语国际传播理论体系。

此外，在汉语国际传播研究中还要广泛运用哲学的概念、范畴、判断、推理等逻辑思维方法，努力揭示汉语国际传播实践的内在规律性。

二、数学方法

数学方法可以应用于各门学科，这是就原则和理论来说的。要把这种原则和理论上的可能性变为现实性，还要解决两个方面的问题，一是要透过质发现量的关系，并从量的关系中找到有关规律；二是要有描述特定研究对象的数量关系及其规律的相应的数学方法和工具。

任何事物都包含质和量。定性研究和定量研究是剖析事物性质的两种研究方法。定性的研究相对容易，但定量的研究相对较难。定性和定量相结合是社会科学研究中普遍认可的重要研究方法。对事物进行量的研究的方法叫做数学方法。数学方法是科学研究中十分重要的研究工具，不仅对自然科学和工程学研究至关重要，而且对人文社会科学研究的精细研究也不可或缺。

数学方法在汉语国际传播研究中的作用主要表现在三个方面：

一是数学作为科学抽象的工具。如汉语在中国和某一国家之间的传播情况与两国贸易量可能存在某种量的关系，我们就可以对两国若干年的贸易量与学习汉语人数之间的量的相关性开展研究，建立起数学模型以揭示这种量的关系。二是数学作为计算的工具。例如，我们如果要对汉语国际传播中的骨干项目之一孔子学院的办学状况进行评估，我们就要以数学作为计算工具，建立考评指标体系，并对各孔子学院办学的各项主要指标进行计量对比，最终得出全球各孔子学院办学状况的评估报告，离开了数学这个计算工具，如果只对各孔子学院的办学状况进行定性研究，即便勉强拿出了一个评估报告，其结果的可信度和说服力也必然不足。三是数学作为从量的角度描述客观规律的工具。水在零度结冰和100度沸腾便是数学作为工具从量的角度描述客观规律的非常经典的例子。此外，物理学、化学等许多学科的某些规律用数学化的公式来表示，也是数学作为工具从量的角度描述客观规律的很好的例子。又如，在汉语国际传播研究中，我们对全球各大洲、各国孔子学院的各个方面进行量的比较研究时发现，在课程状况方面，"各孔子学院办班数量存在巨大差距。2010年，全球孔子学院院均举办汉语班16.55个，但最多的达158个，为日本的樱美林大学孔子学院，最少的只办了1个班。举办汉语课程班最多，排名前20位的孔子学院中亚洲有12所（含位于亚洲的俄罗斯远东联邦大学孔子学院），占前20位的60%，北美洲和欧洲各有3所，各占15%，非洲有1所，占5%。可见亚洲孔子学院的办学规模普遍较大。"① 此类结论都必须是基于数据库对相关问题进行量的研究才能得出的，并且以量的形式描述孔子学院办学中特定时空条件下的一些普遍规律。认知心理学中的关于人的最佳记忆单

① 吴应辉：基于数据库的孔子学院课程状况全球视野比较研究，第九届国际汉语教学学术研讨会交流论文，2011年7月，北京。

位数量的"7+2-2"的理论，也是数学作为工具从量的角度描述客观规律的很好的例子。总之，在汉语国际传播研究中，数学方法作为研究中理论升华工具具有广阔的应用前景。

三、系统论方法

系统是指由若干相互作用、相互依赖的要素联结构成的具有特定功能的有机整体。大至宇宙，小至原子，不论是自然界还是人类社会，不论是过去、现在，还是未来，系统无处不在，无时不有。系统论是研究系统的一般模式、结构、性质和规律的理论。系统论的主要内容有：

（一）系统观和系统思想

系统论认为，整体性、关联性、等级结构性、动态平衡性、时序性等是所有系统的共同的基本特征。系统论的核心思想是系统整体观念。系统论强调，任何系统都是由许多要素有机组合而成，每个要素都发挥着自己的功能，但系统功能并非各个要素功能的简单相加，而是超越各个要素功能的新功能，要素离开系统，其功能也将随之消失。

具体说来，系统观和系统思想包括五个方面①：一是整体观点。即强调把系统作为一个整体来对待，要把整体看成其组成元素的有机组合而非机械组合；二是联系和制约的观点。即系统内元素之间、系统与环境之间都是普遍联系和制约的。我们研究系统时，不仅要研究组成系统的元素，而且还要研究元素之间、层次之间、系统与环境之间的有机联系；三是有序观点。即元素之间的相互联系和制约关系是有规律、有秩序的，主要表现为时间顺序、空间结构和功能行为三个方面；四是动态观点。即系统是

---

① 参阅吴元樑：《科学方法论基础》172—175页，中国社会科学出版社2008年7月第3版。

一个活的机体，元素之间、元素和系统之间、系统和环境之间都存在着物质、能量、信息的流动，系统不是静止的而是动态的；五是最优化观点。即最优化是系统客观存在的规律，自然界和人类社会的各种系统都存在这种趋势和规律。我们在研究中应该自觉地把系统观的上述观点有机结合起来，用于指导我们的研究。

（二）系统论方法

系统论方法的核心就是用系统思想来统领对事物的研究。系统论的方法论价值在于，强调用系统的观点来研究事物，研究中强调研究系统的结构和功能，研究系统、要素和环境三者之间的内在联系及其规律，提出优化系统的观点。系统论的任务不仅在于揭示系统的内在规律，更重要的是为了调整系统结构，协调各要素关系，最终达到优化系统功能或创造一个新系统的目的。

系统论与分析方法不同，系统论认为，“科学研究的实践不断向人们表明，用孤立的组成部分去解释复杂系统的整体这条道路走不通……现代系统论则形成了完全不同于近代科学发展起来的方法论思想。它不是把活的机体、复杂的系统分解成孤立的元素，而是把机体、系统作为一个整体，从整体上去研究和发现规律。这是一条从整体到局部，从系统到元素、从上到下、从总到分的研究途径和思维方式，正好同传统的近代科学方法的由元素到系统、由局部到整体、先分后总、从下到上的途径和方式相反。现代系统论的这条研究途径形成了系统、结构、功能、关系、模型等一系列范畴。”①

系统论强调高屋建瓴，纵观全局，强调系统，强调对系统及其组成元素运用数学方法进行计量研究，与汉语国际传播研究所倡导的全局观念、顶层设计、体系建设、计量研究等理念高度契

① 吴元樑：《科学方法论基础》166—167 页，中国社会科学出版社 2008 年 7 月第 3 版。

合。如汉语国际传播本身就是一个系统；各国的汉语教学体系也是一个相对独立的系统；孔子学院又是汉语国际传播大系统中的一个子系统；汉语教学中的“三教”（教师、教材、教学法）也是一个系统。总之，系统论的观点和方法为汉语国际传播研究提供了非常有效的方法论指导。

第四节 汉语国际传播研究理论体系建构、评价和检验的方法论问题

所谓理论体系是指基于研究而建立起的概念、范畴、判断、推理的体系。理论体系虽有大小之分，但其共同点是揭示事物的内在联系、原理或规律，并用概念、范畴、判断、推理把这种内在联系、原理或规律用准确精炼的语言表达出来的思维成果。由于理论体系是人文科学和社会科学研究成果的重要表现形式之一，因此，如何建构理论体系就成为人文科学和社会科学研究方法论中重要的组成部分。

一、汉语国际传播研究理论体系构建的一般原则和方法

（一）一般原则

汉语国际传播理论体系的构建要遵循一般理论体系构建的基本原则。一般理论体系的建构一般应遵守以下原则：

1. 构建理论体系要实事求是，科学反映研究对象的内在联系、原理或规律

构建理论体系首先要在正确的世界观的指导下才能确保其正确的方向。唯心主义世界观指导下的理论体系建构主要从个人的主观臆断出发，以主观虚构代替客观联系，甚至往往从神学的观念出发构拟理论体系。这样构拟的理论体系虽然可能主导一时，

但不能欺骗一世，随着相关科学技术的发展，这样的理论体系最终肯定经受不住科学的检验，逃避不了必然破产的命运。而辩证唯物主义世界观指导下的理论体系建构，则坚持一切理论都是客观对象内在联系或规律的反映，必须坚持实事求是的理论观，即要尊重事实，一切从实际出发，理论要客观地反映实际，切忌完全脱离实际的主观臆想，甚至从唯心主义观点出发构建理论体系。

汉语国际传播是一个崭新的研究领域，是一块亟待开发的荒原沃土。可资参考的前人理论成果甚少，理论体系的构建任务十分艰巨。但我们不能为构建理论体系而构建理论体系，应该深入研究快速发展的汉语国际推广实践，实事求是、不夸大、不缩小、不虚构，使用正确的理论思维方法，努力发现其内在联系和规律，升华出有价值的理论。要努力做到汉语国际传播理论从汉语国际传播实践中来，并能回到汉语国际传播实践中去，要经得住汉语国际传播实践的检验。

2. 理论体系不能简单地复制思维过程，要超越思维细节，升华理论精髓

理论是思维的成果，但理论体系的建立不是思维过程的简单复制。思维的过程和理论体系建构的过程是一致的，都要经过概念、范畴、判断、推理等一系列思维过程，通过归纳和演绎，分析和综合，抽象和具体等一系列思维活动发现理论。但思维过程可能是杂乱的、颠倒的、无序的、缺乏逻辑性的，有时甚至是荒诞的、混乱的、重复的、错误的，尽管通过复杂的思维过程后最终发现了理论，但作为理论体系，就不能简单地重现思维过程，必须超越思维细节，升华出理论精髓，用简单明了的语言表达出来。

3. 理论体系必须逻辑化、系统化、条理化

理论体系之所以成为体系就是因为它不再是单独的一条理论，而是理论组合。这种组合不是简单的理论堆砌，相互叠加，而是

逻辑化、系统化、条理化的有关理论要素的有机组合。所谓逻辑化，就是指所呈现出来的理论体系既要符合事物内在规律的逻辑层次，又要符合人们思维的逻辑顺序；所谓系统化，就是指所建构的理论体系要有事实基础、有核心观点、有支撑理论，完整严密，自成一统，不能漏洞百出；所谓条理化，就是要求所建构的理论重点突出、观点明确、层次分明、论述清楚、简明扼要，使人读后能留下清晰、深刻的印象。

（二）构建方法

社会科学理论体系一般包括三大基本要素[①]：一是基本原理，即理论体系的框架、主干和精髓，包括基本概念、联系这些概念的判断（定律）和由这些概念与判断推演出来的逻辑结论；二是事实根据，即概念、判断和结论形成的基本依据，也是论证基本原理的论据；三是逻辑方法，即逻辑推理、论证方法和思维过程中必须遵守的逻辑规律。

要把上述三大要素有机地组织起来形成理论体系，主要有三种方法：一是逻辑的方法，也就是根据概念、范畴、判断、推理之间的逻辑关系构建理论体系，以反映研究对象的本质和规律的方法。一般说来，作为前提的，较为简单的概念、判断排列在前，作为理论体系的起点，较为复杂的概念、判断排列在后。由简单到复杂，层层推理，步步深入，直到得出最后的逻辑推论。二是历史的方法，即主要按照历史顺序，对研究对象的历史过程进行考察，主要依据历史事实构建理论体系的方法。使用这种方法时必须高度重视历史事实的支撑作用。三是逻辑和历史相统一的方法，顾名思义就是把逻辑的方法和历史的方法统一起来，“通过运用概念、范畴、判断、推理之间的逻辑联系来制定与对象的历史

① 参阅王忠武：社会科学理论体系的基本结构、评价标准和建构方法，《郑州轻工业学院学报》（社会科学版）2002 年第 4 期 16 页。

过程相统一的理论体系，从而反映对象本质和规律的方法。这种方法兼有前面两种方法的特点。”这种方法的优势在于使逻辑方法与历史过程实现了有机统一。总之，理论体系的多样性也决定了理论体系构建方法的多样性，在理论体系构建的方法选择上也要实事求是，不断探索。

汉语国际传播研究理论体系的建构应紧密结合汉语国际传播的实践而展开。目前的基本状况是既缺乏研究层面的理论体系也缺乏操作层面的程序与规范；既缺乏整个汉语国际传播领域的理论体系也缺乏国别化、部门化和项目化的理论体系；既缺乏汉语国际传播历史脉络的理论体系，也缺乏汉语国际传播现实问题的理论体系……总之，汉语国际传播的理论体系建设堪比拓荒，虽然任务艰巨，但前景广阔。

二、汉语国际传播研究理论体系评价和检验的方法论问题

（一）评价依据

人文科学和社会科学理论体系的评价和检验问题是一个十分复杂的问题。把同一理论体系让不同的人来评价，可能会得到不同的评价结果。把同一理论放在不同的时空条件下进行评价，其结果也可能大相径庭。那么，对理论体系的评价是否有标准呢？回答是肯定的，只不过我们不能要求像评价自然科学理论体系那样精确。认识价值和实践价值通常是人文科学和社会科学理论体系评价和检验的主要方面。

所谓认识价值，就是看一个理论体系对于人们认识世界是否有价值，是否回答了人们甚至人类想了解但又尚未有人回答的问题。认识价值的大小取决于对研究对象认识的深刻程度和准确程度，认识愈深刻，准确程度愈高，价值愈大，反之亦然。然而，需要指出，错误的理论体系有时也有价值，它可能对人们正确认识客观世界产生某种借鉴或启发作用。需要特别指出，对理论体

系的评价是由人进行的，因此，参与评价的人的知识水平、鉴别能力和道德水准常常会影响对理论体系的评价结果。比如说，我们倡导开展汉语国际传播理论体系的研究，由于我们建构了一套理论体系，使很多人学习之后对汉语国际传播的本质、规律以及实践有了比以前更加深刻的认识，那么我们所建构的理论体系就具有了认识价值。但又如有少数研究汉语本体的学者轻视汉语教学相关研究成果，认为汉语教学方面的研究学术价值不高，这在很大程度上反映了这些学者对汉语教学的了解不够，因而是一种偏见，这种偏见不能够客观地反映汉语教学理论的价值。

所谓实践价值，是指理论对于人类实践活动的指导作用。一个理论体系实践价值的大小主要看它对实践所能起的作用的大小。但对实践所起的指导作用不一定能及时得到验证，因为理论对实践的指导价值有当前的、近期的，还有远期的，有的理论在数百年甚至上千年后对实践的指导作用才显现。因此，我们在判断一种理论是否具有实践价值时，需要慎重对待，我们可以说这种理论的实践价值暂时还没看到，但要尽量避免给一个理论体系下一个武断的没有实践价值的结论。汉语国际传播研究方向的一些青年学者积极开展一些国别化汉语传播方面的研究，比如，通过对××国家汉语能力标准、××国家汉语教师标准、××国家汉语课程标准、××国家汉语教学体系研究、××国家语言政策与汉语教学研究、××国家汉语本土化教材研究、××国家汉语测试标准与实践研究等选题的深入研究，这些青年学者肯定会得出一系列针对特定国家汉语教学的理论成果，这些成果的实践价值不一定能马上显现，只有当这些理论成果被特定国家有关部门采用并付诸实施后才能显示出来，但是，一旦被采用，这些理论在特定国家汉语传播实践中所产生的实践价值将会非常显著。

（二）检验标准

“实践是检验真理的唯一标准”这一哲学命题在汉语国际传播

理论体系的检验中同样适用。汉语国际传播理论的真理性如何，最终只能由汉语国际传播实践来检验。汉语国际传播的宏观理论可能涉及世界政治、经济、文化、教育、外交等许多领域，而国别汉语传播的理论也往往涉及一个国家的许多领域，要对一个理论体系进行检验绝非易事。但这并不意味着我们可以放弃对汉语国际传播理论的检验。汉语国际传播研究理论的检验不能一概而论，应该正确区分普适性理论与国别化理论，技术性理论与抽象化理论，区域性理论与全球性理论等不同类型理论的差异，做到具体情况具体分析，采用恰当的方式在特定的范围进行检验。例如，我们提出“硬实力是语言国际传播的决定性因素”的理论命题，我们就必须从一些主要的国际化语言如英语、法语、西班牙语、日语、阿拉伯语、俄语等语言国际化历程中的各种影响因素的研究入手，经筛选过滤最后把决定性因素“硬实力”筛选出来，同时我们还要寻找能够颠覆这一命题的语言国际传播史实，最后得出结论，上述主要语言的国际化历程告诉我们，国家硬实力是语言国际传播的决定性因素。另外，我们通过对全球汉语国际传播实践的研究可能会提出各种各样的理论，如国别化汉语传播的理论，本土化教材的理论，孔子学院可持续发展理论等等，我们需要将这些理论重新用于指导汉语国际传播实践，通过实践进行检验。一些单项的理论可能容易检验，如孔子学院评估指标体系，本土化教材理论体系等，但一些涉及汉语国际传播乃至于语言国际传播的普遍性理论的检验可能需要在汉语及其它语言国际传播的长期实践中不断接受检验，才能得出结论。语言传播是一个漫长的历史过程，对语言国际传播理论的检验也将经历漫长的时间。

要正确看待检验结果，对经实践检验证明是错误的理论要勇于修正乃至于放弃，但有时也要敢于坚持真理，对实践检验的结果也要用动态的眼光来看待，有的检验结果今天可能是错误的，但十年、百年后可能是正确的，这是因为实践是特定时空条件下的实践，因而实践检验的结果也只能是相对的，既要承认实践检验真理的绝对性，即实践是检验真理的唯一标准，这是绝对的，但又要认识到实践检验真理的相对性，即任何实践都是受到特定历史条件限制的，因而它对理论的真理性的检验也只能是相对的。

第七章　汉语国际传播研究的选题、课题申报和研究方案制定

有了研究方法论而无研究选题犹如有锅无米，即便是巧妇，亦难为无米之炊。因此，在汉语国际传播研究中，如何选择有价值的研究课题，如何争取课题申报获准立项，如何制定研究方案，如何获取研究资料等问题成为汉语国际传播研究方法论的重要组成部分。本章将围绕这些问题进行探讨。

第一节　汉语国际传播研究的选题思路

在汉语国际传播研究中，如何确定选题是关乎到研究者个人或团队所从事研究的学术价值、应用价值、经费筹措、组织实施、是否可行等方面的重要问题。选题是研究的起点，因而，如何选题是摆在汉语国际传播研究工作者面前的一个十分重要的问题。

与其他传统学科相比，我们可以把汉语国际传播研究比作一片有待开垦的荒原、一座尚未开发的富矿，一个学术价值和应用价值兼顾的崭新的研究领域。但是，从何下手开垦这片荒原，从何开挖这座富矿却是摆在所有研究人员面前的一个现实问题。以国家社科基金评审为例，选题的学术价值或应用价值常常是决定取舍的第一个重要问题，因此，题目的提炼十分重要，要做到让专家一看眼前一亮，立刻捕捉到这个选题的学术价值或应用价值。希望下列思路能对有志于汉语国际传播研究的人士筛选选题时有所启发。

一、把握时代脉搏，捕捉重大选题

随着中国综合国力的快速增强，中国的国际影响力快速提升，世界了解中国，与中国开展经济、文化等各个领域交流的需求也随之快速增长。汉语国际传播已经被放到提升中国国家软实力的国家战略高度来看待，并与中国提出的和谐世界理念高度契合。因此，汉语国际传播研究根本不缺重大选题。研究者应该很好的把握时代脉搏，捕捉一些紧扣国家战略并与汉语走向世界相关的重大选题。如汉语国际传播与国家软实力的相关性、汉语国际传播与国际经贸的相关性、汉语国际传播与对华友好力量的相关性、孔子学院可持续发展等选题。

二、放眼全球视野，把握国别特色

全球视野对于汉语国际传播研究来说至关重要，研究选题应尽可能在全球视野的汉语国际传播背景下把握国别特色进行选题。如韩国汉语传播特色研究，法国汉语教学中的字本位理念与实践，美国密集强化操练法在全球汉语教学中的借鉴价值等选题既研究了国别特色问题又对其在全球汉语传播中的借鉴意义进行探讨，以上选题既能深入国别问题，又能跳出国别局限，提升到全球汉语传播的高度来考察，显得上有高度，下有深度。

三、教学需求出发，本体应用嫁接

汉语国际传播的重要组成部分是非目的语环境下的汉语教学，要高效快捷地开展汉语教学，必须对汉语的规律及其与教学相关的各种问题开展深入研究。使汉语本体研究与汉语教学应用紧密结合，尤其在汉语国际传播事业快速发展的今天，汉语本体与教学应用相结合的研究，语言对比与国别汉语教学相关问题的研究都显示出很强的应用价值。如“国际汉语教学中的基本层次范畴词库建设研究”① 和“汉语国际推广背景下的词汇等级标准研究”②。

四、研究典型个案，升华普遍规律

汉语国际传播实践遍及全球，各国发展状况极不平衡，有成功典型也有失败个案。作为一项事业，我们需要不断总结成功经验和失败教训，以供其他国家或地区参考，好的经验可学习借鉴，失败教训可引以为戒。如泰国汉语快速传播的经验就值得总结，2008 年国家社科基金资助了“泰国汉语快速传播模式及其对汉语国际传播的启示研究”③。又如“马来西亚的华文教学对汉语和中华文化国际传播的启示”④，中韩经贸关系与韩国汉语热的相关性等课题也非常值得研究。

五、研究语言政策，服务汉语传播

语言政策在语言国际传播中起着举足轻重的作用。一个国家的语言政策，尤其是外语政策，对一种外国语在该国的传播起着决定性的作用。因此，研究世界各国语言政策及其对汉语国际传播的影响既具有重要的学术意义，也具有重大的应用价值。因此，在汉语国际传播研究中，开展世界各国语言政策与汉语传播相关研究是学术意义和应用价值兼顾的很好的选题领域。如“泰国语

---

① 本课题 2011 年申报国家社科基金成功获得立项资助，资助金额为 15 万元，课题编号：11BYY046，课题主持人为中央民族大学文学与新闻传播学院杨吉春。

② 本课题 2010 年申报国家社科基金青年项目成功获得立项资助，资助金额 10 万元，课题标号：10CYY019，课题主持人为中央民族大学国际教育学院孙晓明。

③ 本课题获 2008 年国家社科基金一般项目立项资助，资助经费 9 万元，课题编号：08BYY018，课题主持人为中央民族大学国际教育学院吴应辉。

④ 中央民族大学国际教育学院语言学及应用语言学专业汉语国际传播研究方向马来西亚籍博士生叶俊杰已将“马来西亚华文教学体系研究”作为博士论文选题进行研究。

言政策发展与汉语教学”①、“泰国语言政策、外语竞争及其对汉语国际传播的启示研究”②、世界主要语言推广政策调研③等都是非常好的选题，既站在语言政策的高度开展研究，其成果最终又落实到为汉语国际传播服务。

汉语国际传播研究选题空间广阔，可以说俯拾皆是。以上思路仅为抛砖引玉之用，每个人，每个团队选题时都应该实事求是，具体情况具体分析来确定选题。万变不离其宗，那就是把汉语国际传播实践的需要与自己的研究尽可能结合起来选择研究课题。

汉语国际传播研究课题的申报渠道较多，主要有国家社科基金、国家社科基金教育科学研究课题、教育部人文社会科学研究项目、国务院侨办华文教育研究基金、国家汉办研究项目等。此外，省市等社科研究基金、一些非政府组织也会提供研究经费。

第二节　汉语国际传播研究的课题申报

本章第一节中我们讨论了汉语国际传播研究的选题思路。有了好的选题，还要有充足的研究经费保障，否则研究很难开展。因此，我们还需要讨论课题申报的有关策略，以争取足够的研究经费，确保课题能按时高质量完成。在汉语国际传播研究的课题申报中，我们需要注意以下方面：

---

① 中央民族大学国际教育学院语言学及应用语言学专业汉语国际传播研究方向泰国籍博士生黄德永已将“泰国语言政策发展与汉语教学”作为博士论文选题进行研究。

② 本课题获 2011 年国家社科基金一般项目立项资助，资助经费 15 万元，课题编号：11BYY029，课题主持人为暨南大学华文学院郭熙教授。

③ 2002 年，北京外国语大学海外汉学研究中心受国家汉办的委托，承担了“世界主要语言推广情况调查”的调研项目，其成果为《世界主要国家语言推广政策概览》（张西平、柳若梅编），外语教学与研究出版社 2008 年第 1 版和论文《研究国外语言推广政策，做好汉语的对外传播》，张西平、柳若梅，《世界汉语教学》2006 年第 1 期。

一、选择恰当的学科

汉语国际传播研究课题应该在什么学科申请，似乎不是一个问题，但事实上确实是一个问题。汉语国际传播属语言学及应用语言学的一个方向，因此，课题申报一般说来应该申报语言学学科的课题。但是，由于汉语国际传播又是一个交叉性很强的学科领域，因此，课题申报还不能仅限于语言学。因汉语国际传播与政治学、经济学、文化学、外交学、管理学、教育学、人类学、社会学等学科有交叉关系，因此，课题申报时还需要具体情况具体分析，如课题与语言学关系较小，而与上述某一学科关系较大，也可在该学科进行课题申报，也许获准立项的可能性更大，因为汉语国际传播研究是一个崭新的研究领域，语言学之外学科领域的专家可能也会对此类课题的创新性做出较高的评价，而此类课题多在语言学学科申请，在其他学科申请的课题可能会产生物以稀为贵之效。如申报孔子学院管理方面的课题，也许在管理学学科申报更恰当，申报国际汉语教学中的课程评估类课题，也许在教育学学科申报更好。

二、要有一定的前期研究

课题申报的准备工作并非从填写课题申报书开始，而是在开始申报前相当一段时间就必须开展相关的前期研究，而且应该有一定数量的前期研究成果，足以证明课题申报人具有开展所申报课题的充分准备和研究能力。只有申报人初步研究过的课题，撰写课题论证报告时才能有骨有肉、逻辑清楚、条理清晰，才能对其理论意义和应用价值做出客观、精辟的阐述，也才能赢得评审专家的支持。相反，如果毫无准备，申报时才临时抱佛脚，胡编乱造，前期成果薄弱或根本没有，一般说来获得资助的可能性就不大。前期成果可以是已发表的论文、调查报告、已出版的相关著作，也可以是数据库等软件类成果等，未公开发表的成果一般说来不足以证明前期的研究基础。此外，已承担过的相关课题也可以作为前期研究基础的支撑材料。

三、组建实力较强、科学合理的研究团队

今天的科学研究，不论是自然科学还是社会科学，都特别重视团队协作形成的合力，一般说来只由主持人自己一个人申请的课题获准立项的可能性极小。因此，我们在申报汉语国际传播研究课题时，应该根据课题所涉及的方面，组建一个较为专业、实力较强、分工合理的研究团队。如“国际汉语教学中的基本层次范畴词库建设研究”的课题组成员就包括了汉语词汇学、国际汉语教学、数据库建设、认知语言学等方面的团队成员。

四、撰写出高质量的课题论证

申报课题的目的就是为了通过专家评审，获得立项资助。那么，课题论证就要根据课题评审的要求进行。各类科研项目的课题论证要求大同小异，以国家社科基金2011年课题申请书的课题论证部分为例，主要包括以下三大部分：

第一部分对国内外研究现状的述评及研究意义。述评部分可简要勾勒整体研究状况，做到点面结合，一定要突出重要理论或观点，不能记流水账，事无巨细全盘托出。此外，国内国外均应介绍，要避免只讲国内，忽略国外。要让专家读后有你对研究动态了如指掌的印象。研究意义部分既要上到高度，又要落到实处，既要讲清理论意义又要强调应用价值，做到既能上天又能落地。应用价值以写实为佳，但应高度精炼，让人读后留下深刻印象。

第二部分描述课题研究的主要内容、基本思路、研究方法、重点难点、基本观点和创新之处。本部分是课题论证的核心部分，每一个方面都应该精雕细琢、文字精练、条理清楚、逻辑连贯。最好以第一、第二、第三等排列方式呈现每个方面的主要内容，切忌长篇大段，侃侃而谈，逻辑层次标记全无，让人难以抓住要点。如果可能，还可做一些图示，直观展示研究思路等论证内容，尽可能让人一目了然，留下深刻印象。本部分论证要力求客观，切忌夸夸其谈，甚至无限提升，要尽量避免“填补空白”、“重大突破”、“国内外一流”、“历史性标志”等自我评价。基本观点和创新之处不可罗列太多，要适可而止。总之，既要论证到位，又不能给人以不实甚至狂妄之感。

第三部分关于前期相关研究成果和主要参考文献。前期相关研究成果的列举要有所取舍，相关度高的、学术性强的一般排在前面，无关的一律不列，以免引起副作用；主持人成果和课题组成员成果应该分开列举；论文和专著需要注明。主要参考文献要与第一部分中国内外研究现状中的内容一致，除重要文献之外，一般应重点列出最新文献，排列顺序一般应从最新文献开始往下排列。内容与课题的一致性是参考文献选取的基本原则，此外，论著的影响力等因素也是列举参考文献的重要因素。需要特别指出，外文文献是体现课题申请者国际学术视野的重要方面，应该尽量适当列入。对于汉语国际传播研究课题来说，外文文献尤为必要。

第三节　三个国家社科基金立项课题申报书点评

以下三个案例是已获得国家社科基金一般项目资助的三个课题申请书的课题论证，可作为汉语国际传播研究课题申请的论证案例略加讨论，供大家参考。

课题一：“泰国汉语快速传播模式及其对汉语国际传播的启示研究”课题论证及案例点评

课题名称：泰国汉语快速传播模式及其对汉语国际传播的启

示研究[①]

1. 本课题国内外研究现状述评及研究意义。2. 研究的主要内容、基本思路和方法、重点难点、主要观点及创新之处。3. 前期相关研究成果和主要参考文献。限4000字以内。

一、本课题的界定，国内外研究现状述评及研究意义

（一）课题的界定

本课题拟对过去七年来泰国汉语快速传播模式进行调查研究，课题拟就汉语在泰国中小学、大学、职业学校、业余培训学校快速传播现象进行全面调查研究，拟从政治、经济、文化、外交等角度，构建泰国汉语快速传播的理论体系，总结其快速传播模式，为汉语国际传播提供借鉴。

（二）国内外研究现状述评

汉语国际传播是一个崭新的研究领域，目前研究的人很少。然而，汉语国际传播的实践却来势迅猛，国内外有关机构纷纷投入汉语国际教育事业，正在为汉语走向世界做出自己的贡献。然而，汉语国际传播的实践超前于理论，理论滞后于实践。汉语国际传播实践迫切需要理论指导。

泰国汉语传播速度之快，传播范围之广，泰国人对汉语认同度之高，都是人们没有预期到的。汉语在泰国的快速传播实际上已形成了一种模式，这种模式对汉语国际传播具有很强的借鉴意义。然而，目前还没有人对泰国汉语传播模式进行过研究，已发表的相关研究成果也屈指可数，在汉语国际传播快速向前发展的今天，本选题无疑是一个非常具有应用价值和现实意义的研究课题，其成果对蓬勃发展的汉语国际传播将具有很强的借鉴意义。

（三）研究意义

汉语在泰国快速传播，短短七年，国家汉办派往泰国的汉语教学志愿者人数从2001年的1人发展到2006年的650人；开设汉语的中小学校从20多所增加到400多所；孔子学院从无到有，达到11所；汉语专业在高校纷纷设立，全泰国学习汉语的人数成几何级数迅速增长。泰国汉语传播形势可谓一片大好。为了让泰国汉语迅速传播的模式和经验给国际汉语传播提供借鉴，也为了使汉语能够更好更快地在泰国继续传播，有必要对泰国汉语传播进行全面调查研究。其研究成果具有以下实际意义：

（1）摸清目前泰国汉语传播的总体情况，为我国支持泰国汉语教学提供决策依据；

（2）探究泰国汉语快速传播的总体模式，为国际汉语传播提供借鉴；

① 课题主持人：中央民族大学国际教育学院吴应辉

（3）探寻泰国汉语传播中存在的不足，提出改进意见，使泰国汉语教学实现可持续发展。

虽然泰国汉语传播发展很快，但它是在没有理论指导下出现的一种热潮。尽管有人对泰国汉语传播投入过较大精力物力，并做出很大贡献，但也只是摸着石头过河。针对这种情况，对泰国汉语传播飞速发展的研究具有以下理论意义：

（1）通过对泰国汉语传播的总结提炼，可以升华出汉语传播的泰国模式；

（2）对泰国汉语传播模式的个案研究，可以丰富汉语国际传播的理论内容；

（3）对泰国汉语传播模式的研究，将为汉语国际传播研究提供理论基础和方法指导。

二、研究内容、基本思路和方法、重点难点、主要观点及创新之处

（一）研究内容

1. 泰国教育概况及汉语教学政策

（1）泰国教育概况；

（2）泰国汉语教学政策。

2. 泰国汉语传播实况分析

（1）基础教育中的汉语教学（含公立和私立）；

（2）高等教育中的汉语教学（含孔子学院）；

（3）职业教育中的汉语教学；

（4）业余培训学校中的汉语教学。

（5）志愿者在泰国汉语教学中的作用

3. 泰国汉语传播模式研究

4. 泰国汉语快速传播模式对汉语国际传播的启示研究

（二）基本思路和方法

本课题拟从了解泰国教育及汉语教学政策入手，调查泰国汉语传播的实际情况，研究泰国汉语快速传播模式，并就其传播模式对汉语国际传播有何启示进行深入探讨，旨在为推动汉语国际传播迅速发展寻找可行的新路子。拟采取的研究方法如下：

1. 文献资料收集与实地调查相结合

（1）课题组拟赴泰国教育部基础教育委员会、高等教育委员会和职业教育委员会调查收集泰国汉语教学有关文献资料；

（2）对泰国部分高校、中小学、职业学校、业余学校进行个案调查；

（3）对个别单项进行问卷调查，如志愿者项目，孔子学院项目。

2. 定性与定量分析相结合

课题组拟对收集到的大量资料进行处理，建立数据库，凡能进行量化研究的方面均进行量化研究，在定量研究的基础上，对泰国汉语教学的整体状况进行定性研究，初步得出研究结论。

3. 邀请有关专家开小型研讨会，集思广益，对本课题研究结论进行讨论完善。

（三）重点难题

该课题预计突破两大难题：第一，泰国汉语传播有关数据的收集。对于这一难题，本课题承担者多年来一直从事与泰国汉语教学相关的工作，在泰国教育部和汉语教学界有通过多年合作建立起来的良好的人际关系资源，现已开展过一系列调研并收集了大量有关数据；在此基础上，课题承担者将再次收集最新相关资料，获取准确数据，以补前期收集工作之不足。第二，泰国汉语快速传播模式的提炼。对于这一难题，在申请该课题经费的同时，课题承担者已依据前面的初步调查，已粗略地勾画出了泰国汉语传播模式的雏形；还需要对各种调查数据制作成数据库，并进行量化分析，使泰国汉语传播模式有数据的支撑。

（四）主要观点及创新之处

1. 泰国汉语快速传播可以提炼为一种模式：

政府主导，民间响应，中国支持，媒体造势，超常发展。这种模式对汉语国际传播具有一定的借鉴意义。

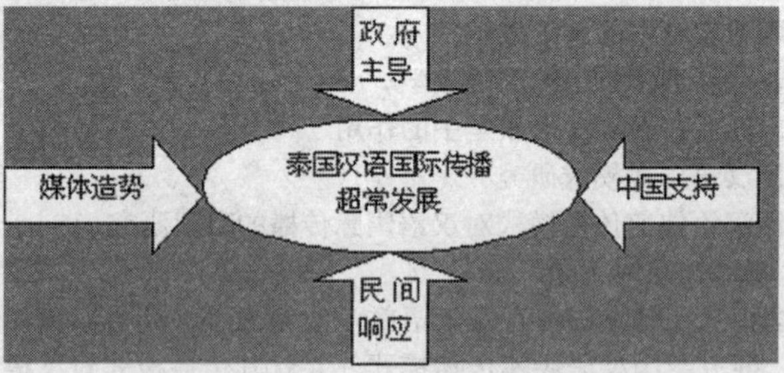

2. 泰国汉语传播模式对汉语国际传播的启示

（1）开展政府官员高层互访，争取对象国政府对汉语教学的政策支持对汉语国际传播十分重要；

（2）向国外派遣志愿者和公派汉语教师，满足对象国对汉语教师的需求是汉语国际传播的雪中送炭之举，应继续扩大派出规模，提高派出质量；

（3）汉语教材本土化是解决目前汉语国际传播中汉语教材“水土不服”的重要途径，国别汉语教材建设应该成为今后汉语国际传播的重要内容；

（4）全方位开展汉语国际传播的同时，应将本土汉语教师培养和中小学汉语教学作为重点；

（5）中外共同投入，是汉语国际传播投入机制的成功实践，在今后汉语国际传播中值得借鉴；

（6）在有需求的国家和地区开展汉语国际传播，才能顺势而上。

3. 创新之处

（1）选题新：汉语在泰国的快速传播本来就是过去几年才发生的事，此前没有任何人做过类似专题的研究。因此，该选题属于创新性选题。

（2）应用性强：汉语正在快速向世界各国传播，而泰国是汉语传播速度最快的国家之一，研究总结泰国汉语快速传播模式，对汉语在世界范围的顺利、快速传播将具有借鉴意义。

三、前期相关研究成果和主要参考文献。

（一）前期相关研究成果

课题负责人和主要参与者已发表汉语国际传播、泰国汉语教学和对外汉语教学论文7篇，发表刊物为：世界汉语教学1篇；云南师范大学学报对外汉语教学与研究版4篇；民族教育研究1篇；暨南大学华文学院学报1篇；课题负责人主持汉语国际传播笔谈4期，发表刊物均为云南师范大学学报对外汉语教学与研究版。

（二）主要参考文献

研究汉语国际传播的人较少，参考文献也较少，目前重要参考的文献主要有：

1. 许嘉璐：放开眼界，更新观念，让汉语走向世界，《语言文字应用》2006年增刊；

2. 陈至立：在全国汉语国际推广工作会议上的讲话，（内部文件），2006年7月4日；

3. 章新胜：世界汉语大会与国际汉语教学，《神州学人》2005第5期；

4. 许　琳：汉语加快走向世界是件大好事，《语言文字应用》2006年增刊；

5. 许　琳：汉语国际推广的形式和任务，《世界汉语教学》2007年第2期；

6. 陆俭明：建设友谊之桥——汉语桥，为建设和谐国际社会贡献力量；

7. 赵金铭：加快汉语走向世界，《云南师范大学学报》（对外汉语教学与研究版），2007年第5期；

8. 戴庆厦：对外汉语教学要强调“有的放矢”，《云南师范大学学报》（对外汉语教学与研究版）2007年第5期；

9. 李宇明：要重视汉语国际传播的历史研究，《云南师范大学学报》（对外汉语教学与研究版）2007 年第 5 期；

10. 李晓琪：汉语国际推广中的师资队伍建设，《云南师范大学学报》（对外汉语教学与研究版）2007 年第 5 期；

11. 周小兵：海外汉语师资的队伍建设，《云南师范大学学报》（对外汉语教学与研究版）2007 年第 5 期；

13. 崔希亮：不畏浮云遮望眼，《云南师范大学学报》（对外汉语教学与研究版）2007 年第 6 期；

14. 程爱民：再谈对外汉语教学学科的发展，《云南师范大学学报》（对外汉语教学与研究版）2007 年第 6 期；

15. 马庆株：汉语国际传播需要创新思维，《云南师范大学学报》（对外汉语教学与研究版）2007 年第 6 期；

16. 吴伟平：从学术交流的角度看汉语国际推广，《云南师范大学学报》（对外汉语教学与研究版）2007 年第 6 期；

17. 肖胜利：孔子学院与传统对外汉语教学随想，《云南师范大学学报》（对外汉语教学与研究版）2007 年第 6 期；

18. 张　博：国别化工具书编纂亟待跟进，《云南师范大学学报》（对外汉语教学与研究版）2007 年第 6 期；

19. 张和生：机遇与挑战——从对外汉语教学到汉语国际推广，《云南师范大学学报》（对外汉语教学与研究版）2007 年第 6 期；

20. 朱永生：有关汉语国际教育硕士课程设置与教学实习的几点设想，《云南师范大学学报》（对外汉语教学与研究版）2007 年第 6 期；

21. 姚道忠：试论汉语国际传播的大众化，《云南师范大学学报》（对外汉语教学与研究版）2008 年第 1 期；

22. 史有为：汉语教学与传播浅见一二，《云南师范大学学报》（对外汉语教学与研究版）2008 年第 1 期；

23. 印京华：汉语国际传播感言，《云南师范大学学报》（对外汉语教学与研究版）2008 年第 1 期。

泰国汉语教学方面重要参考文献有：

1. Uthaiwan（泰国），**แผนยุทธศาสตร์ส่งเสริมการเรียนการสอนภาษาจีนเพื่อเพิ่มขีดความสามารถในการแข่งขันของประเทศ (พ.ศ. 2549-2553)**（泰国推动汉语教学的策略和计划 佛历 2549 – 2553）

2. Uthaiwan（泰国），2007 年的泰国汉语教学，（待发表）。

3. 巴屏（泰国）：泰国的汉语教学，（待发表）。

4. 巴屏（泰国）：泰国汉语人才就业机会，2006 大湄公河次区域高等教育与人力资源开发国际学术研讨会发表。

5. 张启（1995）泰国当前的华文教育，《世界汉语教学》第4期。

6. 罗钦文（2006）中泰签订教育合作协议 全面推动汉语教学发展，新华网，www. xinhuanet. com，006－01－13，中新社曼谷一月十一日电。

7. 吴若蕾（2006）泰国政府批准上亿元预算促进汉语教学，国际在线 2006－08－23 19：17：22

8. 中国教育界盛赞诗琳通公主对中泰文化交流的贡献，中国新闻社 2000年3月21日

注："前期相关研究成果"只填写成果形式、成果数量、发表刊物或出版社名称、独著或合著等信息，不能填写成果名称、作者姓名及单位、发表时间等直接或间接透露申请人背景资料的信息。所填信息要与表三中的相应内容相符。"前期相关成果和主要参考文献"字数不超过500字。

四、完成项目研究的基础和保证

负责人和主要成员的前期相关研究成果；科研成果的社会评价（引用、转载、获奖及被采纳情况）；完成本课题研究的时间保证，资料设备等科研条件。

负责人和主要成员已发表泰国汉语教学或汉语国际传播相关论文 8 篇，课题负责人在云南师范大学学报对外汉语教学与研究版上连续主持 4 期汉语国际传播笔谈，在对外汉语教学界产生较大影响，《国际汉语教学动态与研究》将陆续转载部分笔谈稿。

课题负责人曾在过去 10 年中 20 多次赴泰国考察访问，对泰国教育和汉语教学状况有全面深入的了解。与泰国教育部基础教育委员会、高等教育委员会、民办教育委员会、中国驻泰国大使馆教育组、泰国驻中国使领馆、数十所著名高校和著名中小学保持着良好关系，课题负责人曾先后派遣 300 多名汉语教学志愿者和汉语教师赴泰国任教，并主要负责筹办了泰国的一所孔子学院，已做了大量前期准备工作，搜集了十几万字的调查资料。课题负责人有足够的时间用于本课题的研究，从事本课题研究是课题负责人的研究兴趣所在，不论资助与否，本人都会继续此项研究，但也非常希望能够得到国家社科基金这样高级别基金的支持。课题组主要成员所在单位科研条件优越，可以保障本课题研究所需的各种必要条件。课题负责人有信心在 2009 年底以前完成此课题的研究。研究成果将以一本《泰国汉语教学调查报告》（约 20 万字）和一篇浓缩性的研究报告《泰国汉语快速传播模式对汉语国际传播的启示》（约 1 万字）两种形式呈现。

案例点评：

本课题是历史上国家社科基金资助的第一个汉语国际传播研究方面的课题，申请能够获得资助确有其独到之处：

1. 选题非常前沿，紧扣国家汉语国际推广战略，应用性很强，2008 年申报此课题时，国内外关注汉语国际传播研究的专家很少，本课题显示了申报者独特的学术敏锐性和前瞻性；

2. 课题从典型个案出发，上升到汉语国际传播高度，体现了从个别到一般的理论思维方式；

3. 课题论证条理清楚，图示化表达泰国汉语传播模式具有直观效果；

4. 论证突出了前期到泰国的多次调研，在很大程度上可以增强评审专家对课题主持人完成此课题的信心；

5. 参考文献所涉及的专家较全。

不足之处：

论证中的部分内容还可进一步充实，前期成果略显薄弱，参考文献偏多，个别文献与课题关系不大。

案例启示：选题的前沿性和与国家战略的契合度在课题申报中十分重要。

课题二：“国际汉语教学中的基本层次范畴词库建设研究”课题论证及案例点评①

课题名称：国际汉语教学中的基本层次范畴词库建设研究

1. 本课题国内外研究现状述评及研究意义。2. 本课题研究的主要内容、基本思路、研究方法、重点难点、基本观点和创新之处。3. 前期相关研究成果和主要参考文献。限 4000 字以内。

（一）本课题国内外研究现状述评及研究意义

1、本课题国内外研究现状述评

（1）关于词表的研制

国外按照外语教学领域等级编制了两个词表：“General Service List”是 West 于 1953 年编制的最常见的 2000 词词表；“The Academic Word List”是 Coxhead 于 2000 年编制的 2000 词以上的学术词汇的词表。虽说两个词表对外语教学和词典中的词目释义起到过重要作用，但它们都是以词频为依据编制的。

国内按照汉语作为第二语言教学领域曾先后编制过七个词表：“外国学生用四千词表”（4000 词），“外国人实用汉语常用词表”（3040 词），“对外汉语教学常用词表”（4000 词），“汉语水平等级标准和等级大纲”（5168 词），“对外汉语教学词汇大纲”（8822 词），“汉语国际教育用词汇等级划分”（11092 词）。这七个词表虽在对外汉语教学中发挥过不同程度的作用，但它们也是以词频为依据编制的。以词频编制的词表存在抽象性

① 本课题论证由课题主持人杨吉春提供并授权在本书中使用。

词语的频率比具体性词语的频率要高的现象，在教学中如果仅按词汇出现频率的高低来编排词汇教学的先后顺序，会违背人类认识事物从具体到抽象的客观认知规律，从而大大降低教学效率。

（2）关于基本层次范畴理论的研究

基本层次范畴理论的研究起源于国外，从 Brown（1958）提出“基本层次范畴”以后，研究该问题的学者有：Rosch（1975），Mervis（1976），Berlin &Clark（1977），Hudson（1980），Lakoff（1987），Langacker（1987），Aitchison（1987），Gerraerts（1994），Taylor（1995），Ungerer & Schmid（1996），Dirven &Verspoor（1998），Croft & Crose（2004）；赵艳芳（2000），梁丽、马跃进（2003），梁晓波（2002），杨同用（2005），王寅（2007），梁丽（2007）。现阶段国内外对基本层次范畴的研究主要集中在两个方面：理论构建和该理论在语言中的应用。

理论研究：主要是对该理论的产生进行了论述，对相关概念进行了界定，对其特征进行了分析和归类，在此基础上分析了基本层次范畴的具象形、完形认知方式以及在事件范畴、行为范畴和抽象范畴系列中的表现；并认为任何一个范畴系列，不论其抽象程度如何，都具有其显著的基本范畴层次。

应用研究：与理论探讨相比，应用研究则显得比较薄弱；主要讨论了基本层次范畴理论对英语宾语省略的诠释，从基本层次范畴的角度看英语同源宾语、英语中动结构、动物基本层次范畴词隐喻化以及基本层次范畴对词汇教学的启示。

总之，国内外关于基本层次范畴的研究仅仅涉及理论介绍和部分应用，至今无人全面地探讨基本层次范畴在语言各方面的运用；更无人系统地探讨基本层次范畴词汇问题。因此，本课题拟对现代汉语基本层次范畴词汇的提取进行深入研究，旨在研制出适合国际汉语教学用的基本层次范畴词库。

2、本课题研究的意义

随着汉语教育走向国际化，国家相关部门、汉语学界对国际汉语教学中的词汇教学越来越重视，应教学第一线的需求，教育部、国家语委先后发布了（《汉语词汇等级大纲》1992 年编制）、（《汉语国际教育用分级词汇表》2010 年编制）等两个规范文件，两文件主要适用于国际汉语教育总体设计、教材编写、课堂教学、成绩测试、工具书编写和词库建设，这对国际汉语教学起到了很大的指导作用；但这两个规范文件均以词频作为划分词汇教学等级的标准，存在抽象性词语出现的频率比具体性词语出现的频率高的现象，因而被编排在一级或中级词汇中，如果在教学中只按照频率来安排词汇教学的先后顺序的话，会违背了人类认识事物从具体到抽象的客观认知规律，从而降低教学效果。因此，本课题认为在考虑词频的基础上，还应考虑词汇在认知方面的层级关系，应把基本层次范畴词汇和词频结合起来置于词汇教学之首。本课题的研究拟提取现代汉语中的基本层次范畴词汇，再依据频率，形成不同等级的词库，以供国际汉语教学教材编写、课堂教学、成绩测试、工具书编纂等借鉴使用。

（二）本课题研究的主要内容、基本思路、研究方法、重点难点、基本观点和创新之处

1、本课题研究的主要内容

（1）提取现代汉语基本层次范畴词汇

基本层次范畴词汇不仅存在于具体性词语中，还存在于抽象性词语、行为动作词语和性质状态词语中，就现代汉语而言，基本层次范畴词汇的提取包括九类：生物、具体物、抽象物、时空、生物活动、社会活动、运动与变化、性质与状态、辅助词。从《现代汉语语义分类词典》（8.3 万词条）中按照讨论并确定的标准提取所需基本层次范畴词汇。

（2）现代汉语基本层次范畴词汇频率等级划分

基本层次范畴词汇在言语中的使用频率不尽相同，可以依据提取出的基本层次范畴词汇在“现代汉语通用词频级位序词典”中的频次确定基本层次范畴词汇的等级，主要包括三级：初级、中级和高级。

2、本课题研究的基本思路

首先用“经验感知的完整性”标准从《现代汉语语义分类词典》中提取基本层次范畴词汇并建立词库；然后用实验法和调查法检验提取出来的基本层次范畴词汇的认可度；最后依据基本层次范畴词汇在《现代汉语通用词频级位序词典》中的频级位序划分出常用、次常用、不常用三级基本层次范畴词汇，形成现代汉语基本层次范畴词库。

3、本课题的研究方法

（1）词典调查法

词典调查法是以“经验感知的完整性”为标准识别《现代汉语语义分类词典》中的基本层次范畴词汇的一种方法。首先按照词典的分类级别设计字段，建立五级：9 类、12 类、123 类、1234 类、12345 类不同级别的数据库表，容量为 8.3 万词；然后依据数据库表创建查询，目的是便于提取不同类别的词语及其词语所属不同级别上的分类名称，最后依据完形标准提取出生物、具体物、抽象物、时空、生物活动、社会活动、运动与变化、性质与状态、辅助词等九类基本层次范畴词汇，并把提取的基本层次范畴词汇按照不同的类别另建一个数据库。

（2）问卷调查法

问卷调查法是用来检验从《现代汉语语义分类词典》中提取的基本层次范畴词汇的认可度。从词典中甄别出来的基本层次范畴词只是本课题组按照其成员的认知经验依据词典编纂者的分类提取的，只能算准基本层次范畴词汇。还应该设计调查问卷，选取从小就讲普通话并有一定语言学知识的人群进行抽样调查，来验证从词典中提取的基本层次范畴词汇是否是真正的基本层次范畴词汇，采用的标准仍然是词语所指称的事物或现象在被调查人经验感知中的完整性来确定。

（3）词频选取法

词频选取法是依据现代汉语基本层次范畴词汇的频级位序划分其等级。在提取基本层次范畴词汇以后，将其与《现代汉语通用词频级位序词典》中的词语进行比对，最终提取常用、次常用、非常用基本层次范畴词汇。

4、本课题研究的重点难点

（1）本课题研究的重点

一是标准的确定及其实施，以往的学者把基本层次范畴词汇的几个特点当成确定其身份的标准，本课题认为不合适，标准应该是唯一的，只有这样在逻辑上才不至于发生矛盾和冲突。因此，标准的探讨是本课题研究的重点之一。

二是数据库的创建，本课题的研究目标及其研究内容注定要制作数据库。主要制作《现代汉语语义分类词典》数据库、《现代汉语通用词频级位序词典》数据库、《汉语国际教育用词汇等级划分》数据库、《现代汉语基本层次范畴词汇》数据库、《现代汉语基本层次范畴词汇等级划分》数据库。

三是基本层次范畴词汇的提取，这是本课题研究的重中之重，其他的研究都是为基本层次范畴词汇的提取服务的。

四是基本层次范畴词汇的等级划分，基本层次范畴词汇也有常用与非常用之分，日常生活中经常用的是常用的，专业领域用的是非常用的，这就需要对基本层次范畴词汇做等级划分，研究出来的成果才能供国际汉语教学使用。

（2）本课题研究的难点

一是抽象词汇、动作行为词汇、性质状态词汇与具体事物词汇相比，在标准的实施中可能会碰到一些问题；课题组会采用实验的方法和调查的方法来确定完形标准的可认度。

二是调查表的设计和实验的操作会碰到很大的问题，主要是不同的调查对象需要设计不同的调查表，本调查专业性很强，没有语言学知识的人很难完成调查内容和实验内容；因此本课题的调查与实验需要选取具有一定语言学知识的被试者。

三是《现代汉语基本层次范畴词汇》数据库与《现代汉语通用词频级位序词典》数据库的比对，这两个词库的内容不完全一样，需要比对后，提取不同频级的基本层次范畴词汇。这就需要课题组对这两个词库建立关系，把两个词库中相同的词语提取出来，再按频率排序，最终建立《现代汉语基本层次范畴词汇等级划分》数据库。虽然有以上三大难点，但课题组成员都是研究汉语词汇和现代汉语的研究生，课题负责人是专门从事词汇计量研究的硕士生导师，通过努力，问题应该都能解决。

5、本课题研究的基本观点和创新之处

本课题认为国际汉语教学应以词汇教学为中心，词汇教学应以常用基本层次范畴词汇教学为中心，因此提取现代汉语基本层次范畴词汇并制作《现代汉语基本层次范畴词汇等级划分》数据库对国际汉语教学意义重大，符合人们对事物的认知规律和语言习得的先后顺序。

本课题的研究是汉语语言学界未曾研究过的新课题，之前，只是有人介绍过基本层次范畴理论和举例式的探讨过英语、俄语、德语等外语词汇教学应该重视基本层次范畴词汇的教学问题，还未曾有人就某一种语言中的所有基本层次范畴词汇进行过统计研究，汉语更是无人涉猎，所以，本课题的研究无论从内容上还是方法上都是一种全新的研究。

（三）前期相关研究成果和主要参考文献

1、课题负责人前期相关研究成果

［1］论文：《对外汉语教学应以词汇教学为中心》，1 万字；

［2］论文：《对外汉语词汇教学应以常用基本层次范畴词汇教学为中心》，8 千字；

［3］论文：《英源外来词对汉语词汇系统的影响》，7 千字；

［4］论文：《语言学名词术语释义与教学》，7 千字；

［5］论文：《论汉语反义复词的衍生基础和词化条件》，7 千字；

［6］论文：《现代汉语共同语人称代词出现时代考》，8 千字；

［7］论文：《反义复词内部结构分析与词汇教学》，8 千字；

［8］专著：《汉语反义复词研究》，35 万字。

2、课题组成员前期相关研究成果

［1］论文：《国际汉语教学学科建设及汉语国际传播研究探讨》，8 千字；

［2］论文：《泰国汉语快速传播模式研究》，9 千字；

［3］论文：《基本词汇研究综述》，8 千字；

［4］硕士论文：《现代汉语基本层次范畴词汇研究——以“哺乳动物”类名词为例》。

3、主要参考文献

［1］赵艳芳：《认知语言学概论》，上海外语教育出版社，2001 年 4 月 1 版；

［2］李福印：《认知语言学概论》，北京大学出版社，2008 年 12 月 1 版；

［3］梁丽：《基本层次范畴理论与应用》，中国社会科学出版社，2007 年 4 月；

［4］王寅：《认知语言学》，上海外语教育出版社，2007 年 1 月；

［5］王晓宏：《类典型及基本层次范畴理论与词汇教学》；《中国科技信息》，2007 年 1 期；

［6］王细娇：《从原型理论和范畴化谈基本词汇教学》，宁波广播电视大学学报，2006 年 1 期；

［7］董大年：《现代汉语分类大词典》，上海辞书出版社，2007 年 10 月；

［8］苏新春：《现代汉语语义分类词典》，拟出版；

［9］苏新春：《现代汉语通用词频级位序词典》，拟出版；

［10］教育部、国家语言文字工作委员会发布：《汉语国际教育用音节汉字词汇等级划分》，2010 年 10 月；

［11］Brown Roger. How Shall a Thing Be Called? *Psychological Review*, 1958.

［12］Croft William & D. Alan Cruse. *Cognitive Linguistics*. CUP. 2004.

注：1. 活页文字表述中不得直接或间接透露个人信息或相关背景资料，否则取消参评资格。

2. 前期相关研究成果只能填写成果名称、成果形式（如论文、专著、研究报告等）、成果数量，不得填写成果作者、单位、刊物或出版社名称、发表或出版时间等信息。与本课题研究无关的成果以及主持或参加的各类项目等不能填写。课题负责人和参加者的成果要分开填写。课题负责人的前期研究成果不列入参考文献。活页 4000 字包括前期成果和参考文献文字表述字数。

3. 课题论证用最适合的字号和行间距排版，版面控制在 4 页。

案例点评：

“国际汉语教学中的基本层次范畴词库建设研究”课题的选题及论证堪称完美。主要体现在以下几个方面：

1. 选题紧扣对外汉语教学向国际汉语教学转型的时代脉搏；

2. 研究内容把汉语本体的词汇研究与国际汉语教学中亟需的基本层次范畴词库建设研究巧妙结合，使课题的学术性与应用性实现了高度统一；

3. 论证逻辑清楚、层次分明、语言精练；

4. 研究综述把握前沿，客观恰当，主要观点、创新之处朴实到位，恰到好处；

5. 前期成果相关性高，数质并举。总之，课题论证展示了申报者扎实的专业功底，敏锐的学术眼光，可行的研究方案。如此完美的课题论证获得国家社科基金立项资助应在情理之中。

不足之处：

团队稍显薄弱。

案例启示：获准立项课题的申报书不一定都是完美的，但论证完美的课题获准立项的可能性更大。

课题三：“汉语国际推广背景下的词汇等级标准研究”课题论证及案例点评①

> 1. 本课题国内外研究现状述评及研究意义。2. 本课题研究的主要内容、基本思路、研究方法、重点难点、基本观点和创新之处。3. 前期相关研究成果和主要参考文献。限4000字以内。
>
> **一、研究现状与意义**
>
> 本课题是在实验研究的基础上，探讨汉语国际推广背景下的词汇等级标准建设，目的是为了与国际外语教学标准体系接轨。本研究不仅涉及汉语国际推广中的语言标准研究，还涉及应用语言学领域的第二语言词汇习

① 本课题论证全文由课题主持人孙晓明提供并同意在本书中使用。

得研究。为了说明本课题的研究意义，首先我们将介绍与本课题相关的国内外已有的研究成果。

1.1 国外相关研究的现状评述

国外外语教学领域很早就将词汇按照等级加以划分。West（1953）提出了最常用的2000词的词表（General Service List）。

Xue&Nation（1984）编制了学术词汇表（The University Word List），这是目前英美大学普遍采用的学术词汇表。但是，这一词表存在两个方面的问题：一是编制词表时没有遵循统一的标准，二是在没有借助计算机的情况下，主要依靠手工完成编制词表的工作，能够处理的语料非常有限，语料选择的范围也较小（Coxhead2000）。

Coxhead（2000）在构建学术英语语料库的基础上，编制完成了包括570个词汇，准确地说是570个语义域（Semantic Field）的学术词汇表（The Academic Word List）。在编制的过程中，该词表是在除去了最常用2000词汇（General Service List）的基础上，通过语料库筛选在学术文章中出现频率最高的词条编制完成。

上述研究表明，国外学者在词汇等级标准研究方面已取得较为丰厚的研究成果。然而，国外绝大多数研究都是基于英语的词汇等级研究，其他语种的研究比较少。从这个角度上讲，汉语作为第二语言的词汇等级研究发展前景广阔。

1.2 国内相关研究的现状评述

《汉语水平词汇等级大纲》是1992年编制的，是以词频为依据进行词汇的筛选和确定词汇的等级。大纲研制10多年来，许多学者从不同角度提出了对于大纲的一些修订意见，其中包括词频问题、口语词问题、多义词及兼类词的分级问题（赵金铭、张博、程娟2003）、词汇量的问题（李英1997）以及收词量的问题（李清华1999）。显然，上述研究为汉语词汇等级标准的研究提供了有益的思路。

《高等学校外国留学生汉语言专业教学大纲》（2002）的词汇表中规定了一年级词汇、二年级词汇、三四年级词汇。该大纲为词汇等级标准建设做了非常有意义的工作，但我们也注意到了一个问题，那就是该词汇表在划分词汇等级时并没有讨论理解性词汇和产出性词汇的区分以及与功能大纲相结合的问题。

国内外已有的研究成果表明，现有研究主要根据词频划分词汇等级，并未与语言功能相结合，并未考虑理解性词汇和产出性词汇的区分问题。从这个角度上讲，汉语词汇等级标准研究具有广阔的发展空间。

1.3 本课题的研究意义

（1）本课题在汉语国际推广的背景下探讨词汇等级标准建设，目的是为了与国际外语教学标准体系接轨，对汉语国际推广具有重要的战略意义。

上个世纪末，美国和欧盟先后提出了一系列外语教学标准体系的新理念。美国1996年正式公布了《21世纪外语学习标准》（Standards for Foreign Language Learning in the 21st Century）。欧盟2001年正式公布了《欧洲语言学习、教学、评估共同参考框架》（A Common European Framework of Reference for Languages：Learning，Teaching，Assessment，简称CEF）。这些标准的发布反映了在全球化背景下外语教学的新潮流，代表了新型外语教育的理念。美国《21世纪外语学习标准》改变了以往以语言知识为核心的教学理念，强调交际、强调综合运用语言的能力、重视文化认知能力的培养。欧盟CEF则是以“行动为导向”的语言标准，因而强调在“交际活动”中实现交际任务。CEF通过交际活动将听说读写四种技能很好的结合在一起，突出了语言综合交际能力的培养。由此可见，上述两个标准并不强调语言结构和功能项目，他们所强调的是交际能力。在这种新的外语教学理念下，如何看待传统意义上的教学重点——语言结构，是一个值得探讨的问题。美国《21世纪外语学习标准》指出，“从前大多数外语课堂教学集中在‘怎样说’（语法）和‘说什么’（词汇）。当然，这些语言要素的确是重要的。但是当今外语教学研究的组织原则是‘交际’。交际强调的是‘为什么说’，‘对谁说’，‘什么时候说’。所以，语法和词汇是交际的基本工具，交际则是交际能力的获得，即以有意义和恰当的方式与说其他语言的人进行交际的能力的获得。这是当今外语教学课堂的最终目的。”在这种情况下，如何在现有的《汉语水平词汇等级大纲》的基础上建立与交际活动和交际任务相结合的词汇等级标准，从而较好地解决综合交际能力培养问题，是一个非常值得探讨的问题。

（2）探讨词汇等级标准建设，对汉语作为第二语言教学的总体设计、教材编写、课堂教学和成绩测试有重要的意义。目前，我们在总体设计、教材编写、课堂教学和成绩测试时，主要依据的是《汉语水平词汇等级大纲》。《大纲》面向汉语学习者，特别是以汉语作为第二语言的学习者，是规范性词表，在教学领域、特别是对外汉语教学领域具有权威性。然而，在新的国际外语教学标准下，词汇仅仅是交际的工具，只有被用于交际中才能够真正发挥作用。现有的词汇大纲仅仅是立足于语言要素，并未与功能大纲相结合。因此，如果将词汇等级与功能大纲相结合，可以更好地发挥其在总体设计、教材编写、课堂教学和成绩测试中的作用。

（3）在汉语国际推广背景下，汉语作为第二语言教学的中心已经由国内转到了国外。在这种情况下，试图探索与国际接轨的词汇等级标准，对于推广汉语具有重要的实践价值。同时，在汉语国际推广的背景下，交际能力的地位越来越重要，而交际中词汇的运用问题也就更加被关注，而现有的词汇等级大纲并未考虑到理解性词汇和产出性词汇的差别，主要是针对理解性词汇而言，对产出性词汇没有给予足够的重视，这正是汉语国际推广背景下制定词汇等级标准所必须重视的问题。

本研究拟在实验研究的基础上，探索汉语词汇等级的标准，为汉语国际推广提供具有可行性的依据。因此，这项研究对推广汉语，使汉语走向世界的意义是不言而喻的。

总之，在全球文化竞争背景下建立与国际外语标准相结合的词汇等级大纲，是一个非常有意义的研究课题。我们希望通过这项研究来建立汉语国际推广背景下与功能相结合的汉语词汇等级标准，推动汉语走向世界。

二、主要内容、基本思路、研究方法、重点难点、基本观点与创新之处

2.1 本课题研究的主要内容

本课题研究的主要内容包括两个方面：一是按照功能类将《汉语水平词汇等级大纲》的词汇进行分类，进而考察汉语第二语言学习者的理解性词汇和产出性词汇在各功能类上的分布研究；二是在《汉语水平词汇等级大纲》的基础上，提出汉语词汇等级建设的标准。这两个方面的研究都是在全球文化竞争和我国汉语国际推广背景下的词汇标准建设研究。

第一部分：汉语第二语言学习者的理解性词汇和产出性词汇在各功能类上的分布研究

我们所要建立的词汇等级大纲，不仅涵盖理解性词汇，更重要的是要划分产出性词汇的等级。同时，这种等级标准的建立，都是与功能类密切相关的。

在第二语言词汇习得和教学领域，理解性词汇和产出性词汇的研究一直备受关注。这一方面是因为，词汇的理解和产出是词汇习得的两个基本过程，同时也是第二语言学习者必须掌握的两个基本技能。因此，可以说，词汇习得的过程就是词汇理解与产出能力的获得过程；另一方面，词汇习得研究表明，第二语言学习者在词汇理解和产出这两种知识和技能之间存在着巨大的差异。汉语作为第二语言教学的目的是为了培养学生运用汉语进行交际的能力，基于这种理念，词汇教学的目的应该是使学习者能够将词汇知识运用到交际之中。交际包括口头交际和书面语交际。无论是口头交际还是书面语交际，产出性词汇都是至关重要的。而已有的研究，主要是探讨理解性词汇的，虽然产出性词汇因与交际关系密切而备受关注，但已有的研究成果还是非常有限的。我们的研究，就是要探讨理解性词汇和产出性词汇的等级划分，这对于培养第二语言学习者运用汉语进行交际的能力意义重大。而我们的词汇等级的划分又与功能类密切相关，因此既具有一定的理论意义，又具有实践意义。

第二部分：在实验研究的基础上，结合《汉语水平词汇等级大纲》提出汉语词汇等级建设的标准。

在第一部分的实验研究中，我们要确定初、中、高三个水平的汉语第二语言学习者在理解性词汇和产出性词汇上的分布情况，这种分布情况是建立在功能类的基础上。在第二部分中，我们将在此基础上，结合《汉语水平词汇等级大纲》提出初、中、高三个水平的汉语第二语言学习者所应该具备的词汇量，以及这种词汇量在理解性词汇和产出性词汇上的分布，这种分布既要考察甲、乙、丙、丁四级词汇，又要考察功能类的问题。

2.2 基本思路和研究方法

第一部分：汉语第二语言学习者的理解性词汇和产出性词汇在各功能类上的分布研究，采取行为实验研究的方法。

研究计划：本部分的研究主要分做两个部分：第一部分是对在美国选择的 3 所高校的汉语学习者进行实验研究，委托在美国任教的汉语教师以及交换项目的汉语教师完成；第二部分是国内来华留学生的实验研究，主要由课题组成员负责对所选择的 3 所高校进行测试。

实验一：汉语第二语言学习者的理解性词汇的研究

实验变量：被试汉语水平（初、中、高）；词汇等级（甲、乙、丙、丁四级）；功能（基本交际类、生存类、社会活动类、信息类等）。控制变量，性别；年龄。

实验任务：汉语理解性词汇测试。纸笔测验。因变量为理解性词汇的正确率。

实验二：汉语第二语言学习者的产出性词汇的研究

实验变量同实验一。实验任务，汉语产出性词汇测试。因变量为产出性词汇的正确率。

实验三：汉语第二语言学习者词汇习得策略研究

实验变量：被试汉语水平；词汇等级；功能；功能变量（听说法与交际法）；任务类型（理解与产出）。

实验任务：汉语词汇理解与产出测试。因变量为词汇理解与产出的正确率。

第二部分：在实验研究的基础上，结合《汉语水平词汇等级大纲》提出汉语词汇等级建设的标准。

这一部分涉及两个大的方面：一是欧美外语标准研究的文献分析与解读。第二方面是在第一部分实验研究的基础上，建立词汇等级划分的新的标准。

2.3 重点难点

在汉语国际推广背景下建立词汇等级标准，重点有二：一是实验研究，这是建立汉语等级大纲的基础。我们首先需要按照功能类划分词汇，继而通过实验研究汉语第二语言学习者的理解性词汇和产出性词汇在各功能类上的分布情况。这是一项极具挑战性、并具有实践意义的研究。本研究拟在实验方面有所突破。二是词汇等级标准建设，这项研究关系到汉语能否真正走向世界，真正做到与国际接轨。

本研究是一项具有创新意义的综合性研究。需要熟悉教学实验研究、熟悉语言教学研究，同时熟悉国外外语教学标准。这项研究的主要难点是要根据国外外语教学的标准，结合中国汉语作为第二语言的词汇教学实际，提出与国际接轨的汉语词汇等级建设的标准。本研究拟将集中实验研究和国外外语教学发展的新理念，在词汇大纲建设方面有所创新，有所突破。

2.4 基本观点及创新之处

本课题的基本观点：

（1）在对美国和欧盟先后提出的一系列外语教学标准体系进行深入的解读和分析的基础上，提出我国汉语国际推广背景下的词汇等级标准，这一标准与国外外语教学标准体系所侧重的“交际功能”相一致。

（2）根据功能大纲将《汉语水平词汇等级大纲》的词汇进行分类，考察初、中、高三个水平的汉语第二语言学习者的理解性词汇和产出性词汇在不同功能类别的分布情况，进而提出汉语国际推广背景下的词汇等级大纲，与国际外语教学的标准接轨。

本研究的创新之处在于，从汉语国际推广的角度，将实验研究、语言教学研究结合在一起。这是一项具有挑战性的创新研究。在汉语国际推广的背景下，建立与培养交际能力密切相关的汉语作为第二语言教学的词汇等级标准是非常重要的，而这正是目前国际汉语教学研究领域被忽视的一个方面。

三、前期相关研究成果和主要参考文献

3.1 前期相关研究成果

本课题负责人和项目主要成员都是专职对外汉语教学的教学和研究人员，有充分的时间保证该课题的顺利完成。主要研究成员在第二语言习得研究领域有丰富的研究经历，发表多项研究成果，在对外汉语词汇习得和教学领域完成两篇博士论文，其中一篇博士论文已经正式出版。此外，还发表了多篇核心期刊论文。

项目负责人的科研成果：

专著：

孙晓明（2008）“第二语言词汇习得研究”，中央民族大学出版社，2008 年 11 月出版。

论文：

孙晓明（2005）“投入因素对欧美学生汉语词汇习得的影响”。《语言教学与研究》2005 年第 3 期。（据“中国引文数据库”统计，被引频次为 9 次）

孙晓明（2007）“国内外第二语言词汇习得研究综述”。《语言教学与研究》2007 年第 4 期。（据“中国引文数据库”统计，被引频次为 5 次）

孙晓明（2007）“重学节省效应对欧美学生汉语词汇学习的影响”。《第八届国际汉语教学讨论会论文选》，高等教育出版社 2007 年 4 月出版。

孙晓明（2009）“第二语言学习者产出性词汇机制研究”，《汉语学习》2009 年第 2 期。

孙晓明（2009）“第二语言产出性词汇习得的策略研究”，《时代文学》2009 年 6 月。

孙晓明（2009）“留学生产出性词汇的发展模式研究”，《民族教育研究》2009 年 3 期。

孙晓明（2009）“留学生词汇量对阅读能力的影响”，《多维视野下的对外汉语教学：第七届国际汉语教学学术研讨会论文集》，广西师范大学出版社 2009 年 8 月出版。

项目参加人的科研成果：

陈默（2007）“韩国留学生汉语单句停延习得的实验研究”。《暨南大学华文学院学报》2007 年第 2 期。

陈默（2007）“韩国留学生汉语动词谓语句停延习得的实验研究”。《韩汉语言对比研究——第一届韩汉语言对比国际学术研讨会论文集》，北京语言大学出版社出版，2007 年 12 月。

3.2 主要参考文献

国家对外汉语教学领导小组办公室和汉语水平考试部。《汉语水平词汇与汉字等级大纲》，北京：北京语言大学出版社，1992。

国家对外汉语教学领导小组办公室。《高等学校外国留学生汉语言专业教学大纲》，北京：北京语言大学出版社，2002。

欧洲理事会文化合作教育委员会。《欧洲语言共同参考框架：学习、教学、评估》，北京：外语教学与研究出版社，2008。

赵金铭，张博，程娟（2003）关于修订《（汉语水平）词汇等级大纲》的若干意见。《世界汉语教学》第 3 期

李清华（1999）《汉语水平词汇与汉字等级大纲》的词汇量问题。《语言教学与研究》第1期

李英（1997）关于《汉语水平词汇与汉字等级大纲》的几个问题。《中山大学学报论丛》第4期

West, Michael. A General Service List of English Words. London: Longman, Green & Co, 1953.

National Standards in Foreign Language Education Project. Standards for Foreign Language Learning in the 21st Century. KS: Allen Press Inc., 1999.

Coxhead, A. (2000). A new academic word list. TESOL Quarterly, 34, 213 - 238.

Xue, G. & Nation, P. (1984). A university word list. Language Learning Communication, 3, 215 - 229.

注：前期相关研究成果中的成果名称、成果形式（如论文、专著、研究报告等）、成果数量要与《课题论证》活页相同，活页中不能填写的成果作者、发表刊物或出版社名称、发表或出版时间等信息要在本表中加以注明。与本课题研究无关的成果不能填写；主持或参加的各类项目不能作为前期成果填写；课题负责人和参加者的成果要分开填写。课题负责人的成果不列入参考文献。

四、完成项目研究的条件和保障

1、课题负责人的主要学术简历；2、课题负责人和主要参加者前期相关科研成果的社会评价（引用、转载、获奖及被采纳情况）；3、完成本课题研究的时间保证、资料设备等科研条件。

1、课题负责人的学术简历

1998 年 6 月毕业于北京语言大学对外汉语专业，获文学学士学位；

2002 年 6 月毕业于北京语言大学课程与教学论专业，获教育学硕士学位；

2008 年 6 月毕业于北京语言大学语言学及应用语言学专业，获文学博士学位；

2002 年 7 月至今在中央民族大学国际教育学院工作，历任助教、讲师、副教授。已在《语言教学与研究》、《汉语学习》《民族教育研究》等杂志公开发表十余篇学术论文，出版了一本专著，书名为《第二语言词汇习得研究》。

2、课题负责人和主要参加者前期相关科研成果的社会评价（引用、转载、获奖及被采纳情况）

负责人和主要成员围绕本课题已发表了 9 篇相关的论文，这些论文大都发表在核心刊物上。

负责人孙晓明发表于《语言教学与研究》2005 年第 3 期的《投入因素对欧美学生汉语词汇学习的影响》，据“中国引文数据库”统计，被引频次为 9 次；负责人 2007 年的《国内外第二语言词汇习得研究综述》被引频次为 5 次。

3、完成本课题研究的时间保证、资料设备等科研条件

本课题负责人和项目主要成员都是专职对外汉语教学的教学和研究人员，有充分的时间保证该课题的顺利完成。同时，本课题作为院级课题，前期工作已进行了一部分，也为完成课题赢得了时间。

此外，负责人和项目主要成员在第二语言习得研究领域有丰富的研究经历，发表多项研究成果，主要集中在第二语言词汇习得以及词汇教学方面。这些研究成果已经被运用于对外汉语教学的实践中。负责人和项目主要成员所在的学院有专门的图书资料室，有大量的图书资料。

案例点评：

“汉语国际推广背景下的词汇等级标准研究”是一个学术性与

应用性兼顾的好课题。选题及论证有以下特点：

1. 选题具有前沿性，紧扣汉语国际推广的大背景，研究内容为国际汉语教学所亟需，为基础研究与应用研究的较好结合；

2. 论证逻辑严密，内容充实，文字简练，学术气息浓郁，敢于指出已有标准之不足；

3. 文献中西兼顾，展示了国际学术视野，前期成果与课题关联度大，且数质并举，较好地展示了申报者的研究能力；

4. 学术简历很好地展示了申报者的专业素养，可增强专家对研究能力的信心。

不足之处：课题组成员仅有三人，团队力量略显薄弱。

案例启示：既能服务国家战略，又能解决现实问题的课题获准立项的可能性较大。

第四节　汉语国际传播研究中的研究方案制定

一、研究方案对于课题顺利开展至关重要

课题申请解决课题正式立项和研究经费问题，研究方案制定解决研究路线图和资源整合问题。研究方案制定的科学性和可操作性直接影响研究进程，科学性和可操作性强，研究能够顺利开展，否则可能走很多弯路，浪费大量研究经费、人力资源和时间，导致研究课题不能按期高质量完成。由此可知，研究方案对于研究的顺利实施十分重要。

那么，什么样的研究方案是最具科学性和可操作性的呢？不能一概而论，要具体情况具体分析，要因地制宜，因事定人，因时定程。总的来说，要根据不同课题的性质和要求，研究任务和完成时间要求，实事求是地制定不同的研究方案。汉语国际传播研究课题多种多样，但我们可以对研究方案的制定在方法论层次

上进行一些探讨，以指导具体课题的研究方案制定。

二、研究方案的制定

(一) 研究方案的主要内容

一个课题的研究方案一般应包括：课题研究的组织与管理、课题研究内容和范围、研究目的及意义、研究任务分解与研究团队组建、研究成果及其表现形式与课题结题验收等内容。

1. 课题研究的组织与管理

课题研究的组织与管理是确保课题顺利开展的组织保障，精简明确的组织管理体系有利于课题研究的高效管理，而庞大杂乱的组织管理体系则可能降低课题研究的管理效率，有时甚至阻碍课题的顺利推进。如小课题由课题负责人担任课题组组长，直接组织有关人员开展相关研究，有关经费也由课题负责人支配使用在课题研究需要的方面；中型和大型课题由课题组组长、子课题组组长和课题组成员组成金字塔状课题组织结构体系，实行分层管理，可能较为高效。相反，在有的中大型课题的组织管理体系中，组织体系庞杂，层次繁多，人浮于事，挂名者甚多，挂名者不管事，管事者得不到足够授权，研究者得不到足够尊重，积极性不高，缺乏责任心。挂名“负责人”很多，但谁都不负责，常常导致群体性敷衍了事，最终很难奉献出高质量的研究成果。

2. 课题研究内容和范围

要开始一个课题的研究，必须明确课题的研究内容和范围，否则将很可能出现两种情况，要么研究不够，要么研究太过。研究不够很难结题，研究太过则必然导致人力、财力和时间的浪费。因此，确定课题研究的具体内容，明确课题研究的准确边界，对于课题研究的顺利推进十分必要。举个例子，研究某国第二语言教学体系的课题，只需要研究与该国第二语言教学体系紧密相关的问题，尽管其中可以从其他部分国家的第二语言教学体系中寻找一些值得借鉴的东西，但如果研究人员在研究过程中又把其他几个国家的第二语言教学体系进行全面研究和系统介绍，那就算是超越了课题边界。又如，有三个课题研究的是某个国家的汉语教师标准，或能力标准，或课程大纲，但每个课题的研究人员都花了很大的篇幅介绍该国汉语教学的历史，而真正讨论课题本身必须研究的相关理论和实践问题的内容却严重不足。这就犯了“种了别人的地，荒了自己的田”的错误。

3. 研究目的及意义

研究目的及意义犹如大海中的航标，汽车上的GPS，对于每一个研究者来说发挥着确保研究工作方向正确的参考定位作用，有助于研究者在研究进程中少走弯路，并在研究成果的形成和呈现形式的选择中发挥着重要的参考作用。因此，准确描述课题研究目的及意义并让每一位课题组成员知晓十分必要。

4. 研究任务分解、研究团队组建与时间表的制定

一个课题的研究任务，尤其是中型和大型课题，研究开始前往往需要分解成若干部分或子课题，组建相应的若干研究团队承担各个子课题的研究任务。研究任务的分解既要考虑横向的可分性，还要考虑纵向承接性，做到前后有序，左右明确，但既有分工又有协作。此外，研究进程时间表也必须明确规定，以确保各项研究按进度推进，确保按时完成课题研究任务。

5. 研究成果及其呈现形式与课题结题验收

研究成果及呈现形式虽然是课题研究的最后工作，但不能最后才考虑，应该未雨绸缪，一开始就设想好，使每一个阶段性成果和子课题成果呈现形式尽可能与最终成果的呈现形式相一致，以便进行有机集成。此外，研究成果的形式还必须与课题申报时所写的成果形式相一致，如申报书写的成果形式是专著，结题时就必须提交专著，申报书写的成果是研究报告和论文集，结题时也就必须提交研究报告和论文集，且研究报告一般还需要有关政

府部门和其他机构签署意见，证明研究报告的参考价值。

（二）研究方案的正向设计和逆向设计

1. 正向设计与逆向设计

研究方案必须建立在理性思考和逻辑判断的基础之上。拿到一个课题后从何下手，朝什么方向推进，又在何处结束研究，是一系列理性思维和逻辑判断的结果。而理性思维和逻辑判断则需要一定的方法论指导。

研究方案的正向设计是指从课题的立题宗旨出发，就分工协作、时间进度、研究方法、资料获取、理论升华、成果形成等课题研究重要方面进行策划安排。

研究方案的逆向设计是指从预期的研究目标出发，进行从目标到起点的与研究实施步骤方向相反的研究方案设计，即先设计要达到研究目标的最后一步，然后再依次逐级倒推，直到发现研究应该从什么地方开始。需要指出的是，研究方案制定是逆向的，但研究的实施依然需要正向推进，只不过通过逆向设计绘制出通往目标的最为便捷的路线图。

2. 研究方案设计方式与研究类型密切相关

研究方案的设计方式往往与研究类型密切相关。科学研究的分类多种多样，采用哪种方法进行研究方案设计不能一概而论，应该具体情况具体分析。汉语国际传播研究与其它科学研究一样，也大概可以分为基础研究和应用研究两大类。基础研究的目的主要是为了认识世界，而应用研究则主要是为了改造世界。基础研究具有很强的探索性，研究对象具有确定性，但研究结果常常具有不确定性。因而，研究方案的设计以正向设计为主。但有的基础研究本身就是为某些科学假设而开展，也就是说，也有清楚的假设研究目标，因此，采用逆向设计研究方案也完全可以。

应用研究多种多样，有基础应用研究，有纯应用研究等。基础应用研究可能还是以正向设计为佳，纯应用研究可能以逆向设计为佳，尤其是对策性研究、研发性研究等应用研究采用逆向设计方式制定研究方案可能具有目标明确、节约资源、控制成本、节约时间、针对性强等优点。因而，应用研究使用正向还是逆向方式设计研究方案，也应具体情况具体分析。有的课题的研究方案宜正向设计，有的宜逆向设计，有的则可能两者结合效果更佳，不能一概而论。但从总体上看，应用性越强，越适合使用逆向设计方法。

第八章　汉语国际传播研究方法

第一节　汉语国际传播研究的几种具体方法

作为社会科学的一个分支学科，社会科学的许多研究方法同样适用于汉语国际传播研究，然而，汉语国际传播毕竟有其特殊性，以下几种方法可能更适合于汉语国际传播研究。现简要介绍如下。

一、宏观系统分析法

（一）*宏观系统分析法的界定*

宏观系统分析法是一种以系统论及系统分析法为基础，主要从宏观层面研究问题的总体特征和解决办法，在全面系统研究的基础上力求从整体上把握问题本质和规律的研究方法。

宏观系统分析法有四个基本特征：一是着眼宏观把握，二是进行系统分析，三是提出解决方案，四是力求理论发现。宏观系统分析法是笔者根据汉语国际传播实践特点提出的一种十分有用的汉语国际传播研究方法。

“系统分析方法来源于系统科学。系统科学是20世纪40年代以后迅速发展起来的一个横跨各个学科的新的科学部门，它从系统的着眼点或角度去考察和研究整个客观世界，为人类认识和改造世界提供了科学的理论和方法。它的产生和发展标志着人类的科学思维由主要以‘实物为中心’逐渐过渡到以‘系统为中心’，是科学思维的一个划时代突破。系统分析是咨询研究的最基本的方法，我们可以把一个复杂的咨询项目看成为系统工程，通过系统目标分析、系统要素分析、系统环境分析、系统资源分析和系统管理分析，可以准确地诊断问题，深刻地揭示问题起因，有效地提出解决方案和满足客户的需求。"①

（二）宏观系统分析法的几个基本步骤

汉语国际传播研究中的宏观系统分析法一般应包括如下基本步骤：

一是锁定汉语传播系统及目标，如全球系统还是国别系统，国别系统还是区域系统，区域系统还是语别系统，语别系统还是文化系统，语言传播综合系统研究还是要素研究等；

二是进行深入调研，获取相关资料；

三是汉语传播系统要素分析，如教师、教材、教学法、汉语教学政策、教育体制、汉语教学基础等；

四是汉语传播环境分析，包括硬环境和软环境分析；

五是汉语国际传播资源分析，如经费、人力、校舍、图书等；

六是汉语传播系统运行体制和运营机制分析，如政府主导还是民间主导，市场运作还是计划配置等；

七是大系统分析，在宏观层面上根据各系统要素或子系统情况作出对系统的整体分析并提出解决方案；

八是对系统进行整体分析，挖掘出系统问题的本质并进行理论升华。

（三）宏观系统分析法需要研究者具有较高的综合素质

宏观系统分析法通常应该建立在大量宏观数据、重要面上材料或典型个案的基础上，需要对与汉语国际传播相关的政治、经济、文化等相关领域有较好的把握。此外，宏观系统分析法要求

① 引自百度百科：http：//baike. baidu. com/view/532763. htm#2

研究者对研究材料具有良好的筛选能力，具有在研究过程中发现关键问题的敏锐性和形成研究成果时较强的鉴别能力和理论提炼能力。因此，宏观系统分析法要求研究者具有广博的知识、开阔的视野、丰富的阅历、敏锐的眼光和较强的宏观理论思维能力。

（四）汉语国际传播研究亟需宏观系统分析

相对于纯语言学研究来说，汉语国际传播研究课题往往较为宏观，涉及内容往往纷繁复杂，研究目标往往比较明确，通常是为了解决某一方面问题或为了完成某一任务。研究中需要从全球汉语传播或某一国别、地区汉语传播的宏观层面把握大局，需要站得高，看得远，善于鉴别筛选有价值的材料，并进行系统分析处理，最后得出整体性、系统性和综合性的研究成果。这一方法较适合于汉语国际传播方略、对策、专项调研、综合论证等综合性较强的课题的研究。

以2008年立项的国家社科基金课题《泰国汉语快速传播模式及其对汉语国际传播的启示研究》课题的研究为例，课题组首先对汉语在泰国快速传播的总体状况和相关要素，如孔子学院发展状况、高校汉语教学、中小学汉语教学、泰国汉语教学有关政策和标准等进行专题研究，然后在各专题研究基础上进行了传播模式提取，并就泰国模式对新加坡、马来西亚、美国、日本等国的启示等若干专题进行研究，以论文和专题研究报告形成研究成果。最后在综合各专题研究结论的基础上，站在汉语国际传播高度进行宏观系统分析，形成了以《泰国汉语快速传播模式值得世界借鉴——泰国汉语快速传播模式及其对汉语国际传播的启示》为题目的结论性研究报告。这份报告通过对泰国这个汉语国际传播典型个案的研究，不仅站在泰国国家层面的高度提取了泰国模式，而且站在了全球汉语传播的更高层面提升出了泰国模式在全球汉语传播体系中的借鉴价值。整个研究围绕研究目标对收集到的大量材料进行筛选，在各子课题研究的基础上，进行了宏观系统分

析，提取了课题主持人认为最有价值的结论，形成了综合研究报告。(全文见《汉语国际传播研究》2012 年第 1 辑)

(五) 宏观系统分析法对课题选题也具有指导意义。

在汉语国际传播研究中，宏观系统分析法对课题选题也具有指导意义。如“泰国汉语快速传播模式及其对汉语传播的启示研究”(吴应辉，2008)，“孔子学院可持续发展研究”(吴应辉，2010)，“美国汉语传播体系研究”(肖舜良，2010)，“马来西亚高校汉语作为第二语言教学发展研究”(叶婷婷，2010)，“马来西亚华文教学研究”(叶俊杰，2010)，“缅甸汉语传播研究”(邹丽冰，2010) 等都是基于宏观系统分析法而确定的研究选题。

二、全球视野比较法

(一) 全球视野比较法强调全球视野下的比较研究

全球视野比较法是与汉语国际传播实践高度契合的一种研究方法。该研究方法强调全球视野下各洲之间、国家之间、区域之间、不同文化背景之下、不同语言背景之下汉语国际传播问题的定量和定性的比较研究。通过这种对比，发现汉语传播有关专题在上述比较单位之间的差异、不同特征及其规律。如马来西亚华文教学与新加坡华文教学的对比研究；泰国孔子学院与韩国孔子学院课程开设情况的比较研究；各大洲孔子学院之间某方面的比较研究或整体比较研究；东南亚地区与中亚地区汉语传播的比较；伊斯兰文化与基督教文化两种文化背景下汉语教材内容的比较；英语为母语学生与西班牙语为母语学生汉语教材编写中有关问题的比较研究等等。

总之，全球视野比较法是特别适合汉语国际传播研究的一种重要方法。

(二) 汉语国际传播需要大量的全球视野比较研究

汉语国际传播研究既注重研究国别汉语传播问题，又要努力通过比较展示各国汉语传播总体情况及各个领域的差异及其原因，最后揭示有关规律。此外，汉语国际传播研究中的国别综合比较、地区比较、各个纵向领域的分类比较也往往具有重要的学术价值和应用价值，因而全球视野下的各种纵向和横向比较都会成为汉语国际传播的重要研究领域，如不同国别汉语教学政策、教材、教学法及教学模式、汉语师资培养模式、汉语传播状况等方面的比较研究都需要使用全球视野比较法。《孔子学院课程状况的全球视野比较研究 2010》一文（见附录）较好地体现了全球视野比较理念和方法。论文基于自建孔子学院数据库，对 2010 年全球孔子学院课程状况进行了定量为主的研究。研究发现，各洲对比，亚洲突出；国别对比，各具特色；院际对比，差异巨大；课程对比，共性明显；部分大洲孔子学院课程特色明显；不同国家孔子学院往往具有国别特色；作者最后提出，应该加强孔子学院课程的标准化建设；建立业绩导向型孔子学院投入激励机制，并倡导在汉语国际传播研究中使用全球视野比较法。

（三）全球视野比较法有助于建构全球化理念

全球视野比较法不仅仅是一种研究方法，而且有助于构建研究者的全球化理念。它引导人们在思考汉语国际传播问题时不仅仅要关注研究对象本身，而且要引导人们将其置于全球背景下思考，在研究过程中逐渐树立全球化意识，形成国际化思维习惯，因此，全球视野比较法还有助于拓展研究者的国际视野，有助于研究者建构全球化理念。

三、定量定性结合法

定量研究在当代科学研究中越来越受重视，尽管定性非常重要，但没有标明量的数据支撑，定性的结论往往是苍白乏力的。汉语国际传播研究中，需要进行大量的定量分析，如汉语国际传播总体状况、汉语学习需求调查研究、语言国际传播与国家软实力的相关性、某一教材或教学法的实践效果、汉语国际传播项目管理等都离不开定量研究。因此，汉语国际传播的各项研究中要尽量用数字说话，这就需要建立数据库，如利用 Microsoft Access 或 Microsoft Excel 等常用软件，借助新兴统计分析软件，如 SPSS 等，进行数据统计分析，在定量研究的基础上做出定性分析。从事汉语国际传播研究的人都应该学会使用至少一种数据统计分析软件。

定量基础上的定性分析往往起到使研究结论更可信的良好效果，如我们对某一国家汉语教材的科学性进行研究，如果首先建立教材数据库，然后基于数据库中的教材内容语料库对其语音、汉字、词汇、语法、话题、文化等内容的语料库进行深入量化研究，得出整体或某一方面科学性的结论，读者就会觉得可信，但如果只是泛泛而谈，凭空推理，没有充足的数据支撑，得出的结论就往往苍白乏力。

但是研究中也要避免两种倾向，一是过度解读数据，即利用有限数据做无限发挥，结论远远超出数据的支撑能力范围，导致定性结论依据不足；二是浪费数据资源，即所获数据包含很多研究价值，但研究者仅仅利用数据得出部分定性结论，导致数据浪费。我们应本着科学态度，努力做到有多少数据说多少话，实事求是，客观定性。

四、田野体验调查法

汉语国际传播研究总体偏于宏观研究，但也需要做一些微观研究。在开展专题性的微观个案研究时，田野体验调查法应该是一种较为适合的研究方法。所谓田野体验调查法包括两个要素，一是田野调查（field work），这是一个借用的人类学术语，指的是研究者亲自到研究区域对研究对象进行深入细致的实地调查；二是亲身体验，要求研究者对所调查的工作进行较长时间的亲身体验，最好是以工作者的身份直接参与工作，在工作中体验并观察各种细节，同时收集相关材料。通过这种田野体验调查，可以有效深化研究者对研究对象的体验和认知，全面深入地了解研究对象的有关情况。这一方法较为适合用于汉语国际传播某一行业、区域、项目或个案的深入研究，如志愿者项目、孔子学院项目、某一国家或地区文化对汉语国际传播的影响等。

通过田野调查可以发现许多书斋里无法发现的问题，既可以为理论研究提供材料支撑，也可以激发理论研究灵感，当然更重要的是建立在大量田野调查基础上的汉语国际传播研究可以更好地服务汉语国际传播事业。这里有一个案例：2006 年，笔者受国家汉办委托赴泰国慰问汉语教师志愿者，同时做了一些田野调查，对志愿者在泰国的工作和生活状况有了深入了解，当然也发现了一些志愿者面临的工作和生活方面的问题，回国后写成一篇调查报告“泰国汉语教师志愿者项目调查报告”（与郭骄阳合作）发表在《云南师范大学学报（对外汉语教学与研究版）》上。五年后，一位归国的泰国汉语教师志愿者告诉笔者，当时在调查报告中提到的问题今天已基本得到解决，而且解决的办法基本上采用了那份调查报告中的建议。试想，如果没有那次赴泰慰问时所做的田野调查，也就不会有那篇调查报告，那么泰国志愿者面临的问题可能不会及时引起重视并得以解决。这个案例充分说明，田野调查是汉语国际传播中发现问题，研究问题和解决问题的重要环节。在条件允许的情况下，应积极开展汉语国际传播中的田野调查。

五、文献研究法

文献研究法是指充分利用各种文献资源对某一专题进行研究的方法。汉语国际传播研究要特别重视国外的文献资源，要力争做到能直接利用外文文献进行研究。除传统的纸质文献外，还要充分利用各种有价值的网络文献资源，包括网络期刊文献、专业网站文献、大众网络媒体文献、电子图书等。这种研究方法较适合国外语言政策、国外语言传播项目、汉语国际传播史等方面的研究。

第二节　国别化课题及其他应用性课题研究思路与方法

在汉语国际传播研究中，国别问题研究占有特别重要的地位，这是因为汉语国际传播往往以国家为单位，自成体系，独立运行。此外，随着中国及有关国家在汉语传播方面投入的快速增长，对一些汉语教学骨干项目的评估也显得日益重要。然而，相关评估指标体系的建立却十分薄弱，甚至完全没有。汉语国际传播除具备很强的学术研究价值以外，同时又是一个应用性很强的研究领域，不同国家、地区或组织机构往往投入大量经费委托有关单位和个人开展一些面向汉语国际传播实践的应用性课题研究。基于以上原因，本节主要探讨汉语国际传播研究中国别化课题研究、项目评估指标体系建立以及应用型课题研究的思路与方法，以期能对这些领域的研究者有所启发。

一、国别课题的研究思路与方法

（一）重大选题优先，为顶层设计和基础支撑服务

在汉语国际传播实践中，除个别国家以外，绝大多数国家处于一种“无顶层设计缺基础支撑”的“四无三缺”状态，即无政策、无标准、无大纲、无体系；缺教师、缺教材、缺教法的状态。泰国、美国、日本、韩国、马来西亚、新加坡等国家算是当今世界汉语教学开展得较好的国家，但上述问题依然不同程度地存在，其它国家上述问题的严重状况可想而知。因此，在开展国别汉语

传播研究中，我们应该优先选择那些对一个国家或地区汉语国际传播事业能产生重要影响的重大选题开展研究。以针对泰国的研究为例，中央民族大学国际教育学院汉语国际传播研究方向的博士生先后以泰国汉语能力标准、教师标准、中小学课程大纲、教材及其本土化问题、汉语教学政策以及泰国汉语教学法等内容作为博士生的学位论文研究内容。这些研究成果将为泰国全国汉语教学的长期可持续发展提供理论指导，为泰国汉语教学的顶层设计提供重要参考。

（二）重视调研，但要超越调研，升华本质

在国别问题研究中，我们必须首先充分调研，获取充分的文献资料和大量田野调查材料。调研的目的是要掌握一个国家或地区汉语教学的基本情况，因此，在对一个国家汉语传播状况开展初始性调研中，我们应抓住主流问题，不应过多地纠结于个别非主流细节。否则可能陷入舍本逐末，捡了芝麻丢了西瓜，甚至误入歧途，迷失研究目标的境地。当然，一些能够反映主流特征，具有典型意义的个案毫无疑问应该深入研究。但我们应该始终清醒，研究个案并非“为个案而个案”，要努力通过个案发现一般，要善于从个案的调研中提升出能反映面上状况的本质特征。

举个泰国例子加以说明：如对泰国小学、初中、高中和大学开设汉语课程状况的调查，提升出“四个零起点”的结论，即目前泰国小学、初中、高中和大学开设汉语课程时，都是从零起点开始教。发现问题只是第一步，解决问题是汉语国际传播国别问题研究的最终目的。因此，我们还应该进一步研究，“四个零起点”对泰国汉语教学体系可能带来的问题有哪些，比如它会导致具有一定汉语基础的学生重复学习，浪费时间；也可能导致真正零起点的学生与有一定基础的同学同班学习时缺乏成就感，从而丧失学习信心；还可能导致教师在授课时无所适从，不能因材施教。要解决这一问题，首先要解决分班科学化问题，而要使分班科学化，就必须建立科学的分班测试体系，而分级测试体系的建立又需要一套汉语能力标准体系。显然，一个学校要研发一套汉语能力标准体系和分级测试体系是不现实的，因此，研发泰国汉语能力标准和分级测试体系就成为解决问题的最有效的办法之一。这就给泰国教育部提出了一个加强顶层设计，解决根本问题的思路。试想，如果这一思路能转变为泰国教育部的政策措施，它将不仅可以解决“四个零起点”问题，而且将对完善泰国汉语教学顶层设计，规范泰国汉语教学，节约泰国本来就短缺的汉语教学资源，提高汉语教学效率，发挥根本性作用。

二、应用性课题的研究思路与研究报告的撰写

（一）应用性与学术性的相对性

应用性课题与学术性课题相对，学术性课题强调对理论问题的探索，而应用性课题则强调面向社会实践的应用研究。然而，需要特别指出的是，学术性课题的研究成果并非完全没有应用价值，其应用价值往往通过为应用提供间接理论指导的形式而发挥作用；而应用性课题也并非毫无学术含量的纯应用研究，恰恰相反，应用性课题的研究往往需要在一定的理论指导下开展研究才能得出正确的研究成果。

（二）课题准备过程中应该弄清的若干问题

“5W1H”是新闻及其它许多领域使用的一种问题分析方法，包含六个要素，即 why，what，when，where，who，how。将这种分析方法引入汉语国际传播课题研究，并对其内涵做出紧密结合汉语国际传播研究的诠释，对于引导研究人员做好课题研究准备具有积极意义。做任何一个课题的研究，都必须首先弄清“5W1H”，即第一，委托方为什么设此课题（Why）？弄清委托方投入经费开展此课题研究的动机有助于明确研究目标，理清研究思路；第二，课题目标及预期成果是什么（What）？研究者如能提前弄清研究

目标及预期成果，将有助于对是否承担课题研究及是否有能力做出委托方预期的研究成果做出正确的决定；在决定承担课题后，进一步弄清课题目标及预期成果，有助于科学制定研究方案，直奔研究目标，节约人力物力资源，提高研究效率；第三，要求什么时间完成（When）？应用性课题往往具有很强的时效性，许多课题往往要求在很短的时间之内完成，有的甚至要求在短短几周之内完成，超过一年的汉语国际传播课题并不多见，因此，弄清课题结项时间对于有计划按进度推进课题研究，确保研究按时按质完成十分必要；第四，在什么地方做研究（Where）？研究的地方或区域也是一个需要弄清的问题，汉语国际传播研究课题有的可以在书斋中进行，但有的可能涉及某个国家甚至某些国家，在什么地方做研究往往与调研经费、时间、甚至签证等多种因素交织在一起，制约着课题研究的很多方面，因此，课题研究准备阶段就应该弄清需要在哪些地方做研究，以便未雨绸缪，提前做好相应的物质和知识准备；第五，研究为谁而做（Who）？这个问题似乎很简单，但确有必要深入了解，如为党政部门而做？为企业而做？为高校而做？还是为汉语教学协调指挥机构而做？甚至为某个国家而做？弄清了这些问题才能准确定位研究成果的形式和内容，如研究报告、评估指标体系、发展规划、汉语教学相关标准等，总之有助于使研究成果更加对路；第六，怎样开展课题研究（How）？在课题准备阶段，应在对课题相关要素进行全面系统分析基础之上制定好研究方案，确保科学、有序、高效地开展课题研究。怎样开展课题研究，是课题准备的核心环节，因此，课题负责人要花大力气从团队组建、任务分解、技术路线、研究进度、成果形式等多方面全面考虑，统筹安排。这个环节中，知人善任尤为重要，因此，任人唯贤应该成为团队组建中必须始终坚持的基本原则。

（三）应用性课题研究要建立在扎实调研的基础之上

任何与社会实践紧密相关的课题都应该以调查研究为基础，但对应用性研究课题来说，扎实的调查研究尤为重要，这是因为应用性课题本身的设立就是以解决实际问题为目的的，而要解决实际问题必须对问题本身及其相关的现实存在有较好的把握，才能具体情况具体分析，得出解决问题的办法。如要研究提出某个国家汉语教学中的师资短缺问题的对策，我们就需要对这个国家的汉语教学政策，开设汉语课状况，高校中汉语教学相关专业本科、硕士、博士生培养情况，教师待遇，各类型汉语师资需求状况，汉语教师标准，汉语教师专业知识和教学技能，传统文化对教师职业的影响等许多方面进行深入调查并认真研究后才能提出有针对性、适用的对策。

（四）应用性课题研究报告撰写中应注意的几个问题

应用性课题为应用而设，为应用而做，其研究报告也应为应用而写，其撰写方法与学术论文的写法有所不同，在撰写中应主要注意以下几个问题：

第一，读者视角取舍内容，研究者视角阐明思想。我们撰写研究报告时要从潜在的研究报告读者的视角出发，写出研究报告的呈递对象希望看到的内容和可能关注的重点。要力戒学术论文的写法，以研究者为中心写自已想写而不一定是读者想读的东西。在确定写哪些问题之后，就应该从研究者的视角出发，提出一些研究者自己的创新性思想观点，要让人读后有耳目一新之感，甚至深受启发。

第二，研究报告要直奔主题，实事求是。撰写研究报告时，要紧扣课题研究目标，直接进入研究主题，可有可无的话一概不说。要做到实事求是，有几分材料说几分话，任何一个结论的得出都要经得住检验。要让人读后有可读、可信、可靠之感。以“北京市汉语国际推广现状与发展战略研究”课题为例，研究报告

第一部分要报告现状，使人很快了解北京市汉语国际推广的基本情况；第二部分要提出北京市汉语国际推广发展战略的若干思想，供有关机构作为决策参考。详见《北京市汉语国际推广现状与发展战略研究报告》。①

第三，研究报告需要一个高度凝练并容易抓住读者注意力的好题目。一篇好的研究报告必须具有好的内容，但只有好的内容还不够，还应该努力提炼出一个既能高度概括报告内容又能吸引读者注意力的好题目。有时题目可以写实，如“汉语国际传播年度报告2010”，读者一看便知道这份研究报告可能包括的内容。但有时题目可以略虚，在高度概括研究报告的基础上可以略有提升，如“泰国汉语快速传播模式值得世界借鉴”，看似略虚，但其实它既包含了较实的内容“泰国汉语快速传播模式”，又有了“站在汉语走向世界”的高度对泰国模式的审视，再加上一个副标题“——泰国汉语快速传播模式及其对汉语国际传播的启示研究报告”之后，便可达到既能抓住读者注意力又能明白报告里写了什么内容的效果，因此，这个题目应该算是一个提炼得较好的题目。

第四，以标题的形式列出观点是突出观点的有效办法之一。在学术论文中表达观点的方式多种多样，但表达效果却往往不一样。有的以主题句的形式在段落开头列出观点；有的完成论述之后最后得出观点；还有的则在段落中间插入观点；呈现观点的方式多种多样，不一而足。然而在研究报告中，我们建议以标题的形式列出观点，这是突出观点最有效的办法之一。这是因为，读研究报告的人多为管理者甚至领导者，他们往往没有太多的时间到研究报告中去寻找观点，而更习惯于阅读简明扼要、观点突出的研究报告。有时候他们甚至只有时间浏览摘要或标题。因此，

① 吴应辉、央青、谷陵等：《北京市汉语国际推广现状与发展战略研究报告》，中央民族大学出版社2012年版。

以标题的形式突出观点、表达观点往往能起到令人一目了然的良好效果，值得倡导。

第五，汉语国际传播研究报告要力争“顶天立地”。所谓“顶天”，是指在汉语国际传播研究报告的撰写中，我们应该努力做到站在全球化、多元文化、和谐世界以及国家战略、地区战略的高度来审视我们所研究的个案。也就是说立论要站得高，看得远，能发掘出一些具有普世价值的思想或事关国家、地区语言文化传播的规律或思想观念或具有普遍推广价值的经验模式。所谓“立地”，是指研究结论要实事求是，能拿出具有较强针对性的对策、建议、标准、模式、指标体系等可以解决实际问题的研究成果。《泰国汉语快速传播模式值得世界借鉴》① 算是努力实现这一目标的一个尝试。

第三节 基于数据库的研究方法
——几个典型研究案例

汉语国际传播研究中往往需要大量的数据支撑。然而，数据往往是杂乱无序的，这就需要建立数据库，以便提取所需数据。基于数据库的研究方法虽然需要技术，但技术不是关键，关键的是研究人员的专业素养和研究思路，由于数据库技术已经非常成熟，且面向实际应用的技术开发已经非常到位，对于某一专业的研究者来说，不论是数据库设计还是建成数据库后提取数据，只需要学会操作即可，并不需要弄懂深层技术原理。之所以说关键的是专业素养和研究思路，是因为建立数据库的目的是为专业研

① 吴应辉、央青、梁宇、李志凌：《泰国汉语快速传播模式值得世界借鉴》，《汉语国际传播研究》2012 年第 1 辑。

究服务，研究目标、研究假设、所需数据字段设定、数据取舍与甄别、提取数据的选择、数据分析、得出结论，乃至于理论升华等都有赖于研究者。本节以“国际汉语教学文献资源研究”、“孔子学院可持续发展研究”和“国际汉语教材研究”课题为例简要介绍国际汉语教学研究中的有关数据库建库方法和基于数据库的研究方法。

一、国际汉语教学数据库的建库思路与方法

国际汉语教学研究中所需数据库，具有很强的国际汉语教学专业性，根据研究目的的不同，往往需要建立不同主题的数据库。国际汉语教学研究中涉及的各种研究领域都可以建立相应的数据库，如国际汉语教师数据库、国际汉语教材数据库、国际汉语教学法数据库、语音教学数据库、汉字教学数据库、词汇教学数据库、语法教学数据库、汉语教学政策数据库、国别汉语教学数据库、国际汉语教材素材库、国际学生偏误数据库、真实语料数据库、多媒体汉语教学资料数据库等等。数据库内容各有不同，但建库思路与方法却是相通的。因此，这里就以《国际汉语教学文献资源数据库》、《孔子学院数据库》、《国际汉语教材数据库》为例介绍国际汉语教学数据库的建库思路与方法。

（一）国际汉语教学文献资源数据库建库思路与方法——以国际汉语教学论文数据库为例①

学术资源数据库很多，但国际汉语教学文献资源可从中国知网（CNKI）、万方数据资源平台等数据资源平台获取，最好委托某一数据资源公司按要求抽取后购买使用，以免发生知识产权纠纷。提取所需数据之前需要依靠专业素养设定若干字段。以国际汉语

---

① 该数据库主要由谷陵、央青、宋飞等承担设计任务，谷陵对数据库建库思路和方法进行了归纳。

教学论文库抽取论文时设定字段为例，可以介绍一种从海量文献数据中设定字段抽取所需文献的方法。

我们以国际汉语教学数据库学术资源子库中的论文数据库建库字段设定办法为例加以说明：

该数据库需要从 CNKI 购买底层数据，即期刊论文、学位论文及会议论文的原始数据。这就需要设定搜取底层数据所需的字段。这些字段的确定所采用的方法可归纳为：自上而下字段加减测试法。具体步骤包括以下三步：

第一步：从本学科的知识框架和研究范围出发，确定涵盖范围最大的总字段，如国际汉语教学、汉语国际传播、对外汉语教学、国际汉语教师、国际汉语教材、海外汉语教学、华文教学、二语习得、孔子学院等。

第二步：字段初测，研究人员上网以这些字段作为主题关键字在 CNKI 学术资源总库中进行模拟搜索。测试发现，搜索结果中存在大量本学科研究范围以外的数据，应该缩小搜索范围。研究人员讨论后初步确定可用的总字段和在总字段后应该排除的字段，如“－族”（篇名），即在结果中不包含篇名中带有“族”字的数据。

第三步：字段复测，研究人员在 CNKI 学术资源总库中按讨论的结果反复进行测试，观察搜索结果是否符合要求，如不符合则增加、删减或调整字段，直到测试结果基本符合要求。复测结束后，将通过测试符合要求的字段汇总交付 CNKI 的工作人员筛选文献使用。

以国际汉语教学论文数据库的字段为例，我们所设定的字段情况如下表：

国际汉语教学论文数据库论文筛选字段设置

	检索方式	关键词匹配方式	检索结果	学院拟抽取数据
汉语国际传播	主题、精确检索	关键词＝汉语国际－届－研讨会－讨论会	298	298
	主题、精确检索	关键词＝国际汉语－届－研讨会－讨论会	81	81
	主题、精确检索	关键词＝孔子学院	329	329
	主题、精确检索	关键词＝孔子课堂	9	9
	主题、精确检索	关键词＝汉语推广	63	63
	主题、精确检索	关键词＝中文项目	12	12
	主题、精确检索	关键词＝海外中文＋教学	7	7
	主题、精确检索	关键词＝海外中文＋教育	9	9
	主题、精确检索	关键词＝海外中文＋教材	5	5
	主题、精确检索	关键词＝海外中文＋教师	5	5
	主题、精确检索	关键词＝海外＋中文＋教材	31	31
	主题、精确检索	关键词＝本土化＋中文＋教材	17	17
	主题、精确检索	关键词＝本土化＋教材＋汉语－英语	18	18
	主题、精确检索	关键词＝本土化＋汉语＋教学－英语－语文	17	17
	主题、精确检索	关键词＝技术＋汉语教学－少数民族	370	370
	主题、精确检索	关键词＝汉语传播	33	33
	主题、精确检索	关键词＝海外汉语	95	95
	主题、精确检索	关键词＝华语＋教学	186	186
	主题、精确检索	关键词＝华语＋教材	66	66
	主题、精确检索	关键词＝华语＋教育－电影－家庭	129	129
	主题、精确检索	关键词＝华语＋师资	13	13
	主题、精确检索	关键词＝HSK	1357	1357
	题名、精确检索	关键词＝汉语＋测试（按题名搜）	184	184
	主题、精确检索	关键词＝华文＋教育－研讨会	736	698
	主题、精确检索	关键词＝华文＋教学－学报－届－研讨会	88	88
	主题、精确检索	关键词＝华文＋教材－文学－研讨会	96	96
	主题、精确检索	关键词＝华文＋教师	169	169

续表

	检索方式	关键词匹配方式	检索结果	学院拟抽取数据
对外汉语教学	主题、精确检索	关键词＝对外汉语－少数民族－族－维－藏	5909	5909
	主题、精确检索	关键词＝汉语作为外语－研讨会－讨论会	102	102
	主题、精确检索	关键词＝汉语作为第二语言－届－研讨会－讨论会－班	528	528
	主题、精确检索	关键词＝外国留学生＋中国	1938	655
	主题、精确检索	关键词＝汉语教学－少数民族－民族汉语－讨论会－研讨会－届－新疆－报告－名单	7696	7696
	主题、精确检索	关键词＝汉语＋国际＋教学－届－语文－研讨会－讨论会	941	941
	主题、精确检索	关键词＝汉语＋大纲－英语	740	740
	题名、精确检索	关键词＝汉语＋标准	261	261
	主题、精确检索	关键词＝汉语＋学习策略－英语	291	291
	主题、精确检索	关键词＝汉语＋中介语－英语－民族－研讨会－讨论会	382	382
	主题、精确检索	关键词＝汉语＋偏误－民族	1148	1148
	主题、精确检索	关键词＝第二语言＋汉语－族－英语－少数民族－藏语－维语	2001	2001
	主题、精确检索	关键词＝技术＋汉语教学－少数民族	371	371
	主题、精确检索	关键词＝来华留学生	789	789
				26199

通过这些字段的设定，使文献抽取有据可依。建库实践证明，国际汉语教学相关各分支领域的文献数据抽取较为完整，达到了预期目的。

（二）孔子学院数据库建设中字段设置的“添加法”①

孔子学院数据库字段的选取基本采用的是增添法，是一个自下而上的建库过程，目标是建立一个理想的孔子学院工作数据库。

① 该数据库主要由谷陵、央青、宋飞、吴峰、盛译元设计，建库方法主要由谷陵归纳。

具体步骤分为4步：

第一步：从孔子学院办学实践的实际情况出发，查阅孔子学院年度报告，在各孔子学院的汇报材料中寻找共同点，提取基本字段。孔子学院数量较多，全部查阅耗时太长，可选取各大洲业务开展得较好的孔子学院，如非洲的肯尼亚内罗毕孔子学院、亚洲的泰国清迈孔子学院等被评为年度先进的孔子学院作为典型个案首先进行研究。根据这些孔子学院所开展的具体工作，提取或概括为一级字段，比如说孔子学院名称、外方合作单位、中外院长关系、课程名称、课程性质、开展活动名称、持续时间等。

第二步：根据字段之间的关系（范畴、逻辑归属等），同时参考孔子学院相关研究成果，将一级字段进行分类，可以归并提炼出二级字段，建立一系列子库，确定数据库框架的雏形。例如，孔子学院的中、外方合作单位、合作形式、是否列入学校组织机构等归入基本信息子库，二级字段名称为组织构架。

第三步：参考相关学科理论，如教育学、管理学、语言教学等相关理论，从研究的角度完善数据库，补充子库中所需的字段，甚至补充子库。比如，尽管绝大多数孔子学院的汇报材料中并没有提到收支、盈亏情况，更没有关于财务审批权的说明，但财务信息是研究一个机构运营情况非常重要的方面，因此数据库中要建立财务信息子库，并相对系统地补充二级和一级字段。

第四步：测试数据库，由对数据库较为熟悉的研究人员分别试验录入少量孔子学院的数据，并在录入的过程中记录下各个字段的有效性以及存在的问题。录入结束后将录入试验的记录汇总并讨论解决所出现的问题，根据讨论结果补充、调整或删除字段，进一步完善数据库结构。

（三）国际汉语教材数据库的构建①

国际汉语教材数据库可由教材内容库、电子书库、教材语料库、教材出版信息库、语音词法句法库以及课后题库几个部分构成。其结构关系如下图所示：

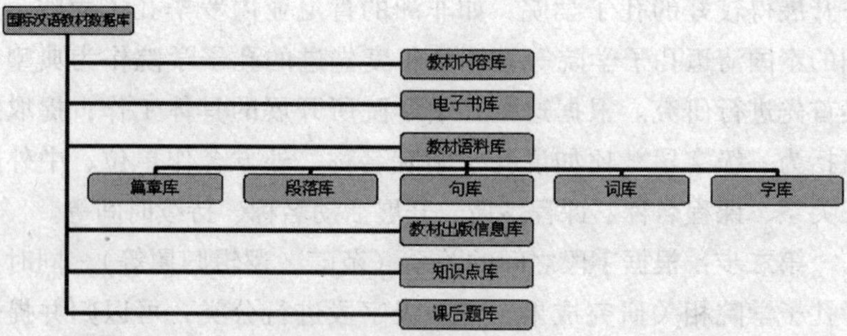

1. 教材内容库

教材内容库应涉及教材所选课文的题材和教材结构等情况，字段可包括教材名称、课文题目、册序、全套总册数、课序、单册总课数、全套总课数、课文内容主题、课文文体形式、生词解释、导入课文、核心课文、课文翻译、生字词、生字笔顺、语法解释、语法对比、文化点介绍、副课文、练习、字体、插图、错误等。该库既便于研究者从整体上把握教材的内容情况，又便于其考察课文题材状况，还可以用来对不同教材内容进行横向比较。

2. 电子书库

电子书库则主要作为教材展示的平台，可让研究者获得对教材的直观认识。研究者既可以从电子书中发掘研究对象，又可依据自身研究目的从电子书中提取相关研究素材。但需要注意的是，电子版教材便于网络传播，因此对于电子书库的建设要特别慎重。对此的解决方法大致有两种，一是尽量获得教材编写及出版方的

① 该库主要由宋飞、黄金英、吴峰设计，建库方法主要由宋飞归纳。

授权，二是采取措施严格限定电子书仅用于内部研究之用的性质。

3. 教材出版信息库

教材出版信息库中应包含教材面向的国家或地区、教材名称、前言、后记、难度等级、适用对象、外方编写机构、出版社、教师用书、练习用书、教材光盘、其他配套教辅、网络同步教材、初版年份、重印年份、印刷次数、出版社联系方式、ISBN 等字段，以便于统一管理整个教材数据库，而且数据库研究者可通过该库全面把握教材编写的背景、目标群体以及主要特点。

4. 教材语料库

教材语料库依据教材课文语料而建立。具体步骤为：第一，将教材中的课文语料进行录入；第二，对其进行整理加工，筛查不规范数据并进行修改，使其符合切分标准；第三，对语言单位按照不同级别进行切分；第四，将不同级别的语言单位分别入库。依据语言单位的不同级别建立的数据库可包括篇章库、段落库、句库、词库和字库。对不同语言单位的标注应包括教材名称、册序、课序，以便于将语言单位在不同教材、不同级别乃至不同课序中进行准确定位。

5. 知识点库

知识点库的数据来源应是教材中语音、词法、句法等知识点的讲解、举例，字段设定可包括教材名称、课序、册序、知识点标题、知识点文本、语法解释使用语言、有无语法对比、语法对比使用语言等。该库可被用来考察知识点在汉语学习过程中学习的先后顺序，也可通过横向比较揭示同一知识点在不同教材中的出现频度，从而反映出这些知识点在汉语教学中的重要性。

6. 课后题库

课后题库是针对教材中的课后练习题建立的。其中可包括国家或地区、中文名称、册数、课数、一级题号、一级题名、二级题号、二级题名、三级题号、三级题名、内容文本等字段。该库既可以被用作考试题库，也可服务于课堂讲义或新教材的编写。

总之，国际汉语教材数据库是数据库研究法的重要组成部分，它给汉语教材的研究提供了数据来源和研究手段，是对汉语教材进行研究的重要支撑。

需要指出的是，数据库设计过程中，可根据复杂程度委托专业技术人员设计或自行设计，如有的数据库较为简单，研究者自己即可使用 Microsoft Access，Microsoft Excel 等软件工具自己建库，如国际汉语教材库、孔子学院数据库等，但有的数据库可能较为复杂，如国际汉语教学学术论文资源库，涉及建库和数据提取方面的许多技术问题，因此，可委托专业公司或专业技术人员负责设计。

二、基于数据库的研究方法

基于数据库的研究方法至少应包括以下环节：第一，找到数据来源；第二，提取所需数据；第三，根据研究需要设计好数据库；第四，数据录入或导入设计好的数据库；第五，根据需要从已建成的数据库中提取所需数据；第六，分析有关数据，撰写研究报告或论文。在这些环节中，数据库的设计最为重要，而在数据库设计环节，字段的设置最为关键，因为所设字段必须能够满足研究的需要并符合数据来源实际。只有字段设置科学合理，数据库建成后研究人员才能方便自如地提取所需的可靠数据，以便开展专题研究。

基于数据库的国际汉语教学研究，可以选取任何一个字段之下的单项内容进行定量基础上的定性研究；也可以就整个数据库所包括的所有字段所涉及的内容进行纵向、横向或纵横兼有的研究，最后得出全面、综合的研究成果；还可以历时与共时、单项或多项的比较研究。比如，如果我们想要对全球孔子学院开设课程情况进行研究时，就可以使用“开设课程”字段之下的内容进行多种统计分析，如某一年度开设课程门数、历年开设课程总门数、任何一门课程在全球各孔子学院开设的情况、开设频次最多或最少的课程等指标进行统计，并在计量基础上进行多种分析，甚至进行理论升华。也可基于数据库对全球孔子学院的各方面的情况进行单项研究基础上的整体研究，使研究结果既见树木又见森林。又如基于泰国汉语教材数据库的研究，我们可以对一套教材的各个方面开展研究，也可以把数据库里的所有教材作为一个整体进行研究，研究泰国汉语教材中的语音、汉字、词汇、语法、话题、文化、本土特色等许多单项内容，并可将有关结果与已有相应标准进行对比，以便发现问题并进行相关理论探讨。我们还可以进行国别教材、语别教材之间的语言要素、文化要素等方面的对比研究。对一套教材的科学性、系统性进行研究时，我们还可以利用数据库提取语音、汉字、词汇、语法点等数据与有关标准如《国际汉语教育用音节、汉字、词汇等级划分》进行对比研究。我们甚至也可以利用某一国家汉语教材数据库进行本土化或国别化元素的研究，提取本土化词汇，筛选出国别文化内容，找出国别性的常见偏误等。总之，国际汉语教学数据库可为国际汉语教学研究提供翔实的数据支撑，从而使我们的研究更具科学性。

利用数据库开展研究，需要注意几个问题：一是数据来源的可靠性和客观性。所谓数据来源的可靠性是指数据必须有明确的提供者或出处，所谓客观性是指数据是对实验或实践的真实描写而非凭空杜撰。二是要避免数据资源的浪费，充分利用数据资源开展全方位的研究，使数据利用率最大化。建立一个数据库要耗费大量的人力和财力，我们在利用数据库资源进行研究时，要尽量从不同的角度和层次考察数据，力求做出基于数据的尽可能深入和全面的研究，而不要只从某个角度或某个层面利用数据进行研究，形成“扎扎实实建库，马马虎虎研究”的数据资源浪费现象。三是要防止过度解读数据倾向，即利用有限的数据无限发挥，得出超出数据所能支撑的结论。如论文题目很大，提升理论很多，但使用的数据或资料极其有限，导致过度解读数据，研究结论缺乏可信度，以至于整个研究毫无意义或价值。因此，在利用数据库进行研究时，要力争做到实事求是，不要添枝加叶，随意发挥，以免失去学术信服力。

最后需要特别指出，在当今信息技术高度发达的时代，数据库多种多样，基于数据库的国际汉语教学研究方法也十分丰富。本节所述乃抛砖引玉，希望大家不要拘泥于上文之见，能够触类旁通并充分发挥各自主观能动性，广开思路，大胆创新，为汉语国际传播研究提供更多、更科学、更高效的研究方法。

本节参考文献或数据库（需要得到授权才能访问）：

1. 中央民族大学国际汉语教学数据库，网址：http：//tpi. cie. muc. edu. cn/

2. 国际汉语教材库，网址：http：//tpi. cie. muc. edu. cn/App_ Pages/NaviScience. aspx

3. 孔子学院数据库，网址：http：//tpi. cie. muc. edu. cn/App_ Pages/NaviScience. aspx

附录：运用全球视野比较法的研究案例：

基于数据库的孔子学院课程状况全球视野比较研究①

吴应辉
中央民族大学国际教育学院

摘要 本文基于自建孔子学院数据库，对2010年全球孔子学院课程状况进行了定量为主的研究。研究发现，洲际对比，亚洲突出；国别对比，各具特色；院际对比，差异巨大；课程对比，共性明显；部分大洲孔子学院课程特色明显；不同国家孔子学院往往具有国别特色。作者最后提出，应该加强孔子学院课程的标准化建设；建立业绩导向型孔子学院投入激励机制，并倡导在汉语国际传播研究中使用全球视野比较法。

关键词 数据库；孔子学院；课程；全球视野；比较研究

A Comparative Study of Confucius Institutes' Courses under a Global Vision

By Wu Yinghui
College of International Education, Minzu University of China

---

① 本研究得到中央高校科研专项（中央民族大学自主科研新兴交叉重点项目）“孔子学院可持续发展研究”课题资助，项目编号：0910KYXJ0110

Abstract: Based on a self - built Confucius Institute Database, a mainly quantitative study of Confucius Institutes' Courses is done in this paper. It is discovered that Asia is extraordinary among all Continents; different countries have different features; differences are great among different Confucius Institutes (CI); courses in different CIs are quite similar; some Continents' CIs have their own specific features. It's pointed out in the end that standardized courses construction should be paid more attention and the achievement oriented investment mechanism should be established. A new research method called the global vision comparative method is recommended in global language spread studies.

Key words: database; Confucius Institute; courses; global vision; comparative study

引　言

孔子学院是一个人们既熟悉而又陌生的名字，熟悉的仅只是名字，陌生的却是其内涵。这种状况对于普通民众无可厚非，而对于业内专业人士和决策者则显然不够，因专业人士当以探索规律为己任，而决策者更是肩负把握方向之重责。不论探索规律还是科学决策，对作为汉语国际传播骨干项目之一的孔子学院进行整体研究和宏观把握具有重要的学术意义和应用价值。

孔子学院是汉语国际传播的骨干项目，但毕竟还是一个近年来刚出现的新生事物，对其发展问题的研究还十分薄弱。此前部分学者做了一些个案和局部的研究，对孔子学院研究做出了有益的探索，但总体上微观层面多，宏观层面少；感性经验多，理论探讨少；定性议论多，定量研究少；具体问题分析多，全局系统研究少；以全球孔子学院、大洲和国家为单位进行的研究则尚未见到。本文试图克服“只见树木，不见森林”之不足，从宏观角度把握孔子学院发展的总体特征，并提出汉语国际传播研究的“全球视野比较法”。

为做好孔子学院可持续发展问题研究，课题组专门设计建立了全球孔子学院数据库。基于该数据库，本文对全球孔子学院整体、各大洲及各国孔子学院发展的主要方面进行了洲际和国别比较研究。通过对孔子学院整体发展状况的宏观研究，既可以加深对全球孔子学院发展状况的整体把握，明晰对各大洲及各国孔子学院特点的整体认识，为有关机构提供决策参考，同时对其进行深层次的研究又具有较强的学术价值。本文基于中央民族大学国际教育学院自建的“全球孔子学院数据库”写成。下面就数据库情况、主要发现作如下简介，并提出了作者的几点思考。

一、孔子学院数据库简况

根据研究需要，课题组设计建设了《孔子学院数据库》。该库包括十二个子库：基本信息库、管理信息库、教学信息库、财务信息库、教师从业情况信息库、课程信息库、评价与社会影响信息库、交流活动信息库、教师专业学历信息库、考试信息库、存在问题库和信息汇总库。每一个子库又根据研究需要，设定了几个到几十个字段，以确保该子库基本信息尽可能完整。以课程信息库为例，包括了孔子学院名称、课程名称、班级数、周学时、学年总课时数、学生人数、折合标准学年人数、课程学生来源、课程使用教材、课程性质、授课语言、是否为学分课程、课程级别、是否本土汉语师资培训等字段。数据库建成后可以就任何一个字段涉及的内容进行计量统计分析。孔子学院数据库的数据来源为孔子学院总部编印的历届孔子学院大会资料汇编。本专题研究基于2010年数据。

二、研究发现

（一）洲际对比，亚洲突出

1. 开设课程总量亚洲排名第一

2010 年全球孔子学院共开设了 3156 门不同名称的课程，亚洲孔子学院开设课程 1234 门，占全球课程总数的 39.10%，其次是欧洲，开设课程 858 门，占全球孔子学院课程总数的 27.19%，排名第三的是北美洲，开设课程 693 门，占全球孔子学院课程总数的 21.96%。（详情见表 1）

表 1　各大洲孔子学院开设课程情况

类别/大洲孔院	亚洲	欧洲	北美洲	南美洲	非洲	大洋洲
各洲课程数	1234	858	693	91	215	65
全球课程总数	3156	3156	3156	3156	3156	3156
各洲占全球比例	39.10%	27.19%	21.96%	2.88%	6.81%	2.06%

2. 亚洲孔子学院开设汉语和中华文化教学班数量占全球孔子学院办班总量四成

各大洲开设汉语教学班级数从高到低排序，依次是亚洲、欧洲、北美洲、非洲、南美洲和大洋洲。亚洲孔子学院数量没有欧洲多，但开设教学班级达 1940 个，占全球孔子学院开设班级总数 4815 个的 40.29%，欧洲孔子学院开设教学班级 1276 个，占全球孔子学院开设总班级的 26.56%；北美洲孔子学院开设教学班级 965 个，占全球孔子学院开设总班级的 20.04%；非洲孔子学院开设教学班级 335 个，占全球孔子学院开设总班级的 6.96%；南美洲孔子学院开设教学班级 212 个，占全球孔子学院开设总班级的 4.40%；大洋洲孔子学院开设教学班级 87 个，占全球孔子学院开设总班级的 1.81%。（详情见表 2）

3. 亚洲孔子学院院均办班数量大约分别是非洲、欧洲、美洲

的两倍

各大洲孔子学院院均举办汉语教学班的数量存在明显差距。亚洲孔子学院院均办班 26.22 个，排名第一；南美洲院均办班 23.56 个，居第二；非洲孔子学院院均办班 14.57 个，排名第三；欧洲孔子学院院均办班 13.51 个，排名第四；北美洲孔子学院院均办班 12.37 个，排名第五；大洋洲孔子学院院均办班 9.67 个，排名最末一位。（详情见表 2）

表 2　开设汉语班数量、所占比例、院均办班数的洲际比较排名表

开班总数排名	第一	第二	第三	第四	第五	第六	全球孔院
大洲	亚洲	欧洲	北美洲①	非洲	南美洲②	大洋洲	
孔院数③	74	97	78	23	9	9	291
班级数	1940	1276	965	335	212	87	4815
所占比例	40.29%	26.56%	20.04%	6.96%	4.40%	1.81%	
院均班数	26.22	13.15	12.37	14.57	23.56	9.67	16.55

4. 应试课程，亚洲最多

亚洲应试课程占亚洲全部课程的比例最高，达 5.02%，而北美洲该类课程占全洲比例最低，仅为 1.15%。亚洲应试课程总量达 62 门，是其他各大洲应试课程总量 42 门的 1.48 倍（详情见表 3）。在全球开设应试汉语课程排名前 10 位的孔子学院中，亚洲孔子学院就占了 9 所[④]（含俄罗斯远东联邦大学孔子学院），这一结果反映了亚洲人看重考试成绩的传统文化。

---

① 北美洲建立孔子学院的国家有美国、加拿大、哥斯达黎加和古巴四国。

② 南美洲提供信息的孔子学院有哥伦比亚、秘鲁、智利、巴西和阿根廷五国。

③ 这里所说的孔子学院数是指提供数据的孔子学院。

④ 江原大学孔子学院（韩国）、大真大学孔子学院（韩国）、远东联邦大学孔子学院（俄罗斯）、清迈大学孔子学院（泰国）、立命馆亚洲太平洋大学孔子学院、忠南大学孔子学院（韩国）、东亚大学孔子学院（韩国）、湖南大学孔子学院（韩国）、堪萨斯大学孔子学院（韩国）。

表 3 各大洲应试课程数量对比

类别/洲别	亚洲	欧洲	北美洲	南美洲	非洲	大洋洲
应试课程数	62	24	8	2	5	3
各类课程总数	1234	858	693	91	215	65
所占比例	5.02%	2.80%	1.15%	0.22%	2.33%	4.62%

5. 外向度，亚洲最低

在面向社会学习者和面向在校学生开设课程的对比中，亚洲面向社会学习者的课程比例最低，仅为33.87 %，而南美洲课程的外向度则高达71.91%（详情见表4）。这一情况说明，亚洲孔子学院的主要精力放在了在校学生教学方面，在面向社会开展汉语教学方面尚有很大的发展空间。

表 4 各大洲面向社会开设课程情况

类别/洲别	亚洲	欧洲	北美洲	南美洲	非洲	大洋洲
面向社会学习者课程（门）	402	403	261	64	99	16
面向校内学生课程（门）	785	380	358	25	140	29
标明教学对象课程数（门）	1187	783	619	89	239	45
面向社会学生课程占标明教学对象课程比例	33.87 %	51.47%	42.16%	71.91%	41.41%	35.56%

（二）国别对比，各具特色

1. 美、日、泰办班总量位列前三

数据显示，2010 年孔子学院开设汉语课班级超过 100 个班的国家有 12 个，分别为美国、日本、泰国、韩国、德国、俄罗斯、英国、菲律宾、意大利、阿根廷、墨西哥和法国，亚洲国家占三分之一。在开设汉语课程班超过 100 个的上述国家中，各国院均开设汉语课程班的数量也存在较大差别，其中六个国家的院均汉语课程班数量超过20个：菲律宾高达64.33个，日本达44.83个，泰国达34.33个，墨西哥26个，韩国21.69个，德国20.27个，而其他欧洲国家和美国均低于16个（详情见表5）。举办汉语课程班少于9个的国家达32个，排列最末的12个国家分别是：塔吉克斯坦、苏丹、尼泊尔、哥斯达黎加、阿富汗、利比里亚、贝宁、爱沙尼亚、约旦、荷兰、格鲁吉亚、芬兰，举办汉语班都在三个以下。

表5　开办汉语班总数超过100个班的国家各国办班总数及其院均办班的国别对比

国家	美国	日本	泰国	韩国	德国	俄罗斯	英国	菲律宾	意大利	阿根廷	墨西哥	法国
开班总数及排名	812	538	412	347	223	211	194	193	121	109	104	100
	1	2	3	4	5	6	7	8	9	10	11	12
孔院数量	65	12	12	16	11	16	12	3	9	1	4	11
院均办班	12.49	44.83	34.33	21.69	20.27	13.19	16.17	64.33	13.44	109	26	9.09

2. 应试课程，韩国第一

韩国是开设应试类课程最积极的国家，在16所孔子学院中，有11所开设了应试汉语课程，江原大学孔子学院居然开设了11门应试类汉语课程。韩国孔子学院的应试课程数量占该国全部课程数量的比例最高，达到11.92%，且值得注意的是，其所有的应试课程都是针对HSK的，其次是泰国（3.53%）和日本（3.16%）。而英国此类课程占全部课程的比例最低，仅为0.7%，其次是美国和德国，分别为1.12%和2.82%。可以初步得出结论，东方人比西方人更重视应试课程。（详情见表6）

表6 课程数量排名前十的国家应试课程开设状况

所在国家	课程数量	所在洲	应试课程总数	应试课程占该国课程数量的比例
美国	623	北美洲	7	0.011235955
日本	348	亚洲	11	0.031609195
泰国	312	亚洲	11	0.03525641
韩国	302	亚洲	36	0.119205298
英国	143	欧洲	1	0.006993007
德国	142	欧洲	4	0.028169014
俄罗斯	102	欧洲	6	0.058823529
法国	83	欧洲	4	0.048192771
意大利	65	欧洲	5	0.076923077
澳大利亚	46	大洋洲	3	0.065217391

（三）院际对比，差异巨大

1. 各孔子学院办班数量存在巨大差距

2010年，全球孔子学院院均举办汉语班16.55个（见表2），但最多的达158个（见表7），为日本的樱美林大学孔子学院，最少的只办了1个班。举办汉语课程班最多，排名前20位的孔子学院见表7。其中，亚洲有12所（含位于亚洲的俄罗斯远东联邦大学孔子学院），占前20位的60%，北美洲和欧洲各有3所，各占15%，非洲有1所，占5%。可见亚洲孔子学院的办学规模普遍较大（详情见表7）。

表7 全球举办汉语班最多的20所孔子学院

序号	孔院名称	洲别	国别	汉语课班级数量
1	樱美林大学孔子学院	亚洲	日本	158
2	远东联邦大学孔子学院	地处亚洲	俄罗斯	117
3	孔敬大学孔子学院	亚洲	泰国	116
4	布宜诺斯艾利斯大学孔子学院	南美洲	阿根廷	109

续表

序号	孔院名称	洲别	国别	汉语课班级数量
5	爱知大学孔子学院	亚洲	日本	106
6	肯尼索州立大学孔子学院	北美洲	美国	102
7	雅典耀大学孔子学院	亚洲	菲律宾	101
8	塔那那利佛大学孔子学院	非洲	马达加斯加	93
9	墨西哥城孔子学院	北美洲	墨西哥	93
10	川登喜皇家大学素攀孔子学院	亚洲	泰国	89
11	立命馆孔子学院	亚洲	日本	88
12	伊斯兰堡孔子学院	亚洲	巴基斯坦	65
13	红溪礼示大学孔子学院	亚洲	菲律宾	56
14	杜塞尔多夫大学孔子学院	欧洲	德国	53
15	伦敦中医孔子学院	欧洲	英国	52
16	南北大学孔子学院	亚洲	孟加拉国	52
17	中阿肯色大学孔子学院	北美洲	美国	50
18	比什凯克人文大学孔子学院	亚洲	吉尔吉斯	50
19	纽伦堡－爱尔兰根大学孔子学院	欧洲	德国	48
20	江原大学孔子学院	亚洲	韩国	48

2. 折算可比工作量，院际差别更加明显

孔子学院完成的教学工作量是否能够统一计量，使之具有可比性是一个十分迫切的现实问题。从各孔子学院上报的教学工作量的数据中，我们经常看得到的数据往往是笼统的人数或人次，而且各孔子学院报出的数据五花八门，差距很大，有的学习一天，有的学习数周，有的学习数月，有的学习一年，凡此种种，不一而足。为使各孔子学院完成的教学工作量具有可比性，笔者提出了一个统一的计量单位——标准学年人。“标准学年人”是指一个人在汉语教学机构学习一个学年（按每学年两个学期，每个学期4个月计算），计算公式有二：

1. 标准学年人 =（学习人数 × 学习天数）÷160 天；

2. 标准学年人 =（学习人数 × 学习总课时数 ÷4 学时）÷160 天。①

通过标准学年人这个计量单位，把不同孔子学院不同类型的教学工作量统一起来，使之具有可比性。基于标准学年人这一新的计量单位，课题组把 2010 年各孔子学院完成的教学工作量进行了数据处理并排序。研究发现，2010 年院均完成 98.91 标准学年人的教学工作量。完成教学工作量前三位的孔子学院是：泰国川登喜皇家大学素攀孔子学院、泰国孔敬大学孔子学院和韩国大真大学孔子学院。排名前 20 位的孔子学院见表 8。完成教学工作量少于 10 个标准学年人的孔子学院有 41 个。数据显示，各孔子学院完成教学工作量情况存在很大的差距。（详情见表 8）

表 8　全球完成汉语教学工作量最多的 20 所孔子学院排名表

序号	孔院名称	国别	培训人次	折算标准学年人数量
1	川登喜皇家大学素攀孔子学院	泰国	22641	1674.88
2	孔敬大学孔子学院	泰国	11574	1583.45
3	大真大学孔子学院	韩国	2647	1076.95
4	阿尔佛莱德大学孔子学院	美国	4607	1016.75
5	顺天乡大学孔子学院	韩国	2842	681.81
6	皇太后大学孔子学院	泰国	5610	631.09
7	塔吉克斯坦国立民族大学孔子学院	塔吉克斯坦	1300	515.00
8	塔那那利佛大学孔子学院	马达加斯加	3745	386.70
9	埃德蒙顿市孔子学院	加拿大	3650	383.81
10	宋卡王子大学孔子学院	泰国	1407	347.90
11	曼松德昭帕亚皇家师范大学孔子学院	泰国	2535	317.38
12	忠北大学孔子学院	韩国	767	300.05

① 参见吴应辉：“孔子学院评估指标体系研究”，《教育研究》2011 年第 8 期。

续表

序号	孔院名称	国别	培训人次	折算标准学年人数量
13	关西外国语大学孔子学院	日本	916	291.36
14	老挝国立大学孔子学院	老挝	2904	290.40
15	湖南大学孔子学院	韩国	1057	266.03
16	蒙古国立大学孔子学院	蒙古	1063	255.07
17	雅温得第二大学孔子学院	喀麦隆	2769	252.13
18	圣地亚哥州立大学孔子学院	美国	935	239.84
19	雅典耀大学孔子学院	菲律宾	1281	220.78
20	宾州州立大学孔子学院	美国	899	204.61

（四）课程对比，共性明显

1. 综合课、口语课开设频次最高

数据显示，2010 年全球孔子学院共开设了 3156 门次课程，但其中绝大多数是相同或相似的，如综合课、口语课、写作课、汉字课、精读课、商务汉语课、中国文化课等。开设最多的课程分别是综合汉语、口语、中国文化、武术、书法、听说等。排名前 20 位的课程详情见表 9：

表 9　全球孔子学院课程开设频次最高的 20 门课

序号	课程名称	开设频次	多少孔院开设	程度
1	综合汉语	2230	285	
2	口语	195	69	
3	中国文化	113	66	
4	武术	77	50	
5	书法	47	41	
6	听说	29	10	
7	阅读	29	21	
8	个别辅导	27	20	

续表

序号	课程名称	开设频次	多少孔院开设	程度
9	文学	23	19	
10	教学法	21	16	
11	写作	21	12	
12	语音	19	15	
13	音乐	18	17	
14	绘画	18	17	
15	饮食	15	15	
16	汉字	14	11	
17	听力	13	10	
18	语法	12	11	
19	读写	10	7	
20	舞蹈	10	9	

2. 初级、中级课程为主，折射教材教师需求

2010 年全球孔子学院开设 3156 门次课程中，名称中指明其级别的课程共 973 门次。其中初级和中级课程所占比例总和达 80.68%。这些课程折射出孔子学院的教学对象以汉语初学者和中级水平者居多，统计显示参加初级、中级、高级和大学中文专业课程学习的学生总数达 61019 人，学习初级和中级汉语的学生占上述学生总数的 92.37%，其中初级的就占 79.38%（详情见表 10）；这一结果也为孔子学院在教材编写、师资配备等方面的定位上提供了重要参考，应该编写出更多适合初级和中级学生学习的汉语教材。尤其在师资配备上不能盲目追求“汉语专家”，而应该重视选派接受过专业的国际汉语教师训练，具有良好教学技能和跨文化交际能力的教师。主要从汉语国际教育硕士中选派孔子学院汉语教师应该是一种较好的选择。

表10　不同程度汉语课程开设情况排序

课程类别	初级	中级	高级	大学中文专业课程	合计
频次	545	240	130	58	973
所占比例	56.01%	24.67%	13.36%	5.96%	
学生人数	48434	7929	3106	1550	61019
所占比例	79.38%	12.99%	5.09%	2.54%	

3. 汉语为主，其他为辅

数据显示，汉语类课程包含了“综合、口语、写作、汉字、读写、精读、听说、听力、词汇、教学法、偏误分析、语法、阅读、语音、考试辅导、个别辅导、家庭辅导、远程辅导”等19种课程；文学类课程包含了“文学、名著、小说、诗歌”，共4种课程；中华文化类课程包含了“文化、服饰、风俗、书法、茶艺、养生、绘画、舞蹈、武术、音乐、历史、艺术、饮食、中国概况、手工、中医”，共16种课程；未被包含在这三类课程内的算作其他课程，包括政治、经济、新闻媒体等课程。

统计显示，汉语类课程占孔子学院所开设全部课程的87.48%，文学类占0.89%，文化类占11.31%，其他占0.32%，这些数据说明，孔子学院的主要功能还是教授汉语，但中华文化传播相关课程也占有相当比重，达11.31%（详情见表11）。

表11　不同类别课程开设情况

课程类别	汉语类	文学类	中华文化类	其他	备注
频次	2761	28	357	10	
所占占比	87.48%	0.89%	11.31%	0.32%	

三、结论与思考

（一）部分大洲孔子学院课程特色明显

亚洲孔子学院课程方面多项指标领先，发展状况良好。不论在开设课程、班级、完成教学工作量的总量还是上述指标的院均数量方面均明显领先于其他各大洲，呈现出良好的发展势头。亚洲孔子学院很好地体现了语言教学机构的特点，开设课程最丰富、开设班级最多，但应试课程所占比例最高；北美洲和欧洲孔子学院相对于亚洲来说开设汉语课程相对较少，办班数量也不多，但文化课程相对较多，应试课程所占比例最低，普遍实施小班教学；非洲、南美洲、大洋洲孔子学院处在快速发展之中，目前课程特点尚不明显。

（二）不同国家孔子学院往往具有鲜明的国别特色

同一国家孔子学院往往具有区别于其他国家孔子学院的共性特征。研究发现：孔子学院虽因各自情况千差万别而呈现出多元化特征，但不同国家的孔子学院往往具有区别于其他国家孔子学院的共性特征。如泰国孔子学院就有服务大学、中小学与服务社会相结合，开设课程和班级较多，培训学生量大等特点；而日本孔子学院则课程、班级较多，班级规模较小；韩国孔子学院则以大量开设汉语应试课程为其特色之一；美国及欧洲许多国家孔子学院则开设课程不多、班级数量较少，普遍实施小班教学。

（三）课程的标准化与本土化问题

孔子学院客观上已经发展成为一个全球化的语言教学机构，从长期可持续发展的角度谋划，应该尽早着手孔子学院品牌的塑造，而课程是语言教学机构品牌的核心内容和核心竞争力之一。全球孔子学院是否应该建设一批标准化课程，是一个可能引起广泛争议的问题。但笔者认为，孔子学院虽遍布世界各地多元化的环境之下，尽管情况各不相同，但其教学内容是共同的，应该在广泛调研的基础上精心设计并建设一批标准化的品牌课程，以避免各孔子学院各行其是的现状。本研究发现的现象——全球孔子学院开设的不同名称的课程多达 3156 门，便是这种现象的客观反映。然而，孔子学院标准化课程的建设并不意味着对本土化课程的排斥，两者应该是相辅相成，互为补充的。孔子学院课程的标准化解决共性需求问题，而本土化课程则解决个性需求问题，两者的建设都应得到充分重视。围绕品牌塑造，有选择、有重点、规范性地建设一批品牌课程，逐渐替代一盘散沙式的随意开设的课程应该成为孔子学院课程建设未来一段时间的努力方向。

（四）建立业绩导向型孔子学院投入激励机制

本研究发现，各孔子学院在开设课程的数量和完成相应的教学工作量方面存在着巨大的差别，那么，孔子学院总部对各孔子学院的投入是否充分体现了这样的差别呢？针对以上发现，作者提出，应建立业绩导向型孔子学院投入机制，即对不同业绩的孔子学院实施不同程度的投入，对于连续数年业绩较差的孔子学院应建立退出机制，只有建立能够充分调动各孔子学院办学积极性的业绩导向型激励性的投入机制，才能奖勤罚懒，促进海外孔子学院的长期可持续发展。

（五）通过数据库对孔子学院开展评估，可以更具说服力

本课题的研究只是对孔子学院办学状况定量研究的一个尝试，但是通过数据说明问题在很大程度上可以减少甚至避免主观性，从而可以更加客观公正地评价一个孔子学院的办学状况。

（六）全球视野比较法在汉语国际传播研究中具有广阔的应用前景

汉语国际传播是一个崭新的研究领域，要能把握全球汉语和中华文化传播的整体状况及局部特点，必须具有全球化视野，只有通过从宏观上比较，才能把握相互间的异同和差距。结合本课题的研究，本文还在研究方法上使用了一种比较适合汉语国际传播研究的“全球视野比较法”。本研究便是这一研究方法指导下的一个研究个案尝试。全球视野比较法既是一种具体方法也是一种方法论，对汉语国际传播研究具有普遍的应用价值和指导意义。

由于孔子学院分布于全球各地，课题组的实地调查十分有限，

研究主要基于自建孔子学院数据库，数据来源虽为孔子学院总部公开发布，但部分孔子学院提供数据不够翔实，个别数据还存在不太客观的情况，因此，研究结论免不了有失偏颇之处，此乃本文局限所在，敬请有关专家和一线工作者批评指正。

参 考 文 献

一、论文部分

编号	作者姓名	文献名称	发表刊物	发表时间
1	国少华	阿拉伯语传播原因探析	《阿拉伯世界》	2003 年第 2 期
2	李宝俊 李志永	和谐世界观与霸权稳定论——一项比较分析	《教学与研究》	2008 年第 6 期
3	李宇明	强国的语言与语言强国	《光明日报》	2004 年 7 月 28 日
4	刘　尧	中国高等教育评估的问题与发展趋势	《评价与管理》	2005 年第 4 期
5	刘元满	日本的语言推广体系及启示	《语言文字应用》	2008 年第 4 期
6	宛新政	论海外孔子学院的评估机制	第九届国际汉语教学讨论会提交论文	2008 年 12 月
7	王忠武	社会科学理论体系的基本结构、评价标准和建构方法	《郑州轻工业学院学报》（社会科学版）	2002 年第 4 期
8	吴应辉	国际汉语教学学科建设与汉语国际传播研究探讨	《语言文字应用》	2010 年第 4 期
9	吴应辉 杨吉春	泰国汉语快速传播模式研究	《世界汉语教学》	2008 年第 4 期
10	吴应辉	加强研究，指导实践，让汉语又好又快地走向世界——汉语国际传播笔谈前言	《云南师范大学学报》（对外汉语教学与研究版）	2007 年第 5 期
11	吴应辉	国家硬实力是语言国际传播的决定性因素——联合国五种工作语言的国际化历程对汉语国际传播的启示	《汉语国际传播研究》	2011 年第 1 辑
12	吴应辉	关于孔子学院整体可持续发展的一个战略设想	《云南师范大学学报》（对外汉语教学与研究版）	2009 年第 1 期
13	吴应辉	孔子学院评估指标体系研究	《教育研究》	2011 年第 8 期

续表

编号	作者姓名	文献名称	发表刊物	发表时间
14	吴应辉	孔子学院经营模式类型与可持续发展	《中国高教研究》	2010 年第 2 期
15	吴应辉	基于数据库的孔子学院课程状况全球视野比较研究	第九届国际汉语教学学术研讨会交流论文	2011 年 7 月
16	吴应辉 央 青 梁 宇 李志凌	泰国汉语快速传播模式值得世界借鉴	《汉语国际传播研究》	2012 年第 1 辑
17	武铁传	论软实力与硬实力的辩证关系及意义	《理论导刊》	2009 年第 5 期
18	许 琳	汉语国际推广的形势和任务	《世界汉语教学》	2007 年第 2 期
19	央 青	泰国汉语快速传播模式对其他国家顶层设计的启示	《西南民族大学学报》（人文社会科学版）	2011 年第 2 期
20	张西平 柳若梅	研究国外语言推广政策，做好汉语的对外传播	《语言文字应用》	2006 年第 1 期
21	章新胜	加强汉语的国际传播，促进多样文化的共同发展	《求是》	2005 年第 16 期
22	章一平	软实力的内涵和外延	《现代国际关系》	2006 年第 11 期
23	周 琪 李 枏	约瑟夫奈的软权力理论及其启示	《世界经济与政治》	2010 第 4 期

二、著作及学位论文部分

编号	作者姓名	文献名称	发表刊物或出版社名称	发表时间
24	刘 珣	《对外汉语教育学引论》	北京语言大学出版社	2001. 1
25	张西平 柳若梅	《世界主要国家语言推广政策概览》	外语教学与研究出版社	2008. 8
26	亨廷顿著 周琪等译	《文明的冲突与世界秩序的重建》（修订版）	新华出版社	2010. 1
27	费孝通	“人文价值再思考”，“东方文明和二十一世纪和平”，《费孝通文集》第十四集	群言出版社	1999. 10
28	JOSEPHS. NYE, JR.	Bound to Lead: The Changing Nature of American Power	New York: Basic Books	1991

续表

编号	作者姓名	文献名称	发表刊物或出版社名称	发表时间
29	盘　群	《英语的国际化研究》	山东大学硕士论文	2008
30	成　勇	《英语国际化历程初探》	山东大学硕士论文	2008
31	李树藩 王德林	《最新各国概况》	长春出版社	1997
32	吴英成	《汉语国际传播：新加坡视角》	商务印书馆	2010. 1
33	郭应德	《阿拉伯史纲》	经济日报出版社	1997. 3
34	方振邦	《战略性绩效管理》	中国人民大学出版社	2007. 6
35	孙宗虎 李　艳	《绩效目标与考核实务手册》	人民邮电出版社	2007. 9
36	陈寿灿	《方法论导论》	东北财经大学出版社	2007
37	吴元樑	《科学方法论基础》	中国社会科学出版社	2008
38	吴应辉 央　青 谷陵等	《北京市汉语国际推广现状与发展战略研究报告》	中央民族大学出版社	2012
39	张婧霞	日语国际推广的历史与现状研究	西南大学硕士论文	2008

三、网络及其他文献

编号	作　者	文献名称	网址及文献发表日期
40	胡锦涛	努力建设持久和平、共同繁荣的和谐世界	新华网： http：//news. xinhuanet. com/world/2005 －09/16/content_ 3496858. htm
41	胡锦涛	在党的十七大的报告	人民网： http：//politics. people. com. cn/GB/8198/6429198. html
42		2010 年中国 GDP 超过日本成为世界第二大经济体	人民网 2010. 12. 27： http：//politics. people. com. cn/GB/1026/13594169. html
43	刘延东	共同参与、平等合作，把孔子学院越办越好——在第三届孔子学院大会上的主旨演讲	中央政府门户网站： http：//www. gov. cn/ldhd/2008 －12/09/content_ 1173203. htm

续表

编号	作　者	文献名称	网址及文献发表日期
44	刘延东	平等合作，创新发展，为了孔子学院更加美好的明天——在第四届孔子学院大会开幕式上的主旨演讲	网络孔子学院网站：http：//www. chinese. cn/college/conference09/article/2009 - 12/30/content_ 97363. htm
45	林毅夫	中国可能在2020年成全世界最大的经济体	中国新闻网2009年3月22日：http：//www. chinanews. com. cn/cj/gncj/news/2009/03 - 19/1608221. shtml
46	王振华	中国有望2018年前成世界第一大经济体	中国新闻网2009年7月24日：http：//www. chinanews. com. cn/cj/cj - gncj/news/2009/07 - 24/1789833. shtml
47	许　琳	世界“汉语热”远超预期，学习人数已超4000万	新华网2009年03月13日：http：//news. xinhuanet. com/edu/2009 - 03/13/content_ 11002421. htm
48	宗焕平	孔子学院影响力独特：4000万洋人学习汉语	中国网2007年3月20日：http：//www. china. com. cn/international/txt/2007 - 03/20/content_ 7987819. htm
49	原春琳	国外学中文成时尚，美2400学校愿开中文课	新华网2006年7月6日：http：//news. xinhuanet. com/edu/2006 - 07/06/content_ 4800553. htm
50	Dina Powell& Barry Lowenkron	National Security Language Initiative	http：//www. actfl. org/i4a/pages/index. cfm？ pageid = 4249
51	教育部	2011年全国来华留学生数据统计	见教育部网站2012年2月28日：http：//www. moe. edu. cn/publicfiles/business/htmlfiles/moe/s5987/201202/131117. html
52	林毅夫	中国可能在2020年成全世界最大的经济体	中国新闻网2009年3月22日：http：//www. chinanews. com. cn/cj/gncj/news/2009/03 - 19/1608221. shtml

续表

编号	作　者	文献名称	网址及文献发表日期
53	联合国教科文组织	保护非物质文化遗产公约	http：//www. ccnt. gov. cn/xxfb/zcfg/flfg/200802/t20080227_ 51929. html
54	联合国教科文组织	世界文化多样性宣言	联合国网站：http：//www. un. org/chinese/hr/issue/docs/62. PDF

后　记

《汉语国际传播研究理论与方法》就要出版了，回首撰写的整个过程，是一个逐渐构思，不断丰富、修改和提炼的过程。书稿首先作为汉语国际传播研究方向上的《汉语国际传播专题研究》课的讲义使用，后来课程名称改为《汉语国际传播研究理论与方法》。四年中先后有30多位中外博士生修读了这门课程。作为讲义，我和博士生们在授课过程中进行了非常深入细致的讨论，同学们的建议和意见对我修改书稿产生了许多启发。“教学相长”的道理在撰写过程中得到了充分的体现。有的同学甚至对部分章节进行了认真批注，提供了部分材料。在此，我要向他们表示衷心的感谢！

妻子杨吉春教授对本书部分内容提出了许多修改意见，特此感谢。

感谢著名学者李宇明教授、崔希亮教授和张西平教授在百忙中拨冗为本书写序。

感谢中央民族大学出版社戴佩丽编审为本书担任责任编辑，感谢布拉格先生为本书进行艺术设计。

最后要感谢教育部“新世纪优秀人才支持计划”使该项目立项（项目号：NECT－09－0100），中央直属高校科研专项委托重大课题（中央民族大学自主科研项目）“汉语国际传播理论与实践研究”项目（项目号：MUC2011ZDKT16）为项目研究提供了支持，中央民族大学“985工程”“国际汉语教学”校级重点培育学科项目为本研究提供了经费支持。

吴应辉

2012年10月